Thomas Köhler
Freuds Psychoanalyse

Das Anliegen der Buchreihe Bibliothek der Psychoanalyse besteht darin, ein Forum der Auseinandersetzung zu schaffen, das der Psychoanalyse als Grundlagenwissenschaft, als Human- und Kulturwissenschaft sowie als klinische Theorie und Praxis neue Impulse verleiht. Die verschiedenen Strömungen innerhalb der Psychoanalyse sollen zu Wort kommen, und der kritische Dialog mit den Nachbarwissenschaften soll intensiviert werden. Bislang haben sich folgende Themenschwerpunkte herauskristallisiert:

Die Wiederentdeckung lange vergriffener Klassiker der Psychoanalyse – beispielsweise der Werke von Otto Fenichel, Karl Abraham, Siegfried Bernfeld, W. R. D. Fairbairn, Sándor Ferenczi und Otto Rank – soll die gemeinsamen Wurzeln der von Zersplitterung bedrohten psychoanalytischen Bewegung stärken. Einen weiteren Baustein psychoanalytischer Identität bildet die Beschäftigung mit dem Werk und der Person Sigmund Freuds und den Diskussionen und Konflikten in der Frühgeschichte der psychoanalytischen Bewegung.

Im Zuge ihrer Etablierung als medizinisch-psychologisches Heilverfahren hat die Psychoanalyse ihre geisteswissenschaftlichen, kulturanalytischen und politischen Bezüge vernachlässigt. Indem der Dialog mit den Nachbarwissenschaften wieder aufgenommen wird, soll das kultur- und gesellschaftskritische Erbe der Psychoanalyse wiederbelebt und weiterentwickelt werden.

Die Psychoanalyse steht in Konkurrenz zu benachbarten Psychotherapieverfahren und der biologisch-naturwissenschaftlichen Psychiatrie. Als das ambitionierteste unter den psychotherapeutischen Verfahren sollte sich die Psychoanalyse der Überprüfung ihrer Verfahrensweisen und ihrer Therapieerfolge durch die empirischen Wissenschaften stellen, aber auch eigene Kriterien und Verfahren zur Erfolgskontrolle entwickeln. In diesen Zusammenhang gehört auch die Wiederaufnahme der Diskussion über den besonderen wissenschaftstheoretischen Status der Psychoanalyse.

Hundert Jahre nach ihrer Schöpfung durch Sigmund Freud sieht sich die Psychoanalyse vor neue Herausforderungen gestellt, die sie nur bewältigen kann, wenn sie sich auf ihr kritisches Potenzial besinnt.

Bibliothek der Psychoanalyse
Herausgegeben von Hans-Jürgen Wirth

Thomas Köhler

Freuds Psychoanalyse

Eine Einführung

Psychosozial-Verlag

Bibliografische Information der Deutschen Nationalbibliothek
Die Deutsche Nationalbibliothek verzeichnet diese Publikation
in der Deutschen Nationalbibliografie; detaillierte bibliografische Daten
sind im Internet über http://dnb.d-nb.de abrufbar.

Überarbeitete Neuausgabe auf der Grundlage
der 2., überarbeiteten und erweiterten Auflage 2007
(W. Kohlhammer, Stuttgart)

E-Mail: info@psychosozial-verlag.de
www.psychosozial-verlag.de

Umschlagabbildung: Sigmund Freud, um 1936
Umschlaggestaltung & Innenlayout nach Entwürfen von Hanspeter Ludwig, Wetzlar
Satz: metiTec-Software, me-ti GmbH, Berlin
www.me-ti.de
ISBN 978-3-8379-2946-1 (Print)
ISBN 978-3-8379-7668-7 (E-Book-PDF)

Inhalt

Vorwort

Nachdem die ersten beiden Auflagen dieses kleinen Büchleins über Freuds Psychoanalyse bei Kohlhammer vergriffen sind, erscheint die dritte Auflage nun im Psychosozial-Verlag, bei dem ich bereits weitere Bücher über Freuds Psychoanalyse untergebracht habe sowie eines über jene erschreckende Inkompetenz, mit der diese schwierige, aber intellektuell ungeheuer anregende Theorie von der sogenannten akademischen Psychologie rezipiert wird, dabei oft nicht vor persönlichen Verunglimpfungen ihres Begründers und plumpen Fehldarstellungen zurückschreckend – was ich mit dem plakativen Begriff »Freud-Bashing« [d.h. Treten auf einen Wehrlosen] belegt habe.

Ich hoffe, dass das Erscheinen im Psychosozial-Verlag nun einen neuen Leserkreis erschließt, insbesondere Personen, die nicht durch ihr Psychologiestudium über Jahre den genannten Indoktrinationen ausgesetzt waren bzw. diesen insofern widerstanden haben, als sie bereit sind, sich ein zweites Bild zu machen.

Das Buch – um es hier schon klar zu definieren – ist keine Freud-Biografie, die es zu Dutzenden gibt, welche aber eher selten zum Verständnis der Theorie beitragen; es ist aber auch kein weiteres Werk über Psychoanalyse im Allgemeinen, die ebenfalls nicht selten sind, aber Freud'sche Gedanken und spätere Modifikationen (die sicher nicht immer Freuds Beifall finden würden) wenig streng trennen. Es handelt sich um eine knappe Darstellung der psychoanalytischen Theorie Sigmund Freuds, wobei die Schriften zur Kunst, Literatur, Gesellschaft und Religion, die in zwei anderen Monografien von mir ausführlich behandelt wurden, hier gerade angedeutet werden.

An den zentralen Aussagen wurde weniger geändert, lediglich der Versuch gemacht, diese etwas ausführlicher (und damit hoffentlich lesbarer) zu präsentieren. Ansonsten wurde eher gekürzt, indem auf die Erwähnung älterer, oft schon vergriffener Literatur verzichtet wurde. Alles geschieht zugegebenermaßen auf knappem Raum. Für die Lehre vom Unbewussten (die Metapsychologie), die Sexualtheorie, die Krankheitslehre und die Technik der Therapie sei gegebenenfalls auf meine sehr viel ausführlichere, im Pabst-Verlag erschienene Monografie *Das Werk Sigmund Freuds – Entstehung, Inhalt, Rezeption* (Köhler, 2014a) verwiesen, für die Schriften zu Kultur, Gesellschaft und Religion sowie die zur Literatur, Kunst und Ästhetik auf die im Psychosozial-Verlag erschienenen Bücher (Köhler, 2014b; Köhler, 2014c).

Dem Psychosozial-Verlag, insbesondere Herrn Wirth und Herrn Flierl, danke ich sehr für das Publikationsangebot, Herrn Ahrens für die angenehme Zusammenarbeit und die wertvollen Vorschläge bei der Manuskriptgestaltung. Wie immer natürlich hat meine liebe Frau Carmen der Abfassung mit Verständnis zugesehen.

Hamburg, im April 2020
Thomas Köhler

1 Einführung: Der biografische und wissenschaftshistorische Hintergrund

1.1 Freud-Biografik

Die biografische Literatur zu Freud ist kaum mehr zu überblicken (eine Zusammenstellung und kritische Kommentierung der Arbeiten, speziell auch der älteren, findet sich in Köhler, 2016). Dies ist insofern erstaunlich, als Freuds Leben – von den diversen Absetzbewegungen seiner Schüler (speziell Adler und Jung) sowie der Emigration nach London abgesehen – äußerlich wenig ereignisreich verlief, die wesentlichen Höhe- und Tiefpunkte lediglich im Gang der Theoriebildung zu finden sind. Zweifellos sahen viele der Autoren eine Möglichkeit, sich über seine Biografie dem Freud'schen Werk zu nähern, wobei allerdings die wenigsten diesen Schritt vollzogen haben und nur selten tatsächlich über eine vordergründige Wiedergabe der Inhalte hinausgehen.

Freud selbst hat in »Zur Geschichte der psychoanalytischen Bewegung« (1914d) und speziell in der *Selbstdarstellung* (1925d) Abrisse seines Lebens gegeben, welche zweifellos zu den diesbezüglich lesenswertesten gehören, da sie in besonderer Deutlichkeit die enge Verflechtung von biografischen Fakten und Werkentstehung vor Augen führen. Eine sehr bekannte und trotz einiger nachgewiesener (inhaltlich jedoch ausgesprochen bedeutungsloser) Fehler äußerst wertvolle Biografie ist die dreibändige Monografie *Sigmund Freud: Leben und Werk* von Ernest Jones (1984). Jones war einer der engsten Mitarbeiter Freuds bis zu dessen Tod und hatte Zugang zu einer Vielzahl von Unterlagen, speziell zur umfangreichen Korrespondenz. Spätere Lebensbeschreibungen des Begründers der Psychoanalyse, beispielsweise die von Robert (1967) oder von Mannoni (1971), basieren im Großen und Ganzen auf der *Selbstdarstellung* und der Jones'schen Biografie, übernehmen damit auch weitgehend die dort vertretenen Sichtweisen – wohingegen die neuere, auf die von Mannoni (1971) folgende Rowohlt-Monografie zu Freud (Lohmann, 1998) meines Erachtens genau das Gegenteil darstellt, nämlich in befremdlicher Kritiklosigkeit häufig die antifreudianischen Positionen von Ellenberger (siehe unten) unreflektiert wiedergibt. Auch die meines Erachtens beste und mit umfangreichen Bildmaterial versehene diesbezügliche Darstellung von E. Freud, L. Freud und I. Grubrich-Simitis – versehen mit einer sehr prägnanten biografischen Skizze von K. R. Eissler – (Freud, E. et al., 2006) übernimmt die autobiografischen Positionen S. Freuds und die diesbezüglichen (meiner Auffassung nach prinzipiell korrekten) Grundthesen von Jones. Erst mit den Arbeiten von Ellenberger (1973), der in seiner groß angelegten Monografie *Die Entdeckung des Unbewussten* Freuds Leben und Werk breiten Raum widmet, und von Sulloway (1982) wird die psychoanalytische Geschichtsschreibung mit missionarischem Eifer, jedoch wenig profund kritisch reflektiert; insbesondere wird immer wieder versucht, von Freud proklamierte Originalitätsansprüche und von ihm behauptete Anfechtungen anhand von Quellen in ein neues Licht zu rücken. Dabei ist Ellenbergers Arbeit so sehr mit schweren tendenziösen Fehlern überladen (beispielsweise unvollständigen und dabei sinnentstellenden Zitaten, Fehldarstellungen der Freud'schen Thesen; siehe dazu ausführlich Köhler, 2016, S.107ff.), dass die durchaus zu konzedierenden kleinen Berichtigungen in ihrer Bedeutung in den Hintergrund treten, zumal der Autor auch keine neue Sichtweise vermitteln kann. Anders verhält es sich mit Sulloways Monografie; diese weist zwar ebenfalls Fehler auf, speziell dort, wo sie sich auf die Vorarbeiten Ellenbergers stützt, leistet jedoch eine nützliche Korrektur des gängigen Freud-Bildes und lässt – indem er dessen biologische Wurzeln herausarbeitet – Freuds Werk in einem neuen, interessanten Licht erscheinen.

Zwei spätere Biografien, die von Clark (1985) und Gay (1989), bedürfen spezieller Erwähnung, weil sie tatsächlich biografisch Neues bringen. Den Autoren waren nämlich Dokumente zugänglich, welche andere Biografen nicht einsehen konnten; dies betrifft insbesondere die vollständigen, ungekürzten Briefe von Freud an Wilhelm Fließ (siehe 1.2) sowie die Jugendbriefe an Eduard Silberstein (Freud 1989a); hinzu kommt, dass beide die mittlerweile erschienene kritische Literatur zur Kenntnis genommen haben und so ein weniger einseitiges und vielleicht treffenderes Bild von Freud zeichnen.

Daneben gibt es eine Vielzahl weiterer Biografien, vorwiegend 2006 zum 150. Geburtstag Freuds herausgekommen oder neu aufgelegt, welche aufzuzählen sich nicht lohnt, weil sie nichts substanziell Neues beigebracht haben und ohnehin inzwischen meist vergessen sind. Ausdrücklich jedoch hervorzuheben ist die 2006 erfolgte Neuveröffentlichung von Paul Roazens 1974 zuerst im amerikanischen Raum erschienener Arbeit Sigmund *Freud und sein Kreis* (Roazen, 2006). Als Informationsquelle zog der Autor unter anderem Interviews mit frühen Analytikern und ihren Angehörigen heran, von denen bei der Abfassung der Arbeit, welche hauptsächlich in den späten 1960er und frühen 1970er Jahren erfolgte, noch eine beträchtliche Anzahl lebte. Einen vergleichsweise ausführlichen biografischen Abriss, auch hinsichtlich der »Abfallbewegungen«, habe ich selbst in meiner Monografie *Das Werk Sigmund Freuds – Entstehung, Inhalt, Rezeption* (Köhler, 2014a) gegeben. Dort kommen auch die Schriften von Israëls (1999) und Selg (2002) zur Sprache sowie die von tendenziösen Fehldarstellungen überladene Monografie von Onfray (2013). Es ist immer aufs Neue erschreckend, wie manche Autoren – von denen einige schließlich auch einen guten Namen zu verlieren haben (bzw. wie Eysenck: hatten) – die elementaren Regeln des wissenschaftlichen Diskurses verletzen.

Daneben existiert eine Anzahl regelrechter Schmähschriften gegen Freud, eine Tradition, die bereits in die zwanziger Jahre des letzten Jahrhunderts zurückgeht und nie eine Unterbrechung gefunden hat (bemerkenswerterweise in den ersten Jahren der nationalsozialistischen Herrschaft einen traurigen Höhepunkt erlebte)[1]. Spätere bekannte Werke dieses Genres sind die Arbeiten von Thornton (1983), Eysenck (1985) und Zimmer (1990), deren wissenschaftlicher Wert (etwa hinsichtlich Korrektheit von Zitaten, Richtigkeit in der Darstellung der psychoanalytischen Theorie) von mir in einer gesonderten Arbeit (Köhler, 2016) kritisch beleuchtet wurde.

Diesbezüglich lobenswerte Ausnahmen machen die psychoanalysekritischen Schriften von Grünbaum (1988) und Eschenröder (1986); letzterem ist allerdings vorzuwerfen, dass er die Positionen von Ellenberger (1973) und Sulloway (1982) weitgehend übernimmt, ohne sich von der wissenschaftlichen Dignität dieser Arbeiten ein eigenes Bild gemacht zu haben.

1.2 Abriss von Leben und Werk

In dieser knappen Darstellung des Freud'schen Werkes muss der biografische Teil notgedrungen auf ein Minimum beschränkt bleiben. Zum Verständnis nur so

1 In seiner Eigenschaft als Herausgeber des *Zentralblattes für Psychotherapie* schrieb C.G. Jung im Dezember 1933 ein Geleitwort, welches bereits eine recht bedenkliche Passage über »die bekannten Verschiedenheiten der germanischen und jüdischen Psychologie« enthält (Jung, 1933). Ein ausführlicher Beitrag zum nächsten Heft mit dem Titel »Zur gegenwärtigen Lage der Psychotherapie« gibt dem Autor dann eine willkommene Gelegenheit, vor breitem Publikum und in gekonnter Übernahme des NS-Jargons mit Freud abzurechnen. In diesem Zusammenhang geht er auch auf dessen »rassische Andersartigkeit« ein (das ausführliche Zitat findet sich bei Köhler, 2016, S. 27ff.).

viel, dass Freud, 1856 geboren, in einer religiös bereits weitgehend liberalen jüdischen Familie aufwuchs und später nicht nur betont atheistisch, sondern sogar ausgesprochen religionsfeindlich auftrat, speziell in seinen Schriften *Totem und Tabu* (Freud, 1913–13a), *Die Zukunft einer Illusion* (1927c) sowie *Der Mann Moses und die monotheistische Religion* (1939a). Auf Freuds jüdische Herkunft werden nicht zuletzt seine betont aufklärerische rationalistische Grundhaltung und – vorwiegend von ihm selbst – gewisse Probleme hinsichtlich wissenschaftlicher Anerkennung und akademischer Karriere zurückgeführt; der letztere Punkt ist von der kritischen Freudbiografik, allen voran Ellenberger (1973), bestritten worden; für eine Diskussion siehe Köhler (2016).

Im Alter von vier Jahren nach Wien gekommen, wo er bis zu seiner Emigration 1938 blieb, brachte Freud die Gymnasialjahre fast durchgehend als Primus hinter sich und begann 1873 das Studium der Medizin, eine aufgrund bis dahin gezeigter Interessen schwer verständliche Wahl. Tatsächlich dauerte das Studium bis zum Erreichen des Doktorats ungewöhnlich lange; dieses lag allerdings mit Sicherheit nicht an mangelnder Begabung – als Neuropathologe und Neurologe hatte Freud für lange Zeit einen hervorragenden Ruf; vielmehr war der Grund, dass er auch Veranstaltungen anderer Fachrichtungen besuchte, speziell der Philosophie. Viele Jahrzehnte später bekennt er freimütig, dass sein Interesse eigentlich schon früh anderen Fragen gegolten hatte:

> »Nach dem lebenslangen Umweg über die Naturwissenschaften, Medizin und Psychotherapie war mein Interesse zu jenen kulturellen Problemen zurückgekehrt, die dereinst den zum Denken erwachten Jüngling gefesselt hatten […] Immer klarer erkannte ich, dass die Geschehnisse der Menschheitsgeschichte, die Wechselwirkung zwischen Menschennatur, Kulturentwicklung und jenen Niederschlägen urzeitlicher Erlebnisse, als deren Vertretung sich die Religion vordrängt, nur die Spiegelung der dynamischen Konflikte zwischen Ich, Es und Über-Ich sind, welche die Psychoanalyse beim Einzelmenschen studiert, die gleichen Vorgänge, auf einer weiteren Bühne wiederholt« (1935a; *GW XVI*[2], S. 32f.).

2 Freud, S. (1940–1952). *Gesammelte Werke* (18 Bände); seit 1960 die gesamte Edition bei S. Fischer, Frankfurt a. M. (Nachtragsband 1987: Texte aus den Jahren 1885-1938); im Weiteren abgekürzt als *GW*, die Bandnummer ist mit römischen Ziffern bezeichnet. Die nachfolgende Darstellung folgt (weitgehend) der Freud-Bibliographie und Werkkonkordanz (Meyer-Palmedo & Fichtner, 1999). Ein Großteil der Schriften ist auch in Form von Taschenbüchern bei Fischer erschienen (was jedoch nicht gesondert erwähnt wird).

Zudem arbeitete er bereits als Medizinstudent mehrere Jahre lang in einem physiologischen Labor, vornehmlich über die Histologie des Nervensystems; Leiter des Instituts war Ernst Brücke, der als bedeutendster Vertreter der positivistischen, biologisch-reduktionistischen Helmholtz'schen Schule in Wien galt (Gay, 1989, S. 45f.). Dass Freud Brückes Labor 1882 verließ, lag sicher nicht an Unzufriedenheit oder Desinteresse, sondern wesentlich daran, dass das kleine und mit jungen Mitarbeitern besetzte Institut in absehbarer Zeit keine Aufstiegschancen bot.

Er trat daher Tätigkeiten in diversen Krankenhäusern zum Erwerb einer praktischen Ausbildung an, insbesondere in Psychiatrie, Neurologie und Neuropathologie; für letzteres Fach erhielt er 1885 die Dozentur. In die letzte Zeit der Krankenhausjahre fiel auch ein durch ein Reisestipendium ermöglichter mehrmonatiger Aufenthalt an der Pariser Salpêtrière. An dieser weltbekannten Nervenklinik, deren Leiter seinerzeit der berühmte Jean-Martin Charcot war, wurde Freud nach eigenen Aussagen sowohl mit dem Erscheinungsbild der Hysterie als auch mit der Hypnose bekannt gemacht, welche seinerzeit bei hysterischen Symptomen ein wichtiges diagnostisches und therapeutisches Instrument darstellte. Nach der Rückkehr heiratete Freud, mittlerweile 30 Jahre alt, die aus einer angesehenen jüdischen Kaufmannsfamilie Hamburgs stammende Martha Bernays und ließ sich als Nervenarzt in Wien nieder, zunächst in der Rathausgasse, 1891 dann in der berühmten Berggasse 19 (wo sich heute eine Freud-Gedenkstätte und ein Freud-Museum befinden).

Die wesentlichen Publikationen der ersten Praxisjahre betreffen ausschließlich neurologische Themen, wovon besonders die Abhandlungen über Aphasien (1891b) und infantile Zerebrallähmungen (1897a) zu nennen sind. Auf eine erste Veröffentlichung zur hypnotischen Suggestionstherapie (1892–93a) folgen rasch weitere zu psychologisch-psychotherapeutischen Themen, insbesondere »Die Abwehr-Neuropsychosen« (1894a) und die zusammen mit Josef Breuer verfassten *Studien über Hysterie* (1895d). Diese Arbeiten enthalten bereits wesentliche Elemente der Psychoanalyse; durch Breuer schon früh mit dem sogenannten kathartischen Heilverfahren der Hysterie bekannt gemacht – der hypnotischen Auffindung erster, nicht erinnerbarer Symptomanlässe mit anschließender Abreaktion seinerzeit unterdrückter Affekte – nimmt Freud bald eine grundlegende Modifikation des Verfahrens vor: Die scheinbar vergessenen Anlässe werden nicht mehr mittels der artifiziellen Hypnose zu ergründen versucht; dies geschieht nun im Wachbewusstsein durch freie Assoziation, welche, ausgehend von den Symptomen, gegen sukzessive Widerstände – letztlich ähnlich wirksam und insbesondere stärker theoriegeleitet und dauerhafter – die Erinnerungslücken aufhebt. Das von Freud aufgrund dieser therapeutischen Beobachtungen vorgeschlagene Modell der Symptomentstehung basiert auf der Annahme eines Abwehr- oder Verdrängungsvorganges: Unangenehme Vorstellungen (nach der Befundlage offenbar ausschließlich sexueller Natur) werden vom Bewusstsein abgehalten – werden im Extremfall verdrängt, sind also ohne besondere Anstrengung zur Überwindung des »Widerstands« dem bewussten Denken überhaupt nicht mehr zugänglich. Um die den Vorstellungen anhaftenden Affektmengen zu binden, bilden sich die körperlichen Symptome der Hysterie aus, die psychischen der Zwangsneurose (siehe 5.2). Während diese Verdrängungstheorie im Wesentlichen die Pathogenese, also den Entstehungsmechanismus von Neurosen, betrifft und die Frage nach deren Ursache zunächst unbeantwortet lässt, glaubt Freud, in der kurz darauf entwickelten sogenannten »Verführungstheorie« auch dieses Problem gelöst zu haben. In den 1896 erschienenen Schriften »Weitere Bemerkungen über die Abwehr-Neuropsychosen« (1896b) und »Zur Ätiologie der Hysterie« (1896c) präsentiert er die Hypothese, unverzichtbare Bedingung für den pathologischen Abwehrvorgang sei frühkindliches Erleben »koitusähnlicher Vorgänge«, zumeist aufgrund von sexuellen Handlungen, welche Erwachsene an den Kindern vornehmen: »Ich stelle also die Behauptung auf, zugrunde jedes Falles von Hysterie befinden sich – durch die analytische Therapie reproduzierbar, trotz des Dezennien umfassenden Zeitintervalles – **ein oder mehrere Erlebnisse von vorzeitiger sexueller Erfahrung**, die der frühesten Jugend angehören« (1896c; *GW I*, S. 439; Hervorhebungen im Original). Etwa ein Jahr nach ihrer Erstellung gab Freud jedoch diese Verführungstheorie wieder auf, wovon bald in einem Brief an seinen Freund Wilhelm Fließ (siehe unten) die Rede ist, allerdings in den veröffentlichten Werken erst viel später und nicht vollständig begründet; allem Anschein nach ließ sich biografisch feststellen, dass wenigstens einige der in den psychoanalytischen Sitzungen zur Erinnerung gebrachten Szenen nicht der Realität entsprochen haben konnten.

So in seiner Neurosenlehre in eine Sackgasse geraten, machte sich Freud in dieser Zeit an die Abfassung der *Traumdeutung* (1900a), seines wohl bedeutendsten Werkes, das eine wesentliche Erkenntnisquelle in der 1897 begonnenen Selbstanalyse hatte. Träume sind der dort entwickelten Theorie zu Folge entstellte Erfüllung von Wünschen, insbesondere unbewusster (verdrängter) Natur. Mit den zur Explizierung des Traumgeschehens notwendigen Annahmen der Existenz zweier psychischer Instanzen, des Systems Bewusst-Vorbewusst einerseits und des Systems Unbewusst andererseits mit dazwischen lokalisierter Zensurinstanz, sind die Grundlagen der »Metapsychologie« gelegt, des Lehrgebäudes psychoanalytischer Grundthesen über psychische Prozesse. Die Psychoanalyse macht somit den Schritt von einer rein klinischen zu einer allgemein-psychologischen Theorie. Gleichzeitig ergibt sich, basierend auf dem Konzept vorbewussten und unbewussten Fantasielebens, die Möglichkeit, die unvollständig verstandene Neurosenentstehung unter neuen Gesichtspunkten zu betrachten. Die dazu notwendigen weiteren ätiologischen Annahmen leiten sich aus der psychoanalytischen Sexualtheorie ab, bei der Freud eine erhebliche, jedoch stringente Erweiterung des Begriffes Sexualität vornimmt, welche bei ihm allgemein das Streben nach Lustgewinn aus Organfunktionen bedeutet (siehe 3.2 und 3.3). Gewisse Verhaltensweisen des Kleinkindalters stellen sich unter diesen Voraussetzungen als wesentlich sexuell dar, zeigen dabei nach Freud eine in Stufen verlaufende diesbezügliche Entwicklung. Perversionen werden auf dieser Grundlage ebenso als Folge von Entwicklungsstörungen aufgefasst wie Neurosen (genauer: Psychoneurosen), wobei das Sexualverhalten auf eine frühe infantile Stufe zurückkehrt (regrediert). Der Unterschied zwischen Perversion und Neurose liegt lediglich darin, dass im letzteren Fall die regressiven Bedürfnisse nicht bewusst zugelassen (also verdrängt) werden und sich somit ihren Ausdruck in Symptomen suchen müssen. Die hier skizzierten Gedanken bilden den Inhalt der neben der *Traumdeutung* grundlegendsten Schrift Freuds, der *Drei Abhandlungen zur Sexualtheorie* (1905d). Ähnliche Überlegungen finden sich jedoch bereits in der 1901 verfassten, erst 1905 publizierten Fallgeschichte der Dora (»Bruchstück einer Hysterie-Analyse«; Freud, 1905e). Von der Aufgabe der Verführungstheorie etwa in der Mitte des Jahres 1897, womit die Vorgeschichte der Psychoanalyse endet, bis zur Entwicklung ihrer wesentlichen Inhalte, der Theorie des Unbewussten, der infantilen Sexualität und der darauf basierenden Neurosenkonzeption, vergingen somit nur wenige Jahre. Danach veröffentlichte Freud in mehr oder weniger konstanter und bewundernswerter Produktivität Schriften zu den allgemein-psychologischen und biologischen Grundlagen der Psychoanalyse (Theorien des Unbewussten, der Triebe und der Sexualität), klinische Abhandlungen (Fallstudien, Schriften zur allgemeinen Neurosenlehre und Psychotherapie) sowie Arbeiten zur Anwendung psychoanalytischer Erkenntnisse auf nicht-klinische Bereiche und Phänomene (Fehlleistungen, Wesen und Mechanik des Witzes, Literatur, Religion, Kultur und Gesellschaft).

Spätestens ab 1910 fand die Psychoanalyse breiteres Interesse. In den ersten Jahren seiner Forschungen war Freud nach eigenen Angaben (siehe 1925d) – an deren Korrektheit trotz gegenteiliger Behauptungen in der kritischen Biografik nicht zu zweifeln sein dürfte (vgl. die entsprechenden Abschnitte in Ellenberger, 1973 sowie Sulloway, 1982 und dazu die Erwiderungen in Köhler, 2014a und Köhler, 2016) – persönlich wie wissenschaftlich sehr isoliert (seine »splendid isolation«). Das enge Verhältnis zu Breuer hatte sich bald nach Erscheinen der *Studien über Hysterie* merklich abgekühlt; die einzige Freundschaft, die Freud in jenen Jahren pflegte, war die zu dem Berliner Hals-Nasen-Ohren-Arzt Wilhelm Fließ, einer zweifellos sehr eigenwilligen Gestalt. Dieser war selbst wissenschaftlich stark interessiert und hatte teilweise recht kühne biologische Theorien entwickelt, insbesondere die bestimmter innerer Rhythmen und speziell eines starken Einflusses von Vorgängen in der Nasenschleimhaut auf andere Körperorgane; etwa ein Jahrzehnt stand er mit Freud in regem persönlichem Kontakt und Schriftwechsel. Wieweit Freud in seiner Theoriebildung, speziell zur Bisexualität, von Fließ beeinflusst war, ist nicht restlos zu klären (siehe Sulloway, 1982, S. 248ff.; vgl. hierzu Köhler, 2014a, S. 401f.); ganz auszuschließen ist es jedoch nicht, und Freud fügte seinen *Drei Abhandlungen zur Sexualtheorie* eine von Fließ verfasste Fußnote hinzu, in der er den Einfluss des Letzteren würdigte. Schlussendlich war es wohl kaum von Belang; Freud wäre ohne Fließ sicher zu ähnlichen Erkenntnissen gekommen. Historisch von ungleich größerer Bedeutung ist die Tatsache, dass Freud an Fließ, besonders zwischen 1893 und 1901, von welchem Zeitpunkt an eine zunehmende Missstimmung auftrat, eine Unzahl von Briefen über persönliche Belange und wissenschaftliche Fragen schickte, die durch einen glücklichen Zufall vollständig erhalten sind. Während Freud nach dem Bruch der Freundschaft Fließ' Briefe vernichtete, bewahrte dieser Freuds Briefe auf, und seine Witwe verstand es, sie gewinnbringend zu veräußern[3]. Sie liefern wichtige Informationen über den Gang der psychoanalytischen Theoriebildung, etwa über die Gründe für die Aufgabe der Verführungstheorie (siehe oben). Von besonderem Interesse ist der Ende 1895 abgefasste, nie fertig gestellte und publizierte »Entwurf einer Psychologie« (1950c), welcher Fließ als Manuskript zugeschickt wurde und den Versuch darstellt, die frühen psychologischen Erkenntnisse, insbesondere zur Verdrängung und zum Wesen der psychischen Energie, als Vorgänge im Nervensystem der zu beschreiben (siehe dazu auch 1.3).

Die erwähnte wissenschaftliche Isolation ging erst einige Jahre nach der Jahrhundertwende zu Ende, als einige Männer, zumeist Wiener Ärzte, zunehmendes Interesse an Freuds Ideen entwickelten, sodass – hervorgegangen aus der

---

3 Diese Briefe wurden 1950 unter dem Titel *Aus den Anfängen der Psychoanalyse* (Freud, 1950a) zunächst in erheblich gekürzter Form veröffentlicht. Die Auslassungen betrafen in der Regel eher belanglose private Angelegenheiten; immerhin wurden bedauerlicherweise auch einige wissenschaftshistorisch äußerst interessante Passagen, etwa zu den Gründen für die Aufgabe der Verführungstheorie (siehe 5.2), zunächst nicht aufgenommen. Mittlerweile liegt eine vollständige und mit wertvollen Anmerkungen versehene Ausgabe vor (Freud, 1985c). Der berühmte »Entwurf einer Psychologie«, der noch in der ersten Ausgabe der Briefsammlung zu finden war, ist jetzt separat im Nachtragsband zu den *Gesammelten Werken* abgedruckt (Freud, 1950c).

»Psychologischen Mittwochs-Gesellschaft« – 1908 die »Wiener Psychoanalytische Vereinigung« gegründet wurde; ihr gehörten unter anderem Alfred Adler, Wilhelm Stekel, Otto Rank und Hanns Sachs an. Auch kamen in dieser Zeit Anhänger von außerhalb hinzu, so Sandor Ferenczi aus Budapest und Karl Abraham aus Berlin, schließlich aus England der spätere Freud-Biograf Ernest Jones. Eine besondere Befriedigung war es zweifellos für Freud, dass der berühmte Züricher Psychiater Eugen Bleuler (dem wir wertvolle Einsichten zur Psychopathologie verdanken) und sein Oberarzt C. G. Jung die Erkenntnisse der Psychoanalyse im psychiatrischen Bereich anzuwenden begannen. 1910 wurde die Internationale Psychoanalytische Vereinigung gegründet, die sich in zweijährigem Abstand zu Kongressen zu treffen pflegte.

Bekanntlich wies die psychoanalytische Bewegung keine ungestörte Entwicklung auf: Bleuler distanzierte sich zunehmend, eher stillschweigend, von der Freud'schen Lehre, speziell von der Sexualtheorie, während 1911 Adler und 1914 Jung reichlich spektakulär den Bruch vollzogen und eigene Schulen gründeten. Adlers Individualpsychologie stellt eine weitgehende Abkehr von der Theorie des Unbewussten und der auf der Sexuallehre gegründeten klinischen Theorie Freuds dar. Jungs »Analytische Psychologie« bedeutet ebenfalls eine dezidierte Negation der gesamten psychoanalytischen Sexuallehre sowie eine Neukonzeption des Unbewussten als wesentlich kollektiv und bevorzugt in mythischen Begriffen zu beschreiben; unbewusste Inhalte als Resultat individueller Verdrängungsvorgänge wie im Freud'schen System verlieren dabei letztlich völlig an Bedeutung. Die bedenkliche Rolle Jungs im Dritten Reich und seine öffentlichen, von deutlichem Antisemitismus getragenen Äußerungen gegen Freuds Psychoanalyse (Jung, 1934) sind bis heute wenig beachtet geblieben und wurden zuweilen gefährlich bagatellisiert (s. dazu ausführlich Köhler, 2016, S. 22ff.). In der kritischen Freud-Literatur hat man diese Spaltungen auf Freuds wissenschaftliche Intoleranz zurückgeführt. Tatsächlich sind aber die inhaltlichen Unterschiede zwischen seiner Theorie und denen von Adler und Jung so gravierend, dass es nur konsequent war, die von Sigmund Freud entwickelte Psychoanalyse von den anderen Lehren durch geeignete Namensgebung und äußere Distanzierung abzuheben. Ein Jahrzehnt später gibt Freud dieser Ansicht deutlichen Ausdruck:

> »Die Annahme unbewusster seelischer Vorgänge, die Anerkennung der Lehre vom Widerstand und der Verdrängung, die Einschätzung der Sexualität und des Ödipus-Komplexes sind die Hauptinhalte der Psychoanalyse und die Grundlagen ihrer Theorie, und wer sie nicht alle gutzuheißen vermag, sollte sich nicht zu den Psychoanalytikern zählen« (1923a; *GW XIII*, S. 223).

Wie erwähnt, ist spätestens mit Abfassung der *Drei Abhandlungen zur Sexualtheorie* der Großteil der Freud'schen psychoanalytischen Theorie entwickelt; einige der späteren Schriften bieten oft lediglich Ergänzungen sowie zumeist wenig grundlegende Modifikationen. Dies gilt etwa für die sogenannten metapsychologischen Abhandlungen aus den Jahren 1915 bis 1917, von denen insgesamt zwölf verfasst, jedoch nur fünf von Freud schließlich für publikationswürdig erachtet wurden, nämlich »Triebe und Triebschicksale« (1915c), »Die Verdrängung« (1915d), »Das Unbewusste« (1915e), »Metapsychologische Ergänzung zur Traumlehre« (1916–17f) sowie »Trauer und Melancholie« (1916–17g). Ebenso zu den metapsychologischen Schriften könnte man die einige Jahre zuvor erschienenen Arbeiten »Formulierungen über die zwei Prinzipien des psychischen Geschehens« (1911b) und »Einige Bemerkungen über den Begriff des Unbewussten in der Psychoanalyse« (1912g) rechnen. Während alle diese Beiträge nicht wesentlich über die eigentliche erste metapsychologische Darstellung, nämlich das mit »Zur Psychologie der Traumvorgänge« überschriebene siebente Kapitel der *Traumdeutung*, hinausgehen, wird in *Das Ich und das Es* (1923b) die Metapsychologie in gewisser Hinsicht auf eine neue Grundlage gestellt: Die Einführung der psychischen Instanzen Es, Ich und Über-Ich anstelle der psychischen Systeme Bewusst-Vorbewusst und Unbewusst erweist sich nach Freud als besser geeignet für die Beschreibung der psychischen Dynamik, speziell des Verdrängungsvorganges.

Eine wesentliche Neuerung der späten psychoanalytischen Theorie betrifft die Erstellung einer Triebsystematik und deren mehrfache Revision. Während Freud um 1910 vom grundlegenden Gegensatz der auf Organlust zielenden Sexualtriebe einerseits, der der Selbsterhaltung dienenden Ich- oder Selbsterhaltungstriebe andererseits ausging, wird mit der Entwicklung des Narzissmuskonzepts, der Liebe zum eigenen Ich (»Zur Einführung des Narzissmus«, 1914c), ein anderer Triebdualismus angenommen: der zwischen den auf fremde Objekte gerichteten Sexualtrieben und jenen Strömungen, welche die eigene Person zum Liebesobjekt nehmen (siehe auch 1925d; *GW XIV*, S. 83). Das Narzissmuskonzept besitzt seine Bedeutung im Rahmen der Trieblehre, bietet daneben auch die neue Sichtweise bei der klinischen Theorie: Die Psychosen, speziell die Schizophrenie (in damaliger Terminologie noch oft als Dementia praecox bezeichnet), werden als Regression auf das frühe Entwicklungsstadium des Narzissmus aufgefasst und als »narzisstische« den anderen Psychoneurosen, den »Übertragungsneurosen«, gegenübergestellt, wo die Regression auf ein späteres Stadium der Objektliebe geschieht; diese Objektliebe erfährt nach Freud in der psychoanalytischen Therapie eine Neuauflage (Übertragung) und wird so der Beeinflussung zugänglich.

Anders verhält es sich mit den narzisstischen Neurosen, bei denen das Übertragungsphänomen ausbleibt und die deshalb keine psychoanalytische Behandlung gestatten.

Mit der Entwicklung der Todestriebtheorie in der Schrift *Jenseits des Lustprinzips* (1920g) wird die Triebsystematik noch einmal grundlegend verändert: Sowohl die auf fremde Objekte wie die auf das eigene Ich gerichteten Sexualtriebe werden nun mit den Selbsterhaltungstrieben als Eros oder Lebenstrieb, zusammengefasst; diesem wird der auf Zerstörung zielende Todestrieb gegenübergestellt – der Begriff Thanatos taucht bei Freud nicht auf, sondern geht auf spätere Analytiker zurück. Die Argumentation bei der Entwicklung dieser – im Vergleich zu den sonstigen psychoanalytischen Annahmen geradezu mystischen – Vorstellung unterscheidet sich sehr von den zumeist klinischen Begründungen anderer Freud'scher Konzepte: Es handelt sich im Wesentlichen um biologische Spekulationen, welche zur Erklärung eher randständiger Phänomene herangezogen werden und die schließlich in jene naturphilosophischen Betrachtungen münden. Während Freud anfangs den spekulativ-hypothetischen Charakter seiner Überlegungen durchaus konzedierte (1920g; *GW XIII*, S. 63f.), ging er in späteren Schriften vom Todestrieb immer mehr als von einem unumstößlichen Faktum aus (beispielsweise in 1940a; *GW XVII*, S. 71) und verwendete das Konzept sowohl für kulturtheoretische Erklärungen als auch zur Herleitung klinischer Phänomene wie Sadismus und Masochismus.

Eine bedeutsame Erweiterung der Sexualtheorie wird noch einmal in den späten Arbeiten zur phallischen Phase, zum Ödipus- und Kastrationskomplex und ihren wechselseitigen Beziehungen vorgenommen (»Die infantile Genitalorganisation«, 1923e; »Der Untergang des Ödipuskomplexes«, 1924d), was in den ersten Auflagen der *Drei Abhandlungen zur Sexualtheorie* noch nicht detailliert betrachtet worden war. Wenig hatte auch Freud bis in die 1920er Jahre zur weiblichen Sexualität ausgeführt, sie in ihrem Wesen und ihrer Entwicklung schematisch analog zu der des Mannes aufgefasst. Mit den Arbeiten zum weiblichen Kastrationskomplex (Penisneid) und zur präödipalen Mutterbindung des Mädchens versuchen die letzten sexualtheoretischen Schriften, auf diesem dunklen Gebiet etwas Klärung zu schaffen (»Einige psychische Folgen des anatomischen Geschlechtsunterschieds«, 1925j; »Über die weibliche Sexualität«, 1931b; sowie die Vorlesung »Die Weiblichkeit« aus der *Neuen Folge der Vorlesungen zur Einführung in die Psychoanalyse*, 1933a).

Die nach der Aufgabe der Verführungstheorie zunächst unvollendet zurückgelassene Neurosenlehre wird nun auf dem Hintergrund der neuen in der *Traumdeutung* und den *Drei Abhandlungen zur Sexualtheorie* formulierten Erkenntnisse wieder aufgenommen. Dies geschieht etwas ausführlicher in »Meine Ansichten über die Rolle der Sexualität in der Ätiologie der Neurosen« (1906a) sowie in der zweiten Serie der Fallgeschichten (nach denen aus den *Studien über Hysterie*); die erste dieser neuen Reihe befasst sich mit der Genese einer hysterischen Störung (»Bruchstück einer Hysterie-Analyse«, 1905e; [Fall »Dora«]), die nächsten mit der Pferdephobie des »kleinen Hans« (»Analyse der Phobie eines fünfjährigen Knaben«, 1909b) und mit der Zwangsneurose des »Rattenmanns« (»Bemerkungen über einen Fall von Zwangsneurose«, 1909d). Die Fallgeschichte Schreber (»Psychoanalytische Bemerkungen über einen autobiographisch beschriebenen Fall von Paranoia [Dementia paranoides]«, 1911c) hebt sich insofern von den anderen Kasuistiken ab, als Freud den Patienten nie selbst gesehen und analysiert hatte, sondern die autobiografisch beschriebene Krankheitssymptomatik (Verfolgungs- und Größenwahn) psychoanalytisch zu erklären versuchte. Eine weitere Krankengeschichte ist die der Phobie und Zwangsneurose des berühmten Wolfsmannes (»Aus der Geschichte einer infantilen Neurose«, 1918b), so genannt nach einem Traum von weißen Wölfen, welcher die Phobie einleitete. Eine letzter (eher wenig bekannter) Fallbericht versucht die Herleitung der homosexuellen Neigung einer jungen Frau (»Über die Psychogenese eines Falles von weiblicher Homosexualität«, 1920a). Weitere Aspekte der revidierten Neurosenlehre werden darüber hinaus in einer Anzahl kleiner, aber oft sehr inhaltsreicher Schriften entwickelt, etwa in der Arbeit »Die Disposition zur Zwangsneurose« (1913i). Leider fehlt in Freuds Werk eine klare Darstellung seiner ätiopathogenetischen Annahmen zur Neurosenentwicklung, sodass man sich diese aus einer Vielzahl unverbundener Schriften zusammentragen muss, deren letzte bedeutendere die Arbeit *Hemmung, Symptom und Angst* (1926d) ist. Wesentliches Thema dort ist eine Theorie der Angst, welche die schon früh entwickelte Auffassung, Angst entstehe aus inadäquat abgeführter Sexualerregung (»Über die Berechtigung, von der Neurasthenie einen bestimmten Symptomenkomplex als ›Angst-Neurose‹ abzugrenzen«, 1895b) grundlegend revidiert.

In den weiten Bereich der klinischen Theorie gehören auch die Arbeiten zu den sexuellen Abweichungen (»Perversionen«), speziell zu Homosexualität und zu Sadismus–Masochismus. Freuds Auffassungen zur männlichen Homosexualität finden sich ebenfalls weit verstreut, zunächst in den *Drei Abhandlungen zur Sexualtheorie*, deren diversen Auflagen immer neue Anmerkungen zu diesem Themenkomplex beigefügt werden, zudem in der Schrift *Eine Kindheitserinnerung des Leonardo da Vinci* (1910c), welche somit eine (nur bedingt gelungene) Zwischenstellung zwischen einer grundlagen- und einer anwendungsorientierten Arbeit einnimmt, schließlich in einer kleinen Überblicksarbeit »Über einige neurotische Mechanismen bei Eifersucht, Paranoia und Homosexualität« (1922b). Ausführungen zur weiblichen Homosexualität werden in der erwähnten Fallgeschichte (1920a) gemacht. Annahmen über die Genese von Sadismus und Masochismus finden sich außer in den *Drei Abhandlungen* zunächst in kleineren, eher unbekannten Schriften; eine eingehendere Erörterung dieser Thematik, die alle seine bisher dazu vertretenen Auffassungen grundlegend revidiert, gibt Freud, basierend auf der seither entwickelten Todestriebtheorie, schließlich in »Das ökonomische Problem des Masochismus« (1924c).

Neue bedeutsame Beiträge, welche über den frühen Wissensstand der Jahrhundertwende hinausgehen, werden zudem zur Theorie und Praxis der psychoanalytischen Behandlung geleistet; zum einen nimmt Freud an, in der Überwindung von Widerständen im Rahmen des therapeutischen Vorgehens den eigentlichen Wirkmechanismus gefunden zu haben (»Zur Einleitung der Behandlung«, 1913c), zum anderen weist er auf die Bedeutung der Übertragung und auf die korrekte Handhabung dieses mächtigen und gefährlichen Instruments hin (»Zur Dynamik der Übertragung«, 1912b; »Bemerkungen über die Übertragungsliebe«, 1915a; die 27. Vorlesung »Die Übertragung« aus den *Vorlesungen zur Einführung in die Psychoanalyse*, 1916–17a, *GW XI*, S. 447ff.). Die zahlreichen therapeutischen Schriften zwischen 1910 und 1920, von denen nur einige hier genannt wurden, sind zweifellos auch im Zusammenhang mit der Ausbreitung der Psychoanalyse zu sehen, deren neuen Anhängern ihr Begründer verbindliche Hinweise für eine kunstgerechte Therapie geben wollte.

Wesentliche Arbeiten der späteren Jahre befassen sich mit der Anwendung psychoanalytischer Erkenntnisse auf Fragen von Religion, Kultur und Gesellschaft, etwa die umfangreichste und bedeutendste dieser Schriften *Totem und Tabu* (1912–13a) mit dem Untertitel: »Einige Übereinstimmungen im Seelenleben der Wilden und der Neurotiker«. Andere Beiträge zu diesen Themen sind *Massenpsychologie und Ich-Analyse* (1921c), *Die Zukunft einer Illusion* (1927c), *Das Unbehagen in der Kultur* (1930a) sowie eines seiner letzten Werke überhaupt, *Der Mann Moses und die monotheistische Religion* (1939a).

Zwei weitere Arbeiten verdienen schließlich Erwähnung, zunächst die berühmte *Psychopathologie des Alltagslebens* (1901b); diese bietet zum einen eine Anwendung der psychoanalytischen Erkenntnisse auf Alltagsphänomene wie Vergessen oder Versprechen (die sogenannten Fehlleistungen) und machten die Psychoanalyse auch in Laienkreisen rasch sehr populär, zum anderen versucht sie, durch die systematische Analyse dieser Vorkommnisse eine elementare Voraussetzung der psychoanalytischen Theorie plausibel zu machen, nämlich die Annahme einer strengen Determiniertheit psychischer Prozesse. In der Theorie des Witzes, dargelegt in der Schrift *Der Witz und seine Beziehung zum Unbewussten* (1905c), wird der Lacheffekt von Witzen auf Sprachprozesse zurückgeführt, die auch mittels Traumanalysen zu studieren sind und unbewussten (»primärprozesshaften«) Denkvorgängen entsprechen.

Erwähnt sei zudem, dass Freud wiederholt Zusammenstellungen der psychoanalytischen Theorie und ihrer Anwendungen versuchte, neben den 1909 in den USA auf Einladung der Clark University, Massachusetts, gehaltenen Vorlesungen (*Über Psychoanalyse*, 1910a) insbesondere die berühmten *Vorlesungen zur Einführung in die Psychoanalyse* (1916–17a), die ausführlich und betont allgemeinverständlich drei Themenkomplexe behandeln: Fehlleistungen, Träume und Allgemeine Neurosenlehre. Eine Fortsetzung dazu bildet die *Neue Folge der Vorlesungen zur Einführung in die Psychoanalyse* (1933a), welche allerdings nie gehalten wurden – ab 1917 hatte Freud, mittlerweile über 60 Jahre alt, seine Lehrtätigkeit aufgegeben; die Darstellung in kurzen, abgeschlossenen Kapiteln sah er jedoch als didaktisch vorteilhaft an. Eine weitere Einführung in die psychoanalytische Theorie bieten – mit gewissen Einschränkungen – »Zur Geschichte der psychoanalytischen Bewegung« (1914d), die für ein Handwörterbuch verfasste knappe Darstellung »›Psychoanalyse‹ und ›Libidotheorie‹« (1923a), die schon mehrfach erwähnte *Selbstdarstellung* (1925d), die zunächst in englischer Sprache erschienene Arbeit »Kurzer Abriss der Psychoanalyse« (1924f) sowie der unvollendet gebliebene, erst posthum publizierte *Abriss der Psychoanalyse* (1940a). Die Schrift *Die Frage der Laienanalyse* (1926e) bringt ebenfalls – diesmal in Gesprächsform – eine leicht verständliche Einführung in die psychoanalytische Theorie; sie wurde im Rahmen der mittlerweile auch die Gerichte beschäftigenden Diskussion verfasst, ob eine nicht ärztlich ausgebildete Person (ein »Laie«) die Berechtigung habe, Psychoanalyse als Heiltätigkeit auszuüben.

Diese Aufzählung der zahlreichen, thematisch äußerst breit angelegten Schriften – von denen durchaus bedeutsame wie »Warum Krieg« (1933b), »Die endliche und die unendliche Analyse« (1937c), »Konstruktionen in der Analyse« (1937d) noch gar nicht erwähnt wurden – macht Freuds immense Produktivität deutlich. Dies ist umso bemerkenswerter, als der Verfasser zeit seines Lebens in erster Linie Psychotherapeut blieb – zunächst bei Patienten, später vornehmlich im Rahmen von Lehranalysen – und dass er die Arbeiten in der knappen verbleibenden Freizeit abfassen musste, neben der Erledigung zunehmender Korrespondenz auf ausgesprochen hohem wissenschaftlichen und literarischen Niveau.

Die äußerlichen Ereignisse des weiteren Freud'schen Lebens sind rasch berichtet: Während das erste Jahrzehnt des neuen Jahrhunderts, bedingt durch zunehmende Anerkennung, gewissen materiellen Wohlstand und schließlich aufgrund gesundheitlichen Wohlbefindens, Jones (1984, Bd. 2, S. 87) sicher zu Recht als die glücklichste Zeit in Freuds Leben beschreibt, sind die folgenden drei Jahrzehnte im Wesentlichen durch eine Folge von Schicksalsschlägen gekennzeichnet. 1911 erfolgte der Bruch mit Adler, zwischen Ende 1913 und Anfang 1914 der mit Jung, dem mehrjährige Differenzen vorausgegangen waren (siehe dazu ausführlich Köhler, 2014a, S. 34ff.). Wie sehr ihn diese Entwicklung getroffen hat, wird aus der anlässlich dieser Abspaltungen verfassten Schrift »Zur Geschichte der psychoanalytischen Bewegung« (1914d) deutlich.

Die Zeit des Ersten Weltkrieges bedeutete für Freud nicht nur Sorgen um die Söhne im Feld, sondern auch schwere materielle Entbehrungen, da Analysen in dieser Zeit weitgehend ausblieben. Die Inflation der Nachkriegsjahre verschlang seine ohnehin eher bescheidenen Ersparnisse, 1920 verstarb an einer Grippeepidemie eine seiner Töchter, im selben Jahr zudem ein wichtiger Gönner und Förderer der Psychoanalyse, 1923 schließlich Freuds Lieblingsenkel. In diesem Jahr begann auch sein langer Leidensweg aufgrund eines Karzinoms im Mund-Rachen-Bereich, welches zwar über viele Jahre mittels über 30 Operationen unter Kontrolle gehalten werden konnte, jedoch heftigste Schmerzen verursachte, nicht zuletzt durch die nach der Resektion notwendige Gaumenprothese. Im Zusammenhang mit der schweren Erkrankung traten zunehmend Differenzen mit einst treuen Anhängern und loyalen Mitarbeitern wie Rank und Ferenczi auf, in geringerem Maße danach mit Abraham.

Immerhin wurden in diesen Jahren dem alten Freud, der seit seiner Erkrankung unter anderem wegen Schwierigkeiten beim Sprechen weitgehend Auftritte in der Öffentlichkeit mied, jene Ehrungen zuteil, die er sich in jungen Jahren so sehr gewünscht hatte (siehe beispielsweise 1985c, S. 433f.): eine zunehmende Beachtung der psychoanalytischen Lehre, die Verleihung des Goethe-Preises der Stadt Frankfurt, Geburtstagsglückwünsche von prominenten Persönlichkeiten der ganzen Welt; 1936, zu Freuds achtzigsten Geburtstag, hielt Thomas Mann eine Festrede, betitelt »Freud und die Zukunft«.

Gleichzeitig jedoch waren die Bedingungen für die Psychoanalyse im deutschen Sprachraum immer schlechter geworden; unter den Nationalsozialisten, die Freuds Bücher verbrannten[4], mussten viele Analytiker, ein Großteil von ihnen jüdischer Herkunft, emigrieren. 1938, nach dem Anschluss Österreichs, sahen sich auch Freud und seine Familie zu diesem Schritt gezwungen und gelangten

4 »Gegen die seelenzerfasernde Überschätzung des Trieblebens, für den Adel der menschlichen Seele! Ich übergebe den Flammen die Schriften des Sigmund Freud« (nach E. Freud et al., 1985, S. 282).

schließlich nach London, wo ein Haus in 20 Maresfield Gardens im vornehmen Stadtteil Hampstead bezogen wurde – welches heute ebenso wie die Wohnung in der Wiener Berggasse 19 zu einem Museum ausgebaut ist. Mittlerweile war die Progredienz des Tumors unaufhaltsam geworden, und Sigmund Freud starb, 83-jährig, am 23. September 1939 in seinem Londoner Haus, wobei sein Leibarzt, Max Schur mit starken Morphinspritzen das Leiden sehr wahrscheinlich abrupt verkürzte.

1.3 Die Psychoanalyse im Freud'schen Wissenschaftsverständnis

Das Werk Freuds wird zweifellos zugänglicher und in seiner Logik besser verständlich, wenn man es auf seinem allgemeinen wissenschaftshistorischen und spezifisch biografischen Hintergrund betrachtet. Der Autor wurde – wie ausgeführt – Psychologe und Psychotherapeut nämlich erst nach einem langen Umweg über Neurophysiologie und Neuropathologie, und diese strikt medizinisch-biologische Ausbildung hat sich sowohl in der Intention als auch der Begrifflichkeit seines Werkes niedergeschlagen. Jene von ihm als wesentlichen Beitrag in die Psychologie eingebrachte Vorstellung des an sich unbewussten und nur in variablen Ausschnitten dem Bewusstsein zugänglichen Seelenlebens (siehe 2.3) veranlasst ihn keineswegs dazu, die empirisch-rationale, naturwissenschaftliche Erkenntnismethodik zugunsten einer wie immer auch gearteten anderen aufzugeben. In einer seiner letzten großen Schriften, der *Neuen Folge der Vorlesungen zur Einführung in die Psychoanalyse*, stellt er im Rahmen der 35. Vorlesung die von ihm begründete Disziplin nachdrücklich in den traditionellen Wissenschaftsrahmen: Die Psychoanalyse, »ein Zweig der Psychologie, – Tiefenpsychologie oder Psychologie des Unbewussten« sei »ganz ungeeignet«, eine eigene Weltanschauung zu bilden, sie müsse die der Wissenschaft annehmen. Diese wissenschaftliche Weltanschauung sei durch die »Einschränkung auf das derzeit Wissbare und die scharfe Ablehnung gewisser, ihr fremder Elemente« gekennzeichnet. Sie behaupte, »dass es keine andere Quelle der Welterkenntnis gibt als die intellektuelle Bearbeitung sorgfältig überprüfter Beobachtungen, also was man Forschung heißt, daneben keine Kenntnis aus Offenbarung, Intuition oder Divination« (1933a; *GW XV*, S. 171ff.). Und weiter: »Geist und Seele« seien in »genau der nämlichen Weise Objekte der wissenschaftlichen Forschung wie irgendwelche menschenfremden Dinge«. Der Autor fährt fort:

»Die Psychoanalyse hat ein besonderes Anrecht, hier das Wort für die wissenschaftliche Weltanschauung zu führen, weil man ihr nicht den Vorwurf machen kann, dass sie das Seelische im Weltbild vernachlässigt habe. Ihr Beitrag zur Wissenschaft besteht gerade in der Ausdehnung der Forschung auf das seelische Gebiet. Ohne eine solche Psychologie wäre allerdings die Wissenschaft sehr unvollständig. Nimmt man aber die Erforschung der intellektuellen und emotionellen Funktionen des Menschen (und der Tiere) in die Wissenschaft auf, so zeigt sich, dass an der Gesamteinstellung der Wissenschaft nichts geändert wird, es ergeben sich keine neuen Quellen des Wissens oder Methoden des Forschens. Intuition und Divination wären solche, wenn sie existierten, aber man darf sie beruhigt zu den Illusionen rechnen, den Erfüllungen von Wunschregungen« (ebd.).

Gerade die zunächst mystifizierend erscheinende Einführung des Unbewussten erweist sich als unabdingbare Voraussetzung eines solchen psychoanalytischen Wissenschaftsverständnisses. Die Annahme der prinzipiellen Unbewusstheit seelischer Vorgänge lässt es nämlich zu, diese – anders als die bewusstseinsfähigen Anteile allein – als streng deterministisch ablaufende Naturprozesse zu betrachten: »Während man in der Bewusstseins-Psychologie nie über jene lückenhaften, offenbar von anderswo abhängigen Reihen« hinausgekommen sei, habe »die andere Auffassung, das Psychische sei an sich unbewusst«, es gestattet, »die Psychologie zu einer Naturwissenschaft wie jede andere« auszugestalten. »Die Vorgänge, mit denen sie sich beschäftigt, sind an sich ebenso unerkennbar wie die anderer Wissenschaften, der chemischen oder physikalischen«; jedoch sei es »möglich, die Gesetze festzustellen, denen sie gehorchen, ihre gegenseitigen Beziehungen und Abhängigkeiten über weite Strecken lückenlos zu verfolgen, also das, was man als Verständnis des betreffenden Gebiets von Naturerscheinungen bezeichnet« (1940a; *GW XVII*, S. 80f.).

Diese Auffassung der Psychoanalyse, die von einem Großteil der heutigen Analytiker nicht geteilt werden dürfte und von Habermas (1979, S. 300ff.) in seinem großen Werk *Erkenntnis und Interesse* als »szientistisches Selbstmissverständnis« bezeichnet wurde, schlägt sich in verschiedenster Hinsicht nieder. Zum einen unternimmt Freud bereits 1895, nach wenigen Jahren psychoanalytischer Theoriebildung, den Versuch, eine zugehörige neurophysiologische Basis zu erstellen: Im »Entwurf einer Psychologie« (1950c; *GW*-Nachtragsband, S. 387–477), nie veröffentlicht, jedoch durch einen glücklichen Zufall der Nachwelt als Manuskript erhalten, sollen psychische Vorgänge als Verschiebungen von Energiemengen im Neuronennetz beschrieben werden. Auch wenn Freud diesen Versuch bald abbrach, weil er ihn als verfrüht ansah, so finden sich die Denkweise und die Begrifflichkeiten des »Entwurfs« in der späteren »Metapsychologie« wieder, der Formulierung allgemeiner psychoanalytischer Annahmen; dies gilt besonders für die wenig anschaulichen und nur in ihrer historischen Rückführung verständlichen Energie- und Besetzungskonzepte (siehe 2.5). Tatsächlich sind diese Begriffe sicher nicht ohne Überlegung beibehalten worden, war doch Freud auch später nach wie vor der Meinung, psychoanalytische Erkenntnisse prinzipiell biologisch begründen zu können: »Das Lehrgebäude der Psychoanalyse, das wir geschaffen haben, ist in Wirklichkeit ein Überbau, der irgend einmal auf sein organisches Fundament aufgesetzt werden soll; aber wir kennen dieses noch nicht« (1916–17a; *GW XI*, S. 403).

Das auch nach der Aufgabe des »Entwurfs« nie verloren gegangene reduktionistische Interesse Freuds – oder um es weniger abwertend-plakativ und letztlich auch sachlich korrekter auszudrücken: jenes Bestreben, die von ihm begründete Disziplin nicht ohne Bezug zu anderen Wissenschaften zu lassen – wird aus einem weiteren Sachverhalt deutlich: der Intention, mittels der Trieblehre ein sicheres biologisches Fundament der Psychoanalyse zu schaffen. Speziell das erste Triebmodell, welches zur Verständlichmachung der inneren Konflikte und damit der Neurosenbildung eine grundlegende Unterscheidung zwischen Sexual- und Ichtrieben annimmt, ist – wie der Autor freimütig konzediert – »wesentlich biologisch gestützt« (1914c; *GW X*, S. 144). Auch der dritte Triebdualismus zwischen Eros und Todestrieb ist nicht zuletzt Ergebnis biologischer Überlegungen (vgl. 3.2); lediglich das zweite Modell mit der Unterscheidung zwischen auf das Ich und auf andere Objekte gerichteten Sexualstrebungen leitet sich ausschließlich psychologisch ab. Indem sich nach Freud'scher Auffassung der eigentliche Konflikt zwischen den Trieben abspielt, die psychische Energie deshalb wesentlich Triebenergie ist, bietet sich damit eine Verknüpfung von Biologie und Psychoanalyse, speziell im Hinblick auf ihre physikalistischen Konzepte, welche somit den Charakter schierer Metaphern verlieren.

Freuds Verwendung naturwissenschaftlicher Modellvorstellungen in der Psychoanalyse und ihre Anbindung an die Biologie bedeutet jedoch – dies sei nachdrücklich hervorgehoben – keineswegs ein Umgehen des psychologischen Problems, eine vorschnelle Rückführung auf Erkenntnisse anderer Wissenschaften, ohne zuvor die Sachverhalte auf der eigentlichen Phänomenebene systematisiert zu haben. Die Psychoanalyse hat ihre eigene Erkenntnismethodik, und die damit gewonnenen Einsichten, auch wenn sie Gegenstände der Biologie betreffen, sind zunächst einmal klar von den Aussagen letzterer Disziplin getrennt zu sehen. So heißt es im Vorwort zur dritten Auflage der *Drei Abhandlungen zur Sexualtheorie* aus dem Jahre 1914:

> »Neben der durchgängigen Abhängigkeit von der psychoanalytischen Forschung muss ich die vorsätzliche Unabhängigkeit von der biologischen Forschung als Charakter dieser meiner Arbeit hervorheben. Ich habe es sorgfältig vermieden, wissenschaftliche Erwartungen aus der allgemeinen Sexualbiologie oder aus der spezieller Tierarten in das Studium einzutragen, welches uns an der Sexualfunktion des Menschen durch die Technik der Psychoanalyse ermöglicht wird. Mein Ziel war allerdings zu erkunden, wieviel zur Biologie des menschlichen Sexuallebens mit den Mitteln der psychologischen Forschung zu erraten ist; ich durfte auf Aufschlüsse und Übereinstimmungen hinweisen, die sich bei dieser Untersuchung ergaben, aber ich brauchte mich nicht beirren zu lassen, wenn die psychoanalytische Methode in manchen wichtigen Punkten zu Ansichten und Ergebnissen führte, die von den bloß biologisch gestützten erheblich abwichen« (1905d; *GW V*, S. 30).

Der Verlockung, aus anderen Disziplinen Wissen für die Psychoanalyse unmittelbar nutzbar zu machen, widersteht Freud entschieden: »Die Medulla oblongata«, ironisiert er in den *Vorlesungen zur Einführung in die Psychoanalyse*,

> »ist ein sehr ernsthaftes und schönes Objekt. Ich erinnere mich ganz genau, wie viel Zeit und Mühe ich vor Jahren ihrem Studium gewidmet habe. Aber heute muss ich sagen, ich weiß nichts, was mir für das psychologische Verständnis der Angst gleichgültiger sein könnte als die Kenntnis des Nervenweges, auf dem ihre Erregungen ablaufen« (1916–17a; *GW XI*, S. 408).

Gilt dies alles bereits für jene Teile der psychoanalytischen Theorie, welche mit der Biologie enge Beziehung aufweisen, so erst recht für ihre eigentlichen psychologischen Inhalte, nämlich insbesondere die Lehre von der Verdrängung und der Wiederkehr des Verdrängten unter Entstellung. Diese Konzepte sind so eigenständig, dabei so sehr eine Theorie von Denk- und Sprachprozessen, dass man den ernsthaften Versuch unternommen hat, in Abhebung von Freud, Psychoanalyse als Tiefenhermeneutik neu zu bestimmen (siehe Habermas, 1979, S. 300ff.). Dass dieses Unterfangen ihr nicht annähernd gerecht wird, sie unzulässig von einer sowohl verständlich machenden als auch erklärenden Wissenschaft zu einer bloß Verstehbarkeit vermittelnden reduziert, liegt natürlich genau an ihrer biologischen Anbindung. Immerhin zeigt aber dieser Versuch, auf der Basis der Freud'schen Konzepte eine völlige Loslösung der Psychoanalyse aus dem Verband der Naturwissenschaften vorzunehmen, wie unabhängig ihre Erkenntnismethodik und Theoriebildung von vornherein war. Um dieses Abwechseln von Positionen und Gegenpositionen zusammenzufassen: Man wird Freud weder gerecht, wenn man ihn als biologischen Reduktionisten hinstellt, noch wenn man die von ihm geschaffene Psychoanalyse vollständig aus dem naturwissenschaftlichen Rahmen herauszunehmen versucht. Sie ist eine Sonderdisziplin mit teilweise überschneidendem Gegenstandsbereich zur Biologie, jedoch eigenständig und mit einer genuinen Methodik ausgestattet, da sie biologische Phänomene nur insofern betrachtet, als diese über Denken, Sprache und Historie vermittelt in Erscheinung treten.

2 Die Theorie des Unbewussten und die Verdrängungslehre

2.1 Allgemeines

Freuds Theorie des Unbewussten ist im Wesentlichen bereits in der Ende 1899 erschienenen *Traumdeutung* (1900a) enthalten und zwar im siebenten Kapitel »Zur Psychologie der Traumvorgänge«. Während das erste Neurosenmodell bis zur Aufgabe der Verführungstheorie lediglich ein sehr grobes Konzept vom Unbewussten als Reservoir spontan nicht erinnerbarer, aber prinzipiell bewusstseinsfähiger Erlebnisse benötigte, können die Traumvorgänge nur mittels eines komplexen Gebildes von strukturellen und genetischen Annahmen über psychische Systeme verständlich gemacht werden. Das erwähnte Kapitel der *Traumdeutung*, welches Jones (1984, Bd. 1, S. 417) mit Recht als »das Schwierigste und Abstrakteste, was Freud je geschrieben hat« bezeichnet, ist somit zugleich die erste metapsychologische Schrift, der erste Versuch, die der Psychoanalyse zugrunde liegenden Annahmen in möglichst allgemeiner Form zu beschreiben. Metapsychologie, von Freud 1896 in einem Brief an Fließ als »hinter das Bewusstsein führende Psychologie« bezeichnet (1985c, S. 329), wird erst 1915 genauer bestimmt: als Aussagensystem über die Lokalisation psychischer Prozesse in den angenommenen Teilen des seelischen Apparats (Topik), über das für ihr Zustandekommen verantwortliche Kräftespiel (Dynamik) und schließlich die dabei verschobenen Energiemengen (Ökonomie): »Ich schlage vor, dass es eine **metapsychologische** Darstellung genannt werden soll, wenn es uns gelingt, einen psychischen Vorgang nach seinen **dynamischen**, **topischen** und **ökonomischen** Beziehungen zu beschreiben« (1915e; *GW X*, S. 281; Hervorhebungen im Original).[5]

Die nächste, im angeführten Sinne metapsychologisch zu nennende Schrift »Formulierungen über die zwei Prinzipien des psychischen Geschehens«

---

5 Dass die Hervorhebungen bereits in den Freud'schen Originalschriften zu finden sind, wird im Folgenden nicht mehr gesondert angemerkt.

(1911b) erläutert und illustriert die bereits in der *Traumdeutung* eingeführten Begriffe des Lust- und des Realitätsprinzips genauer. »Einige Bemerkungen über den Begriff des Unbewussten in der Psychoanalyse« (1912g) versucht – übrigens eher verwirrend als klärend –, die Bedeutung von unbewusst und Unbewusstes zu explizieren. Von den eigentlich so benannten metapsychologischen Schriften der Kriegsjahre beschäftigt sich »Triebe und Triebschicksale« (1915c) mit der Charakteristik von Trieben und den Mechanismen der Triebabwehr, greift also eher auf Überlegungen der Sexualtheorie zurück, während die folgenden Arbeiten »Die Verdrängung« (1915d) sowie »Das Unbewusste« (1915e) vornehmlich an die metapsychologischen Reflexionen aus der *Traumdeutung* anknüpfen; einerseits präzisieren sie den lange wenig spezifizierten Verdrängungsbegriff, andererseits versuchen sie eine genauere Bestimmung von vorbewusst und unbewusst über die vorhandene oder fehlende Verknüpfung mit Wortvorstellungen. In der zweiten der Schriften unternimmt es Freud zudem, die Einführung des Unbewussten mit verschiedenen Argumenten zu begründen und die erkenntnistheoretischen Implikationen dieses Schritts herauszuarbeiten. Die schwierige, jedoch höchst lesenswerte »Metapsychologische Ergänzung zur Traumlehre« (1916–17f) knüpft an das siebente Kapitel der *Traumdeutung* an und versucht, die komplizierten Vorgänge der Traumentstehung übersichtlich darzustellen; die relativ unbekannte Schrift vertieft außerdem Überlegungen, welche bereits in »Das Unbewusste« (1915e) zur Charakterisierung des »Systems Unbewusst« über das Fehlen von sogenannten Wortvorstellungen vorgebracht wurden; auch stellt sie interessante Vergleiche zwischen Traum und Schizophrenie an. Die letzte der metapsychologischen Arbeiten »Trauer und Melancholie« (1916–17g) entwickelt eine psychoanalytische Theorie zur Entstehung der Melancholie (»endogenen Depression«) und wäre somit eher zu den klinischen Werken zu zählen. Mit der Einführung der Gewissensinstanz als Vorwegnahme der späteren Über-Ich-Konzeption sowie mit einer genaueren Diskussion des Identifikationsvorganges bereitet sie jedoch zugleich auf die wichtige metapsychologische Arbeit *Das Ich und das Es* (1923b) vor. Hier lässt sich durchaus von einer wesentlichen Neuerung sprechen, indem nun die – konzeptionell zwar schon in früheren Schriften vorhandenen – Instanzen »Es«, »Ich« und »Über-Ich« systematisch eingeführt werden. Genauer betrachtet trifft diese Erweiterung jedoch eher die Darstellung als den Inhalt: Die wesentlichen früheren metapsychologischen Konzepte, etwa die Annahmen vorbewusster (bewusstseinsfähiger) und unbewusster psychischer Inhalte, die Lehre von Widerstand und Verdrängung, von der Gültigkeit des Lustprinzips einerseits, der des Realitätsprinzips andererseits sowie von Primär- und Sekundärvorgängen bleiben nach wie vor erhalten. Lediglich treten hinsichtlich des topischen Aspekts anstelle der ohnehin eher schwerfällig definierten und unvorteilhaft benannten Systeme Unbewusst und Vorbewusst die erwähnten psychischen Instanzen, womit sich der Verdrängungsvorgang klarer und sowohl die Neurosenentstehung wie die Traumbildung leichter beschreiben lassen. (Bedauerlicherweise muss man konstatieren, dass mit Einführung dieser gängigen Begriffe für die psychischen Instanzen die strengen Konzepte des psychoanalytischen Theoriesystems nun zu Redewendungen des Alltagsjargons geworden sind.)

Das folgende Kapitel gliedert sich in Abschnitte über die Traumlehre, den eigentlichen Ausgangspunkt der Theoriebildung (2.2), sowie über die Definition und Eigenschaften der Systeme des Vorbewussten und des Unbewussten (2.3). Ein nächster Abschnitt (2.4) beschäftigt sich mit der Verdrängung, der Abweisung vom Bewusstsein, und dem Widerstand gegen die (erneute) Bewusstwerdung, der Abschnitt 2.5 mit den in den verschiedenen psychischen Systemen ablaufenden energetischen Prozessen und den sie regelnden Lust- und Realitätsprinzipien. Der anschließende Teil stellt das zweite topische Modell mit den Instanzen Es, Ich und Über-Ich dar (2.6); schließlich wird auf Basis der vorgestellten Konzepte die Traumbildung systematischer betrachtet (2.7).

2.2 Die Traumlehre

Freuds wissenschaftliche Beschäftigung mit Träumen geht zumindest bis Anfang 1895 zurück, angeregt vor allem wohl durch die Tatsache, dass seine Patienten im Laufe der Therapie häufig auf Träume zu sprechen kamen. Nachdem es ihm, nach eigener Auffassung, Mitte desselben Jahres gelungen war, einen seiner eigenen Träume (den berühmten Traum von »Irmas Injektion«) zu analysieren und als verdeckte Wunscherfüllung zu erkennen, nimmt sein Interesse an dem Gegenstand noch deutlich zu. Im kurz darauf abgefassten, unvollendeten »Entwurf einer Psychologie« (siehe 1.2 und 1.3) finden sich auch drei Abschnitte über Träume, die bereits wesentliche Aussagen der späteren Traumlehre beinhalten. Mitte 1897, durch die etwa gleichzeitig begonnene Selbstanalyse mit reichlich Material versorgt, machte sich Freud an die Niederschrift der *Traumdeutung* (1900a), welche Ende 1899 erschien, aber bereits mit dem Datum des neuen Jahrhunderts versehen wurde. Ein Großteil der dort vorgebrachten Belege sind Freuds eigenen Träumen entnommen, mit dem schwerwiegenden Problem, dass der Autor – aus nur allzu verständlicher Zurückhaltung – seine Traumanalysen nicht vollständig wiedergab; dies vermindert den Illustrationswert gerade hinsichtlich des sexuellen und infantilen Materials im Traum erheblich. Diese Lücke wird wenigstens teilweise durch die vergleichsweise vollständige Deutung zweier Träume im Rahmen der Fallgeschichte Dora (»Bruchstück einer Hysterie-Analyse«, 1905e) geschlossen. Die Lektüre der umfangreichen *Traumdeutung* gestaltet sich für die mit der Psychoanalyse wenig Vertrauten oft mühsam und schwierig. Speziell, wenn das Interesse auf der eigentlichen Traumlehre liegt, sind in dieser Hinsicht sehr viel eher der wenig später verfasste und vornehmlich an einen breiteren Leserkreis gerichtete Aufsatz *Über den Traum* (1901a) sowie die entsprechenden Kapitel aus den *Vorlesungen zur Einführung in die Psychoanalyse* zu empfehlen. Sie verzichten im Wesentlichen auf die weiterführenden metapsychologischen Überlegungen – können also in diesem Punkt die *Traumdeutung* keineswegs ersetzen –, behandeln aber knapper und gleichzeitig verständlicher die Thesen vom Traum als Wunscherfüllung und als Hüter des Schlafes. Eine prägnante Einführung bietet auch die 29. Vorlesung aus der *Neuen Folge der Vorlesungen zur Einführung in die Psychoanalyse* (1933a), überschrieben mit »Revision der Traumlehre« (welche dann letztlich vergleichsweise geringer Natur ist) sowie das Traumkapitel im unvollendeten *Abriss der Psychoanalyse* (1940a).

Grundlegend für das Verständnis der Freud'schen Traumlehre ist die Unterscheidung zwischen *manifestem Traum* und *latenten Traumgedanken*. Ersteres bezeichnet das eigentlich Geträumte, besser – da nach Freud mit dem Augenblick des Erwachens bereits Entstellungen und Auslassungen im Sinne scheinbaren Vergessens vorgenommen werden – das als geträumt Erinnerte. Dieses ist, von den seltenen Träumen vom »infantilen Typus« abgesehen, bei direkter Betrachtung verworren, erscheint als sinnloses psychisches Produkt. Laut psychoanalytischer Theorie lassen sich jedoch mittels gewisser Leseregeln aus dem manifesten Traum sinnvolle Aussagen gewinnen; Freud vergleicht den Traum mit einem Rebusrätsel (1900a; *GW I/II*, S. 283f.). Eine solche psychoanalytische Traumdeutung beruht auf der grundlegenden Annahme, dass der manifeste Trauminhalt durch eine Anzahl erkennbarer und bei verschiedenen Personen ähnlich ablaufender psychischer Prozesse aus bewusstseinsfähigen, sinnvoll in das wache Erleben einzuordnenden Vorstellungen hervorgegangen ist, daneben aus unbewussten, d. h. spontan nicht bewusstseinsfähigen, psychischen Inhalten, die ebenfalls eine prinzipielle Umformulierung in die Alltagssprache gestatten. Diese sogenannten latenten Traumgedanken (ein Begriff, der letztlich von Freud nicht ganz eindeutig definiert wird) sollen aus den Elementen des manifesten Inhalts über Rückverfolgung von Assoziationsketten ableitbar sein; es handelt sich dabei einfach um die Umkehr des angenommenen Bildungsprozesses. Als Ausgangspunkt dafür dient nicht der gesamte Traum, sondern einzelne Stücke, etwa Sätze oder gar nur Stichworte des Traumberichts. Der manifeste Trauminhalt wird somit als Konglomeratgebilde betrachtet, welches erst im Wachen zu einem scheinbar zusammenhängenden Geschehen verändert wird (sekundäre Bearbeitung; siehe unten).

Die Assoziationen müssen, wie bei der Analyse neurotischer Symptome, nach der psychoanalytischen Grundregel erfolgen, das heißt unter der Bedingung, alles, auch für nebensächlich oder peinlich Erachtetes, zu äußern (siehe 5.4). Die Assoziationsbildung soll ferner frei geschehen, ohne bestimmte Zielvorstellung. Dahinter steckt die Erwartung, dass unter diesen Voraussetzungen das Verfahren zu jenen Elementen zurückführt, aus denen sich der Theorie nach zuvor längs assoziativer Bahnen die Stücke des manifesten Traumes gebildet hatten. Damit ergibt sich unmittelbar, dass eine Traumdeutung nur unter Mitarbeit des Träumers geleistet werden kann; wenn überhaupt, ist nämlich ausschließlich dieser in der Lage, die eigenen Assoziationsbildungen aufzulösen. Diese – heute oft nicht in der analytischen Praxis eingehaltene – Bedingung betont Freud mit allem Nachdruck: Traumdeutung »ohne Rücksicht auf die Assoziationen des Träumers« bleibe »auch im günstigsten Falle ein unwissenschaftliches Virtuosenstück von sehr zweifelhaftem Wert« (1925i; *GW I*, S. 562f.; zur Symboldeutung siehe unten). Sehr dezidiert drückt sich der Autor diesbezüglich auch in der *Traumdeutung* aus:

> »An derselben Stelle möchte ich aber nachdrücklich davor warnen, die Bedeutung der Symbole für die Traumdeutung zu überschätzen, etwa die Arbeit der Traumübersetzung auf Symbolübersetzung einzuschränken und die Technik der Verwertung von Einfällen des Träumers aufzugeben. Die beiden Techniken der Traumdeutung müssen einander ergänzen; praktisch wie theoretisch verbleibt aber der Vorrang dem zuerst beschriebenen Verfahren, das den Äußerungen des Träumers die entscheidende Bedeutung beilegt, während die von uns vorgenommene Symbolübersetzung als Hilfsmittel hinzutritt« (1900a; *GW I/II*, S. 365).

Die solcherart durch assoziative Rückverfolgung erhaltenen Elemente sind nach Freud nicht mit den latenten Traumgedanken identisch, kommen diesen jedoch sehr nahe und gestatten deren Rekonstruktion mithilfe des Analytikers (1933a; *GW XV*, S. 12).

Natürlich ist dieses Verfahren alles andere als unproblematisch und keineswegs sofort als begründet einzusehen. Zunächst setzt es eben voraus, dass die

Rückverfolgung, ausgehend von Endpunkten der Assoziationsketten, wieder zu deren Ausgangspunkt führt, zudem dass solche Relationen zwischen manifesten und latenten Traumgedanken tatsächlich bestehen. Weiter liegt eine gewisse Willkür darin, wann man den Assoziationsvorgang abbrechen lässt; somit sind auch mehrere Ebenen von latenten Traumgedanken möglich und daher mehr oder weniger vollständige Traumanalysen (bis hin zu sogenannten »Überdeutungen«; vgl. 1900a; *GW I/II*, S. 223, S. 285 oder S. 528). Schließlich bleibt die in gewissem Maße als notwendig erachtete interpretierende Mithilfe des Analytikers anzumerken. Gleichwohl handelt es sich dabei um ein weitgehend standardisiertes Verfahren, welches insbesondere auf einem höchst rationalen Traummodell basiert; die Begründung des methodischen Vorgehens ist angesichts des Stellenwerts der Traumtheorie in Freuds Lehre von wesentlicher Bedeutung, allerdings bis jetzt zu wenig konsequent versucht worden (zu Freuds Rechtfertigung seiner Vorgehensweise, fußend auf der Annahme eines strengen psychischen Determinismus, siehe 1900a; *GW I/II*, S. 516ff.).

Die Prozesse, welche nach Freuds Annahmen aus den latenten Traumgedanken den manifesten Trauminhalt erzeugt haben, werden als *Traumarbeit* zusammengefasst. Ihre Betrachtung gibt in direktester Weise einen Einblick in die Mechanismen unbewusster Prozesse, zeigt jene gänzlich andere gedankliche Behandlung, welche Vorstellungen in diesem psychischen System erfahren. Dies ist deshalb hier einfach zu ersehen, weil sich diese Vorgänge weitgehend an vorbewusstem (bewusstseinsfähigem) Material abspielen, dessen normale innere Struktur im Wachleben bekannt ist und so leicht mit der andersartigen Verknüpfung aufgrund der Primärvorgänge, der Behandlungsweisen im System *Ubw*, verglichen werden kann.

Die Traumarbeit untergliedert sich in verschiedene Teilleistungen, welche bei der Bildung der Träume in mehr oder weniger starkem Maße zur Wirkung kommen und für den Grad ihrer Befremdlichkeit wesentlich verantwortlich sind. Hier sind in erster Linie *szenische Darstellung*, *Verdichtung* und *Verschiebung* zu nennen, zudem die *Symboldarstellung*, welche man aber mit gewissen Gründen bereits von der eigentlichen Traumarbeit abtrennen könnte; die *sekundäre Bearbeitung*, von Freud ursprünglich ebenfalls zu den Mechanismen der Traumarbeit gerechnet (1900a; *GW I/II*, S. 679), setzt am bereits gebildeten manifesten Traum an, verleiht ihm nachträglich den Anschein des Zusammenhangs (siehe oben) und wird deshalb später zu Recht von den Prozessen der Traumarbeit definitorisch abgehoben (1923a; *GW XIII*, S. 217).

Szenische Darstellung bezieht sich auf die Tatsache, dass der Traum im Wesentlichen den Charakter einer optischen Halluzination aufweist, also die zugrunde liegenden latenten Gedanken eine Umsetzung als Bilderfolge erfahren müssen. Dies wiederum steht in engem Zusammenhang mit der Wunscherfüllungsfunktion des Traumes und der von Freud angenommenen Eigenschaft des ontogenetisch, also in der Entwicklung der menschlichen Psyche, frühen Systems (des späteren Systems Unbewusst), Bedürfnisse ohne Aufschub auf halluzinatorischem Wege zu befriedigen (siehe unten). Die szenische Darstellung in spracharmen Bildfolgen bringt zwangsläufig Schwierigkeiten beim Ausdruck differenzierter Sachverhalte mit sich, da insbesondere die logischen Beziehungen zwischen den latenten Traumgedanken nur unzureichend etwa durch räumliche oder zeitliche Zusammengehörigkeit im manifesten Traum auszudrücken sind.

Verdichtung beschreibt den Sachverhalt, dass von den Elementen des manifesten Traumes diverse Assoziationsketten mit verschiedenen Endpunkten ausgehen können, also einzelne Stücke des Trauminhaltes mehrere Traumgedanken zugleich vertreten können. Entsprechend nimmt die Niederschrift der Deutung im Allgemeinen sehr viel größeren Raum ein als die des Traumberichts. Eine besondere und unmittelbar zu erkennende Form der Verdichtung ist das Auftreten von Mischgestalten, die, wie Chimären, Charakteristika beispielsweise verschiedener Personen in sich vereinigen; auch Wortverschmelzungen in den sprachlichen Anteilen des Traumes imponieren sofort als Verdichtungen. Dieser Kompression der latenten Traumgedanken wirkt bis zu einem gewissen Grade die Überdeterminierung entgegen, also das Phänomen, dass ein- und derselbe Traumgedanke in verschiedenen Elementen des manifesten Traumes seine Vertretung finden kann.

Die *Verschiebung* ist zweifelsohne derjenige Prozess, welcher am stärksten zum befremdlichen Charakter der Träume beiträgt. Darunter ist einerseits eine Affektverschiebung zu verstehen, indem beispielsweise ein harmloser Inhalt von Angstgefühlen begleitet ist, während andererseits diejenige Vorstellung, welche die Angst ursprünglich ausgelöst hatte, im manifesten Traum keine Emotionen hervorruft. Verschiebung bedeutet aber – und dies ist zweifelsohne der wichtigere Aspekt – auch eine Ersetzung von Vorstellungselementen durch andere, assoziativ oft über mehrere Zwischenglieder mit ihnen verbundene. Dieser Vorgang entspricht den Anspielungen in den Unterhaltungen des Alltagslebens, wo eine vordergründige (oft nebensächlich erscheinende) Aussage eine andere, zumeist bedeutsamere, vertritt; letztere kann jedoch, sofern das Sprachspiel gelungen ist, vom Gesprächspartner rekonstruiert werden. Der manifeste Trauminhalt erweist sich so als Konglomerat von (auch dem Träumenden) meist unverständlichen Anspielungen auf latente Traumgedanken. Damit ist gleichzeitig eine mehr oder weniger starke Umzentrierung verbunden: Scheinbar belanglose Nebensächlichkeiten im erinnerten Traum können bedeutsame Teile der latenten Traumgedanken vertreten; umgekehrt werden weniger zentrale latente Elemente häufig durch umfangreiche Passagen des Traumberichts ausgedrückt.

Die *Symboldarstellung* hatte in den ersten Auflagen der *Traumdeutung* kaum Erwähnung gefunden; gerade von schematischen Entschlüsselungsversuchen anhand fester, vom Kontext des Traumes absehender Dechiffriervorschriften hatte sich ja Freud entschieden distanziert:

> »Mein Verfahren ist [...] nicht so bequem wie das der populären Chiffriermethode, welche den gegebenen Trauminhalt nach einem fixierten Schlüssel übersetzt; ich bin vielmehr gefasst darauf, dass derselbe Trauminhalt bei verschiedenen Personen und in verschiedenem Zusammenhang auch einen anderen Sinn verbergen mag« (1900a; *GW I/II*, S. 109).

Freuds Beschäftigung mit der Symboldarstellung im Traume geschieht sicher teilweise auf Anregung seiner Schüler, mehr aber wohl noch aus den Erfordernissen der Praxis; bei gewissen Elementen des manifesten Traumes führt die Methode der Assoziation nämlich nicht weiter: »Man kommt auf solche Weise zur Versuchung, diese ›stummen‹ Traumelemente selbst zu deuten, aus eigenen Mitteln eine Übersetzung derselben vorzunehmen. Es drängt sich« – so der Autor – »einem auf, dass man jedesmal einen befriedigenden Sinn erhält, wenn man sich dieser Ersetzung getraut, während der Traum sinnlos bleibt und der Zusammenhang unterbrochen ist, solange man sich zu solchem Eingriff nicht entschließt« (1916–17a; *GW XI*, S. 151). So werden etwa, wie die Betrachtung vieler Träume ergibt, die Genitalien durch eine ganze Anzahl von kollektiven Symbolen ausgedrückt, das männliche Genitale beispielsweise durch Hut, Mantel, Waffen, gewisse Reptilien oder Fische (vgl. 1900a; *GWII/III*, S. 358ff.). Obwohl Freud später anhand der verwendeten Symbole zuweilen einzelne Träume, entgegen seinen früheren Einwendungen, direkt zu übersetzen versuchte (siehe etwa 1916–17a; *GW XI*, S. 197), spielt die Symboldeutung für ihn weiter eine letztlich untergeordnete Rolle: »Die auf Symbolkenntnis beruhende Deutung ist keine Technik, welche die assoziative ersetzen oder sich mit ihr messen kann. Sie ist eine Ergänzung zu ihr und liefert nur in sie eingefügt brauchbare Resultate« (1916–17a; *GW XI*, S. 152; ähnlich in 1900a; *GW I/II*, S. 246, Fußnote 1).

Jedem Traum liegt nach Freud ein *Wunsch* zugrunde, der wiederum aus verschiedenen Quellen stammen kann, nämlich a) von Sinnesreizen, welche während des Schlafes einwirken, entweder von außen kommend oder vom Inneren des Träumers ausgehend (Leibreize) oder b) von Erlebnissen der jüngsten Vergangenheit, insbesondere des Vortages (rezente Eindrücke) und schließlich c) von (in der Regel verdrängten) Eindrücken aus früheren Lebensabschnitten, speziell der Kindheit. Aus der Verarbeitung von Sinnesreizen resultieren die sogenannten Bequemlichkeitsträume, in ihrem Aufbau leicht zu erkennen und daher ein wichtiger Beleg für die Wunscherfüllungsfunktion des Traumes (siehe unten). Wünsche der zweiten und dritten Kategorie regen die große Mehrzahl der Träume an und geben Anlass zu den komplizierten Prozessen der zuvor beschriebenen Traumarbeit. Bei genauerer Betrachtung stellen sich vorwiegend die infantilen (unbewussten) Wünsche als wesentliche Motive für die Traumbildung heraus: »Im Allgemeinen«, mutmaßt Freud, werde »beim Erwachsenen der unerfüllt vom Tage übriggebliebene Wunsch nicht genügen, einen Traum zu schaffen«. Dieser »entstünde nicht, wenn der vorbewusste Wunsch sich nicht eine Verstärkung von anderswoher zu holen wüsste« (1900a; *GW I/II*, S. 558). Der letztlich anregende Wunsch müsse sowohl unbewusst (spontan nicht bewusstseinsfähig) als auch infantilen Ursprungs sein. Freud fährt fort:

> »Aus dem Unbewussten nämlich. Ich stelle mir vor, dass der bewusste Wunsch nur dann zum Traumerreger wird, wenn es ihm gelingt, einen gleichlautenden unbewussten zu wecken, durch den er sich verstärkt. [Und:]
>
> Diese immer regen, sozusagen unsterblichen Wünsche unseres Unbewussten [...] – diese in der Verdrängung befindlichen Wünsche, sage ich, sind aber selbst infantiler Herkunft, wie wir durch die psychologische Erforschung der Neurosen erfahren. Ich möchte also den früher ausgesprochenen Satz, die Herkunft des Traumwunsches sei gleichgültig, beseitigen und durch einen anderen ersetzen, der lautet: **Der Wunsch, welcher sich im Traume darstellt, muss ein infantiler sein.** Er stammt dann beim Erwachsenen aus dem *Ubw*; beim Kind, wo es die Sonderung und Zensur zwischen *Vbw* und *Ubw* noch nicht gibt, oder wo sie sich erst allmählich herstellt, ist es ein unerfüllter, unverdrängter Wunsch des Wachlebens« (1900a; *GW I/II*, S. 558f.).

Freuds vorsichtige Formulierung (»ich stelle mir vor«) hat ihren guten Grund: Es handelt sich um Eindrücke einer Anzahl von Traumanalysen, aus denen naturgemäß kein allgemeines Gesetz abgeleitet werden kann; ebenso wenig ist die Behauptung aber durch einen Einzelfall zu widerlegen: Da man nie sicher sein kann, dass eine Traumanalyse alle Widerstände überwunden hat und somit vollständig ist, kann der unbewusste, infantile Traumwunsch sich möglicherweise nur verborgen gehalten haben. Entsprechend vermerkt der Autor: »Ich weiß, diese Anschauung ist nicht allgemein zu erweisen; aber ich behaupte, sie ist häufig zu erweisen, auch da, wo man es nicht vermutet hätte, und ist nicht allgemein zu widerlegen« (1900a; *GW I/II*, S. 559). Tatsächlich handelt es sich bei dieser Annahme letztlich um ein Postulat, einerseits notwendig, um das Wesen des Traumes als Wunscherfüllung in einen stringenten entwicklungsgeschichtlichen Zusammenhang zu stellen (siehe unten), andererseits um die Parallele zur Neurosenentstehung umso deutlicher vor Augen treten zu lassen.

Von den *Traumquellen* ist das *Traummaterial* zu unterscheiden, jene Vorstellungen, welche benutzt werden, um den manifesten Traum zu bilden. Dies können wiederum Reize während des Schlafes sein, welche – sofern sie sich inhaltlich dazu eignen – in den Traum verwoben werden, weiter Eindrücke aus der Kindheit, schließlich »rezente« Erlebnisse und Erfahrungen, vorwiegend vom Traumtag selbst *(Tagesreste)*. Anzumerken ist, dass auch die Eindrücke während der psychoanalytischen Kur als Traummaterial verwendet werden können, also die Patienten so träumen, wie es der jeweiligen Lehre des sie behandelnden Therapeuten entspricht:

> »Wenn die Reden des Arztes und die Anregungen, die er gibt, für den Analysierten bedeutungsvoll geworden sind, so treten sie in den Kreis der Tagesreste ein, können die psychischen Reize für die Traumbildung abgeben wie die anderen affektbetonten unerledigten Interessen des Tages und wirken ähnlich wie die somatischen Reize, die während des Schlafes auf den Schläfer einwirken. [Wie die] anderen Anreger des Traumes [könnten die] vom Arzt angeregten Gedankengänge im manifesten Trauminhalt erscheinen oder im latenten nachgewiesen werden. [Aber:] Man kann oftmals den Träumer beeinflussen, **worüber** er träumen soll, aber nie darauf einwirken, **was** er träumen wird. Der Mechanismus der Traumarbeit und der unbewusste Traumwunsch sind jedem Einfluss entzogen« (1916–17a; *GW XI*, S. 244f.).

Jener Behauptung (über die den Theorien angepassten Träume), »welche die Objektivität der Traumforschung in Zweifel ziehen will, liegt also wiederum eine Verwechslung, die des Traumes mit dem Traummaterial, zugrunde« (ebd.).

Der Traum ist nach Freud eine *Wunscherfüllung*. Dies ist die am Schwersten verständliche Aussage der psychoanalytischen Traumlehre, am wenigsten leicht zu beweisen und scheinbar durch die unmittelbare Evidenz der Traumerinnerungen sofort zu widerlegen – was oberflächlichen Lesern (wozu nicht zuletzt viele Autoren der Anti-Freud-Literatur gehören) gerne als unmittelbar einleuchtendes Argument gegen die psychoanalytische Traumtheorie dient.

> »Der Laie stellt die Frage: Wo ist die Wunscherfüllung? Sofort, nachdem er gehört hat, dass der Traum eine Wunscherfüllung sein soll, und indem er sie stellt, beant-

wortet er sie ablehnend. Es fallen ihm sofort ungezählte eigene Traumerfahrungen ein, in denen sich Unlust bis zu schwerer Angst an das Träumen geknüpft hat, so dass ihm die Behauptung der psychoanalytischen Traumlehre recht unwahrscheinlich wird« (ebd., S. 219).

Die Antwort ist denkbar klar, die Einschätzung, die Freud von seinen Kritikern gibt (auch den seinerzeit noch gar nicht geborenen), ist geradezu prophetisch zu nennen:

> »Wir haben es leicht, ihm zu antworten, dass bei den entstellten Träumen die Wunscherfüllung nicht offenkundig sein kann, sondern erst gesucht werden muss, so dass sie vor der Deutung des Traumes nicht anzugeben ist. Wir wissen auch, dass die Wünsche dieser entstellten Träume verbotene, von der Zensur abgewiesene Wünsche sind, deren Existenz eben die Ursache der Traumentstellung, das Motiv für das Eingreifen der Traumzensur geworden ist. Aber dem Laienkritiker ist es schwer beizubringen, dass man vor der Deutung des Traumes nicht nach dessen Wunscherfüllung fragen darf. Er wird es doch immer wieder vergessen« (ebd., S. 219f.).

Eine etwas ausführlichere Formulierung, welche die Differenziertheit der Behauptung leichter erkennen lässt, wäre folgende: Die Traumarbeit wandelt den in den latenten Traumgedanken vorhandenen Traumwunsch so um, dass er sich im manifesten Traum als erfüllt darstellt. Dies ist problemlos an den erwähnten *Bequemlichkeitsträumen* einzusehen: Der aus den Leibreizen (etwa Durstgefühl) resultierende Wunsch (die Durstempfindung zu beseitigen) wird in der Vorstellung eines Trinkaktes halluzinatorisch erfüllt – häufig unmittelbar bevor der Träumer schließlich doch aufwacht, da sich ein solch starkes Bedürfnis auf diesem Wege nicht längerfristig unterdrücken lässt. Ähnlich deutlich lässt sich die Wunscherfüllung bei Träumen von kleinen Kindern erkennen, in denen ein vom Tag übrig gebliebener Wunsch befriedigt wird; solche unentstellten *Träume vom infantilen Typus* finden sich zuweilen auch bei Erwachsenen, speziell in Situationen äußerster Entbehrung: Freud zitiert zum Beleg den Bericht von einer Antarktisexpedition, deren Teilnehmer von großen Gelagen, Mengen von Tabak sowie zugestellten Briefen geträumt hatten (1900a; *GW I/II*, S. 136f., Fußnote 2).

Die weitaus meisten Träume von Erwachsenen sind jedoch *entstellt*, das heißt, die Wunscherfüllung ist nicht unmittelbar aus dem manifesten Trauminhalt zu ersehen. Die Notwendigkeit für diese Verkleidung ergibt sich daraus, dass die Traumanreger ja im Allgemeinen unbewusste, also verdrängte Wünsche sind, und dass deren Abhaltung vom Bewusstsein nur unter Entstellung gelingt.

Die Wunscherfüllungstheorie ist demnach allgemeiner und korrekter so zu formulieren: »**Der Traum ist die (verkleidete) Erfüllung eines (unterdrückten, verdrängten) Wunsches**« (ebd., S. 166).

Der *Traumwunsch* ist daher erst durch eine mehr oder weniger eingehende *Analyse aufzudecken*. So träumt beispielsweise eine Patientin Freuds von einem Todesfall in der nahen Verwandtschaft, eine Vorstellung, die zunächst nicht die Erfüllung eines Wunsches zu bedeuten scheint. Tatsächlich fördert die Analyse aber die Erinnerung an ein Treffen mit einem von der Patientin geliebten Mann bei einem früheren vergleichbaren Anlass zutage, sodass nun im Trauminhalt sich leicht der erfüllte Wunsch nach einem nochmaligen Zusammentreffen erkennen lässt: »Zur Verdeckung ihres Wunsches hatte sie offenbar eine Situation gewählt, in welcher solche Wünsche unterdrückt zu werden pflegen, eine Situation, in der man von Trauer so sehr erfüllt ist, dass man an Liebe nicht denkt« (ebd., S. 159).

Wie aus diesem Beispiel gut zu ersehen, basiert der Nachweis des erfüllten Wunsches allerdings weitgehend auf Interpretation, während sowohl die Findung der latenten Traumgedanken als auch die Beschreibung der Traumarbeit im Wesentlichen auf dem mechanischen Assoziationsverfahren beruhen. Anders als bei den unentstellten und dabei insbesondere bei den durch somatische Reize hervorgerufenen Träumen, wo die Wunscherfüllung offenkundig ist, kann sie für den unvoreingenommenen Beobachter bei den entstellten Träumen trotz Traumanalyse nicht zwingend demonstriert werden, ist allerdings auch nicht zu widerlegen (zu den Angstträumen siehe unten). Die Annahme der Wunscherfüllung bleibt – wie die des unbewussten, infantilen Wunsches als Traumerreger – letztlich ein Postulat, notwendig um eine eigentliche Theorie des Traumes zu erstellen: ihn als Relikt aus einer frühen Zeit der Persönlichkeitsentwicklung zu begreifen, als Wünsche noch kurzfristig unmittelbar halluzinatorisch befriedigt wurden (vgl. 2.5). Insofern leugnet Freud zwar keineswegs die Rolle anderer psychischer Akte bei der Traumbildung, schreibt ihnen aber letztlich nur den Charakter von Traummaterial zu, mittels dessen sich die Erfüllung des obligaten Wunsches vollziehen kann:

> »Der Traum mag also alles mögliche sein, insoweit Sie nur die durch ihn vertretenen Gedanken berücksichtigen, Warnung, Vorsatz, Vorbereitung usw.; er ist immer auch die Erfüllung eines unbewussten Wunsches, und er ist nur dies, wenn Sie ihn als Ergebnis der Traumarbeit betrachten. Ein Traum ist also auch nie ein Vorsatz, eine Warnung schlechtweg, sondern stets ein Vorsatz u. dgl., mit Hilfe eines unbewussten Wunsches in die archaische Ausdrucksweise übersetzt und zur Erfüllung dieser Wünsche umgestaltet. Der eine Charakter, die Wunscherfüllung, ist der kon-

> stante; der andere mag variieren; er kann seinerseits auch ein Wunsch sein, so dass der Traum einen latenten Wunsch vom Tage mit Hilfe eines unbewussten Wunsches als erfüllt darstellt« (1916–17a; *GW XI*, S. 230).

Die Tatsache, dass die dem Traum zugrunde liegenden Wünsche im Wesentlichen als unbewusst-verdrängt angenommen werden müssen und bis zu ihrem Erscheinen im manifesten Traum erhebliche Entstellungen erfahren haben, führt Freud zur zentralen metapsychologischen Annahme von der *Existenz zweier psychischer Systeme*, wobei lediglich die Inhalte des einen bewusstseinsfähig sind (vgl. 2.3); was im zweiten System geschieht, kann nach diesem Modell nur indirekt mittels des ersten zum Bewusstsein gelangen und erfährt beim Übergang zwischen den Systemen eine Zensur, die somit für die Entstellung im Traum verantwortlich zeichnet: »Wir dürfen also als die Urheber der Traumgestaltung zwei psychische Mächte (Strömungen, Systeme) im Einzelmenschen annehmen, von denen die eine den durch den Traum zum Ausdruck gebrachten Wunsch bildet, während die andere eine Zensur an diesem Traumwunsch übt und durch diese Zensur eine Entstellung seiner Äußerung erzwingt« (1900a; *GW I/II*, S. 149).

Die Aufgabe des Traumes ist es, die nachts bei nachlassender Zensur leichter auftauchenden unbewussten Wünsche in entstellter Weise halluzinatorisch zu befriedigen und eine direkte, den Schlaf störende Bewusstwerdung zu verhindern. Der Traum ergibt sich so als »Hüter des Schlafes« (ebd., S. 586; ebenso 1901a; *GW I/II*, S. 692ff.).

Dies führt unmittelbar auf das Thema des *Angsttraumes*, welcher der Wunscherfüllungsthese so eklatant zu widersprechen scheint. Freud gibt mehrere Möglichkeiten für seine Entstehung an, zunächst die, dass ein »peinlicher Affekt der Traumgedanken« (gemeint sind wohl die Tagesreste) von der Traumarbeit nicht vollständig eliminiert werden konnte, die Erfüllung gewisser Wünsche hier somit als misslungen bezeichnet werden muss (1916–17a; *GW XI*, S. 220). Eine wichtigere und theoretisch interessantere Ursache für Angst- und Unlustträume ist die Tatsache antagonistischer Interessen zwischen den beiden psychischen Systemen; die *nicht genügend entstellte Erfüllung eines unbewussten Wunsches kann dem System des Vorbewussten Unlust bereiten:*

> »Der Angsttraum ist oft eine unverhüllte Wunscherfüllung, natürlich nicht die eines genehmen, sondern eines verworfenen Wunsches. An Stelle der Zensur ist die Angstentwicklung getreten. Während man vom infantilen Traum aussagen kann, er sei die offene Erfüllung eines zugelassenen Wunsches, vom gemeinen entstellten Traum, er sei die verkappte Erfüllung eines verdrängten Wunsches, taugt für den

> Angsttraum nur die Formel, dass er die offene Erfüllung eines verdrängten Wunsches sei. Die Angst ist ein Zeichen dafür, dass der verdrängte Wunsch sich stärker gezeigt hat als die Zensur, dass er seine Wunscherfüllung gegen dieselbe durchgesetzt hat oder durchzusetzen im Begriffe war. Wir begreifen, dass, was für ihn Wunscherfüllung ist, für uns, die wir auf der Seite der Traumzensur stehen, nur Anlass zu peinlichen Empfindungen und zur Abwehr sein kann« (1916–17a; *GW XI*, S. 222).

Eine weitere Erklärungsmöglichkeit für Angst- und Unlustentwicklung sind die »Strafträume«, die einen Wunsch der zensurierenden Instanz (in der späteren Terminologie: des Über-Ichs) erfüllen: Was »durch sie erfüllt« werde, sei »gleichfalls ein unbewusster Wunsch, der nach einer Bestrafung des Träumers für eine verdrängte unerlaubte Wunschregung«. Insofern fügten »sich die Träume der hier vertretenen Forderung, dass die Triebkraft zur Traumbildung von einem dem Unbewussten zugehörigen Wunsche beigestellt werden musste« (1900a; *GW I/II*, S. 563). Tatsächlich stellt aber die Annahme der reinen Strafträume eine Abkehr von der zuvor vertretenen Auffassung dar, der Traum sei stets (auch) die Erfüllung eines im Grunde aus der Kindheit herrührenden verdrängten Wunsches; gerade jene zensurierende Instanz wird nämlich von Freud als ontogenetisch späte Entwicklung aufgefasst mit der Funktion, die Alleinherrschaft der infantilen Wünsche zu beschränken (siehe 2.6). Die der Wunscherfüllungstheorie im Sinne des Lustprinzips offensichtlich widersprechenden Strafträume in Freuds Traumkonzeption weisen somit bereits auf die späteren in *Jenseits des Lustprinzips* (1920g) vorgebrachten Überlegungen zu Todestrieb und unbewusstem Strafbedürfnis hin (vgl. 3.2).

2.3 Die Systeme Unbewusst und Vorbewusst (das erste topische Modell)

Wie wiederholt betont, entwickelt Freud seine Metapsychologie (in grober Näherung mit Psychologie unbewusster psychischer Prozesse gleichzusetzen; vgl. 2.1) im Wesentlichen anhand von Beobachtungen bei Traumanalysen, und das letzte Kapitel der *Traumdeutung* (»Zur Psychologie der Traumvorgänge«) ist auch die erste und wichtigste metapsychologische Schrift. In ihr wird das Modell der beiden psychischen Systeme *Ubw* (System Unbewusst) und *Vbw* (System Vorbewusst) erstellt, die dort angenommenen verschiedenen Arbeitsweisen (Primär- und Sekundärvorgang) expliziert und die implikationsreiche Annahme präsentiert, psychische Prozesse verliefen auch ohne Zutun des Bewusstseins und seien diesem nur in Ausschnitten zugänglich.

Zunächst erscheint es sinnvoll, die Bedeutung der Begriffe bewusst, vorbewusst und unbewusst im Sinne psychischer Qualitäten einzuführen, wie sie von Freud zwar bereits in der *Traumdeutung* verwendet, jedoch nicht explizit definiert werden. Dies geschieht erst über ein Jahrzehnt später in der kleinen, vornehmlich terminologischen Überlegungen gewidmeten Schrift »Einige Bemerkungen über den Begriff des Unbewussten in der Psychoanalyse« (1912g) und dort leider eher in verwirrender Weise.

Eine wichtige Unterscheidung ist dabei zwischen *unbewusst im deskriptiven* und *unbewusst im dynamischen Sinne*. In der ersten Bedeutung bezeichnet unbewusst: »im Bewusstsein latent«, also zum betrachteten Zeitpunkt nicht bewusst: »Eine unbewusste Vorstellung ist dann eine solche, die wir nicht bemerken, deren Existenz wir aber trotzdem auf Grund anderweitiger Anzeichen und Beweise zuzugeben bereit sind« (1912g; *GW VIII*, S. 431).

Als unbewusst im dynamischen Sinne bezeichnet Freud Gedanken (wohl besser allgemein: Vorstellungen oder psychische Elemente), die trotz einer gewissen Stärke (im Sinne von psychischer Bedeutsamkeit) im Zustande der Latenz verharren, nicht zur Bewusstwerdung gelangen; dem werden nun »vorbewusste« Gedanken gegenübergestellt, welche augenblicklich zwar ebenso wenig bewusst sind, dies aber nur aufgrund einer momentan mangelnden psychischen Bedeutsamkeit:

> »Wir waren gewohnt zu denken, dass jeder latente Gedanke dies infolge seiner Schwäche war, und dass er bewusst wurde, sowie er Kraft erhielt. Wir haben nun die Überzeugung gewonnen, dass es gewisse latente Gedanken gibt, die nicht ins Bewusstsein eindringen, wie stark sie auch sein mögen. Wir wollen daher die latenten Gedanken der ersten Gruppe vorbewusst nennen, während wir den Ausdruck unbewusst (im eigentlichen Sinne) für die zweite Gruppe reservieren […]. Der Ausdruck unbewusst, den wir bisher bloß im beschreibenden Sinne benützt haben, erhält jetzt eine erweiterte Bedeutung. Er bezeichnet nicht bloß latente Gedanken im Allgemeinen, sondern besonders solche mit einem bestimmten dynamischen Charakter, nämlich diejenigen, die sich trotz ihrer Intensität und Wirksamkeit dem Bewusstsein ferne halten« (ebd., S. 433f.; siehe auch 1923b; *GW XIII*, S. 241)

Mit Verwendung des Ausdrucks »bewusstseinsfähig« sind die Definitionen fasslicher: »Alles Unbewusste, das sich so verhält, so leicht den unbewussten Zustand mit dem bewussten vertauschen kann, heißen wir darum lieber bewusstseinsfähig oder **vorbewusst.**« Andere »psychische Vorgänge, Inhalte« hätten »keinen so leichten Zugang zum Bewusstwerden«, sondern müssten »erschlossen, erraten und in bewussten Ausdruck übersetzt« werden. »Für diese reservieren wir den Namen des eigentlich Unbewussten« (1940a; *GW XVII*, S. 82).

Wie an anderer Stelle angemerkt (Köhler, 2014a, S. 618ff.), verwendet Freud in seinen verschiedenen Schriften, oft ohne weitere Spezifikation, unbewusst einmal im deskriptiven, einmal im eigentlichen, also dynamischen Sinne. Obgleich sich die Bedeutung zumeist aus dem Zusammenhang ergibt, bietet diese inkonsistente Terminologie für viele Leser eine Verständnisschwierigkeit (und für viele Kritiker einen Angriffspunkt), welche an sich leicht vermeidbar wären. In dieser Darstellung soll deshalb unbewusst allein im dynamischen Sinne von »nicht bewusstseinsfähig« verwendet werden; unbewusst in deskriptiver Bedeutung wird durch »nicht bewusst« ersetzt.

Noch größere Verwirrung ergibt sich beim Gebrauch des Substantivs »das Unbewusste«. Zum einen bezeichnet es die Menge der unbewussten psychischen Elemente sowohl im deskriptiven als auch im dynamischen Sinne, also die Menge der nicht bewussten wie der nicht bewusstseinsfähigen seelischen Inhalte; zum anderen dient der Terminus »das Unbewusste« aber auch zur Bezeichnung eines psychischen Systems, jenes Teiles des seelischen Apparates, dessen Inhalte unbewusst (im dynamischen Sinne) sind (siehe unten). Zur Vermeidung von Missverständnissen spricht Freud meist zwar von System Unbewusst oder *Ubw*, bleibt aber nicht konsistent im Sprachgebrauch (etwa in 1923b; *GW XIII*, S. 244). Hier soll zur Bezeichnung des Systems im seelischen Apparat durchgehend der Term System *Ubw* gewählt werden, während das Unbewusste – in Übereinstimmung mit dem für das Adjektiv festgelegten Sprachgebrauch – die Menge der nicht bewusstseinsfähigen psychischen Inhalte bedeuten soll.

Freuds Psychoanalyse beschäftigt sich neben den bewussten psychischen Vorgängen mit den nicht bewussten; sie ist genauer betrachtet ausschließlich eine Theorie des (deskriptiv) unbewussten Seelenlebens. Nicht nur sind nach seiner Auffassung auch die nicht bewussten seelischen Akte – neben den bewussten – Gegenstand der Psychologie; sie sind im Grunde genommen ihr eigentlicher und einziger Gegenstand, indem der Charakter der Bewusstheit als ein sekundäres Merkmal betrachtet wird. Psychische Vorgänge laufen auch ohne die Aufsicht des Bewusstseins ab, und die Forschung muss daher von dieser zufälligen Qualität absehen können. Diese Auffassung werde allein durch die Beobachtung nahe gelegt, dass die bewussten psychischen Vorgänge sich unter einer deterministischen Betrachtungsweise nicht erklären ließen; man müsse im Sinne psychischer Kausalität zumindest nicht bewusste, letztlich körperliche Begleiterscheinungen annehmen, und diese seien – insofern sie die mutmaßliche Grundlage der seelischen Vorgänge überhaupt bilden – der eigentliche Gegenstand der Psychologie, und zwar unabhängig vom Grade ihrer Bewusstheit:

> »Diese bewussten Vorgänge bilden aber nach allgemeiner Übereinstimmung keine lückenlosen, in sich abgeschlossenen Reihen, sodass nichts anderes übrig bliebe als physische oder somatische Begleiterscheinungen des Psychischen anzunehmen, denen man eine größere Vollständigkeit als den psychischen Reihen zugestehen muss, da einige von ihnen bewusste Parallelvorgänge haben, andere aber nicht. Es liegt dann natürlich nahe, in der Psychologie den Akzent auf diese somatischen Vorgänge zu legen, in ihnen das eigentliche Psychische anzuerkennen und für die bewussten Vorgänge eine andere Würdigung zu suchen« (1940a; *GW XVII*, S. 79f.).

Zwar sträubten sich gegen eine solche Auffassung »die meisten Philosophen sowie viele andere« und erklärten »ein unbewusst Psychisches für einen Widersinn«. Dem hält Freud jedoch entgegen: »Gerade das ist es, was die Psychoanalyse tun muss und dies ist ihre zweite fundamentale Annahme. Sie erklärt die vorgeblichen somatischen Begleitvorgänge für das eigentliche Psychische, sieht dabei zunächst von der Qualität des Bewusstseins ab« (ebd., S. 80). Solche nicht bewussten (latenten) Vorgänge nicht mehr als Gegenstand der Psychologie betrachten zu wollen, lehnt der Autor entschieden ab: Die »konventionelle Gleichsetzung des Psychischen mit dem Bewussten« sei »durchaus unzweckmäßig«. Denn:

> »Sie zerreißt die psychischen Kontinuitäten, stürzt uns in die unlösbaren Schwierigkeiten des psychophysischen Parallelismus, unterliegt dem Vorwurf, dass sie ohne einsichtliche Begründung die Rolle des Bewusstseins überschätzt, und nötigt uns, das Gebiet der psychologischen Forschung vorzeitig zu verlassen, ohne uns von anderen Gebieten her Entschädigung bringen zu können« (1915e; *GW X*, S. 265).

Während die latenten Erinnerungen als somatische Phänomene noch keine Aufklärung von der Wissenschaft erfahren hätten, führe ihre psychologische Betrachtung zu greifbaren Erkenntnissen:

> »Auf der anderen Seite steht fest, dass sie mit den bewussten seelischen Vorgängen die ausgiebigste Berührung haben; sie lassen sich mit einer gewissen Arbeitsleistung in sie umsetzen, durch sie ersetzen, und sie können mit all den Kategorien beschrieben werden, die wir auf die bewussten Seelenakte anwenden, als Vorstellungen, Strebungen, Entschließungen u. dgl. Ja, von manchen dieser latenten Zustände

müssen wir aussagen, sie unterscheiden sich von den bewussten eben nur durch den Wegfall des Bewusstseins. Wir werden also nicht zögern, sie als Objekte psychologischer Forschung und in innigstem Zusammenhang mit den bewussten seelischen Akten zu behandeln« (ebd., S. 267).

Freud konstatiert: »Man muss sich dann auf den Standpunkt stellen, es sei nichts anderes als eine **unhaltbare Anmaßung**, zu fordern, dass alles, was im Seelischen vor sich geht, auch dem Bewusstsein bekannt werden müsse« (ebd., S. 265).

Das Bewusstsein wird dadurch in seiner Bedeutung entscheidend abgewertet: Keineswegs notwendig, um ein geregeltes Seelenleben ablaufen zu lassen, im Grunde genommen nur dessen größerer Effizienz dienend (1900a; *GW I/II*, S. 579f.), erhält es in der Freud'schen Seelenlehre lediglich den Charakter eines Instruments zur Wahrnehmung innerer psychischer Vorgänge, wird daher auch mit dem Wahrnehmungsorgan für die Außenwelt zum System *W-Bw* (Wahrnehmung-Bewusstsein) zusammengefasst: »Welche Rolle verbleibt in unserer Darstellung dem einst allmächtigen, alles andere verdeckenden Bewusstsein? Keine andere als **die eines Sinnesorgans zur Wahrnehmung psychischer Qualitäten**« (1900a; *GW I/II*, S. 620). Und an anderer Stelle: »Es bleibt uns in der Psychoanalyse gar nichts anderes übrig, als die seelischen Vorgänge für an sich unbewusst zu erklären und ihre Wahrnehmung durch das Bewusstsein mit der Wahrnehmung der Außenwelt durch die Sinnesorgane zu vergleichen« (1915e; *GW X*, S. 270).[6]

Diese Neukonzeption des Psychischen als unabhängig vom Bewusstsein ablaufende Vorgänge hat entscheidende Konsequenzen für eine darauf basierende Seelenlehre: Wie in 1.3 ausgeführt, fasst Freud auf diesem Hintergrund die Psychologie als eine naturwissenschaftliche Disziplin auf: »Während man in der

---

6 Sehr stringent vergleicht Freud die psychoanalytische Annahme der unbewussten Seelentätigkeit mit der »Korrektur, die Kant an unserer Auffassung der äußeren Wahrnehmung« vorgenommen habe: »Wie Kant uns gewarnt hat, die subjektive Bedingtheit unserer Wahrnehmung nicht zu übersehen und unsere Wahrnehmung nicht für identisch mit dem unerkennbaren Wahrgenommenen zu halten, so mahnt«, fährt Freud fort, »die Psychoanalyse, die Bewusstseinswahrnehmung nicht an die Stelle des unbewussten psychischen Vorganges zu setzen, welcher ihr Objekt ist. Wie das Physische, so braucht auch das Psychische nicht in Wirklichkeit so zu sein, wie es uns erscheint« (1915e; *GW X*, S. 270). Ähnlich dezidiert heißt es bereits viele Jahre zuvor in der *Traumdeutung*: »Das Unbewusste ist das eigentlich reale Psychische, uns nach seiner inneren Natur so unbekannt wie das Reale der Außenwelt, und uns durch die Daten des Bewusstseins ebenso unvollständig gegeben wie die Außenwelt durch die Angaben unserer Sinnesorgane« (1900a; *GW I/II*, S. 617f.).

Bewusstseins-Psychologie nie über jene lückenhaften, offenbar von anderswo abhängigen Reihen hinauskam, hat die andere Auffassung, das Psychische sei an sich unbewusst, gestattet, die Psychologie zu einer Naturwissenschaft wie jede andere auszugestalten« (1940a; *GW XVII*, S. 80f.).

Das in der *Traumdeutung* entwickelte erste Schema des seelischen Apparats (von späteren Autoren oft erstes topisches Modell oder Schichtenmodell genannt) unterscheidet die beiden Teile System Vorbewusst *(Vbw)* und System Unbewusst *(Ubw)*, welche über die Bewusstseinsfähigkeit ihrer Inhalte definiert sind. Die Herkunft dieser Modellvorstellungen aus dem 1895 verfassten »Entwurf einer Psychologie« zeigt sich unter anderem darin, dass Freud das Schema des psychischen Instruments in das physiologische eines einfachen, lediglich um Erinnerungssysteme erweiterten Reflexapparats mit Wahrnehmungsende W und motorischem Ende M einzupassen versucht; dabei kommt das System *Vbw* näher an das motorische, *Ubw* näher an das sensorische Ende zu liegen:

> »Das letzte der Systeme am motorischen Ende heißen wir das **Vorbewusste**, um anzudeuten, dass die Erregungsvorgänge in demselben ohne weitere Aufhaltung zum Bewusstsein gelangen können, falls noch gewisse Bedingungen erfüllt sind, z. B. die Erreichung einer gewissen Intensität, eine gewisse Verteilung jener Funktion, die man Aufmerksamkeit zu nennen hat, u. dgl. Es ist gleichzeitig das System, welches die Schlüssel zur willkürlichen Motilität inne hat. Das System dahinter heißen wir das **Unbewusste**, weil es keinen Zugang zum Bewusstsein hat, **außer durch das Vorbewusste**, bei welchem Durchgang sein Erregungsvorgang sich Abänderungen gefallen lassen muss« (1900a; *GW I/II*, S. 546).

Eine Schwierigkeit dieser Darstellung ergibt sich insofern, als das Bewusstsein, welches definitionsgemäß nahe dem System des Vorbewussten liegen muss, in diesem Modell vom Wahrnehmungsende maximale Entfernung aufweist, während Freud sonst aber, aus erläuterten Gründen, Bewusstsein und Wahrnehmung zum System *W-Bw* zusammenfasst; hinzu kommt, dass gemäß diesem Schema jeglicher Wahrnehmungsinhalt zunächst die Zensur zwischen System *Ubw* und System *Vbw* passieren müsste, um zum Bewusstsein zu gelangen, eine wenig wahrscheinliche Annahme. In späteren Versionen des ersten topischen Modells, wie sie Freud in den metapsychologischen Schriften (etwa in 1915d, 1915e) verwendet, verzichtet er auf die Verknüpfung physiologischer und psychologischer Modellannahmen, spricht allgemein nur von zwei in Verbindung stehenden psychischen Systemen. Das 1916 in der 19. Vorlesung präsentierte Salonmodell, welches gleichfalls in seiner Relation zum oben skizzierten Reflexapparat unbestimmt gelassen wird, gestattet es in letztlich wesentlich anschaulicherer Weise, die Topik und Dynamik seelischer Vorgänge zu explizieren:

> »Die roheste Vorstellung von diesen Systemen ist die für uns bequemste; es ist die räumliche. Wir setzen also das System des Unbewussten einem großen Vorraum gleich, in dem sich die seelischen Regungen wie Einzelwesen tummeln. An diesen Vorraum schließe sich ein zweiter, engerer, eine Art Salon, in welchem auch das Bewusstsein verweilt. Aber an der Schwelle zwischen beiden Räumlichkeiten walte ein Wächter seines Amtes, der die einzelnen Seelenregungen mustert, zensuriert und sie nicht in den Salon einlässt, wenn sie sein Missfallen erregen. [...] Die Regungen im Vorraum des Unbewussten sind dem Blick des Bewusstseins, das sich ja in einem anderen Raum befindet, entzogen; sie müssen zunächst unbewusst bleiben. [...] Aber auch die Regungen, welche der Wächter über die Schwelle gelassen, sind darum nicht notwendig auch bewusst geworden; sie können es bloß werden, wenn es ihnen gelingt, die Blicke des Bewusstseins auf sich zu ziehen. Wir heißen darum diesen zweiten Raum mit gutem Recht das System des Vorbewusste« (1916–17a; *GW XI*, S. 305f.).[7]

Den Gleichnischarakter solcher Modelle weiß Freud selbst sehr gut zu reflektieren: »Vorläufig sind es Hilfsvorstellungen wie die vom **Ampère**schen Männchen, das im elektrischen Stromkreis schwimmt, und nicht zu verachten, insofern sie für das Verständnis der Beobachtungen brauchbar sind« (1915e; *GW X*, S. 273), Auch gegen eine direkte Anbindung an die Neuroanatomie und Physiologie, wie er sie noch bei der Abfassung seines »Entwurfes« vor Augen hatte, spricht er sich nachdrücklich aus: »Unsere psychische Topik hat **vorläufig** nichts mit der Anatomie zu tun; sie bezieht sich auf Regionen des seelischen Apparats, wo immer sie im Körper gelegen sein mögen, und nicht auf anatomische Örtlichkeiten« (ebd.). Die Hervorhebung von »vorläufig« zeigt jedoch, dass jene Modellbildung neben ihrer Anschaulichkeit von Freud wohl nicht zuletzt deshalb gewählt wurde, weil sie eine spätere Verknüpfung mit physiologischen Erkenntnissen erleichtern könnte.

Die Kennzeichnung der beiden Systeme durch die Bewusstseinsfähigkeit ihrer Inhalte ist jedoch nicht die einzige Möglichkeit, die Freud zur Systemunterschei-

7 Unter dynamischen Gesichtspunkten betrachtet, ist die Beziehung des System *Vbw* zum Bewusstsein so eng, dass Freud zuweilen synonym dafür System *Bw* gebraucht: »Mit Rücksicht auf diese Bewusstseinsfähigkeit heißen wir das System *Bw* auch das Vorbewusste« (1915e; *GW X*, S. 272). Auch die Schreibweise *Vbw (Bw)* ist zu finden (etwa in 1915e; *GW X*, S. 279).

dung anbietet. Hinzu kommen die unterschiedlichen *energetischen Prozesse* in den beiden Teilen des psychischen Apparats (siehe 2.5) sowie die vorhandene respektive fehlende *Verknüpfung* mit sogenannten *Wortresten*. Letzteres Charakteristikum ist für ihn sogar das wesentliche, dient, wie er in der dritten metapsychologischen Schrift (»Das Unbewusste«) ausführt, der »Agnoszierung des Unbewussten«, d. h. seiner sicheren Identifizierung. Aus hier nicht dargestellten Überlegungen zu Sprachprozessen bei Kranken mit Schizophrenie kommt er zur Unterscheidung zwischen Sach- und Wortvorstellungen; erstere sind namenlose Vorstellungen von Objekten, letztere mit diesen Objekten verbundene Sprachelemente. Damit glaubt er angeben zu können, »wodurch sich eine bewusste Vorstellung von einer unbewussten« unterscheide:

> »[D]ie bewusste Vorstellung umfasst die Sachvorstellung plus der zugehörigen Wortvorstellung, die unbewusste ist die Sachvorstellung allein. Das System *Ubw* enthält die Sachbesetzungen der Objekte, die ersten und eigentlichen Objektbesetzungen; das System *Vbw* entsteht, indem diese Sachvorstellung durch die Verknüpfung mit den ihr entsprechenden Wortvorstellungen überbesetzt wird« (1915e; *GW X*, S. 300).

Oder ähnlich an anderer Stelle:

> »habe ich schon die Annahme gemacht, dass der wirkliche Unterschied einer ubw von einer vbw Vorstellung (einem Gedanken) darin besteht, dass die erstere sich an irgendwelchem Material, das unerkannt bleibt, vollzieht, während bei der letzteren (der vbw) die Verbindung mit **Wortvorstellungen** hinzukommt« (1923b; *GW XIII*, S. 247).[8]

8 Die Überbesetzung mit Wortvorstellungen dient einer Verbesserung der Denkmechanismen. Dieser Sachverhalt wird schon in der *Traumdeutung* herausgearbeitet: »Der Wert der Überbesetzung, welche durch den regulierenden Einfluss des *Bw*-Sinnesorgans auf die mobile Quantität hergestellt wird, ist im teleologischen Zusammenhang durch nichts besser dargetan, als durch die Schöpfung einer neuen Qualitätenreihe und somit einer neuen Regulierung, welche das Vorrecht des Menschen vor den Tieren ausmacht.« Freud erläutert: »Die Denkvorgänge sind nämlich an sich qualitätslos bis auf die sie begleitenden Lust- und Unlusterregungen, die ja als mögliche Störung des Denkens in Schranken gehalten werden sollen. Um ihnen eine Qualität zu verleihen, werden sie beim Menschen mit den Worterinnerungen assoziiert, deren Qualitätsreste genügen, um eine Aufmerksamkeit des Bewusstseins auf sich zu ziehen und von ihm aus dem Denken eine neue mobile Besetzung zuzuwenden« (1900a; *GW I/II*, S. 622).

2.4 Widerstand und Verdrängung

Im oben beschriebenen ersten topischen Modell des psychischen Apparats definiert sich Verdrängung als ein Prozess an der Grenze der beiden Systeme: Wenn sich die »Regungen im Vorraum des Unbewussten« bereits »zur Schwelle vorgedrängt haben und vom Wächter zurückgewiesen worden sind, dann sind sie bewusstseinsunfähig; wir heißen sie verdrängt« (1916–17a; *GW XI*, S. 305f.). Oder an anderer Stelle: »Verdrängung ist, wie Sie sich erinnern, jener Vorgang, durch welchen ein bewusstseinsfähiger Akt, also einer, der dem System Vbw. angehört, unbewusst gemacht, also in das System Ubw. zurückgeschoben wird« (ebd., S. 354). Es ist ein Vorgang, welcher der Vermeidung von Unlust dient: »[V]on solchen Akten, welche Unlust erregen können, zieht sich die psychische Tätigkeit zurück (Verdrängung)« (1911b; *GW VIII*, S. 231).

Eine genauere Betrachtung des zunächst klar erscheinenden Verdrängungsbegriffes fördert allerdings diverse Unbestimmtheiten zutage, welche hier lediglich angedeutet seien (für eine ausführlichere Diskussion siehe Köhler, 2014a, S. 675ff.): Die in der Mehrzahl der Freud'schen Definitionen enthaltene Beschreibung als Abschiebung ins Unbewusste impliziert nämlich, dass die verdrängte Vorstellung von diesem System her eine Besetzung erhält, also in die psychische Tätigkeit einbezogen wird. Dies ist insofern alles andere als selbstverständlich, als gerade das System *Ubw* in besonderem Maße eine Unlustvermeidung anstrebt (siehe 2.5). Die zuweilen von Freud gegebene allgemeinere Bestimmung von Verdrängung als Entzug von vorbewusster Besetzung, welche mit gleichzeitiger unbewusster Besetzung verbunden sein kann, aber nicht muss (vgl. 1915e; *GW X*, S. 279), ist somit stimmiger und charakterisiert zudem die psychischen Prozesse bei der Schizophrenie treffender (ebd., S. 301f.). Die übliche Definition als Abdrängung von Vorstellungen ins System *Ubw*, welche auch in der Regel den Darstellungen in der Sekundärliteratur zugrunde liegt, beschreibt den Sachverhalt im Großen und Ganzen jedoch insofern korrekt, als die Mehrzahl der verdrängten Vorstellungen dem Triebleben entspringen, und damit, als an sich lustvoll, vom System *Ubw* problemlos – man könnte geradezu sagen: gierig – besetzt werden.

Im Sinne der zuvor gegebenen Kennzeichnung der beiden psychischen Systeme durch den Grad der Bindung an Wortreste ergibt sich *Verdrängung als Lösung der Sachvorstellung von der zugehörigen Wortvorstellung:* Dabei werde der »zurückgewiesenen Vorstellung« die »Übersetzung in Worte« verweigert, »welche mit dem Objekt verknüpft bleiben sollen. Die nicht in Worte gefasste Vorstellung [...] bleibt dann im *Ubw* als verdrängt zurück« (ebd., S. 300).

Die Verdrängung ist ein erschlossener Prozess, abgeleitet aus der Beobachtung des Widerstandes, welcher sich – beispielsweise im Rahmen der psychoanalytischen Therapie – der Bewusstwerdung des Verdrängten entgegenstellt: »Aus der Würdigung der Widerstandsphänomene ergab sich einer der Grundpfeiler der psychoanalytischen Neurosenlehre, die Theorie der Verdrängung. Es lag nahe anzunehmen, dass dieselben Kräfte, die sich gegenwärtig gegen die Bewusstmachung des pathogenen Materials sträubten, dasselbe Bestreben auch seinerzeit mit Erfolg geäußert hatten« (1924f; *GW XIII*, S. 411).

Die Bewusstmachung des verdrängten Materials gegen Widerstand wird dadurch sehr erleichtert, dass dieses sich dem Bewusstsein aufzudrängen versucht *(Wiederkehr des Verdrängten)*, und – wenn auch unter Entstellung – sein Ziel in der Tat erreicht. Diese sogenannten »Abkömmlinge«, beispielsweise neurotische Symptome, manifeste Trauminhalte oder andere psychische Elemente wie Versprecher, stehen mit dem Verdrängten in assoziativer Verbindung; sie sind, sofern eine hinreichende inhaltliche Entstellung oder eine genügende Anzahl von assoziativen Zwischengliedern vorliegt, durchaus bewusstseinsfähig, stellen auch einen wichtigen Ausgangspunkt zur Bewusstmachung des (dynamisch) Unbewussten in der psychoanalytischen Therapie dar. Bei zu enger Verbindung zum Verdrängten jedoch müssen sie selbst ebenso eine Verdrängung erfahren (Nachdrängen), um den Erfolg der ersten, der Urverdrängung, nicht zu gefährden (siehe 1915d; *GW X*, S. 250ff.).

2.5 Lust- und Realitätsprinzip; Primär- und Sekundärvorgang; die Ontogenese des psychischen Apparats

Die beiden psychischen Systeme unterscheiden sich nicht nur durch die Bewusstseinsfähigkeit ihrer Inhalte und deren Verbindung mit Wortvorstellungen, sondern darüber hinaus durch die in ihnen geltenden *Regulationsprinzipien* und die ihren psychischen Vorgängen eigene Mechanik. Es handelt sich dabei um das im *Ubw* allein herrschende *Lustprinzip*, das im *Vbw* geltende *Realitätsprinzip* sowie *Primärvorgänge*, die das System *Ubw*, *Sekundärprozesse*, welche das *Vbw* kennzeichnen. Die Regulationsprinzipien und die Arbeitsweisen sind konzeptuell eng über das Energieverteilungsmodell verknüpft.

Das von Freud zur Erklärung vielfältigster Phänomene herangezogene Lustprinzip postuliert, dass alle seelischen Vorgänge unter der Absicht geschehen, Lust zu erlangen bzw. Unlust zu umgehen: »Es scheint, dass unsere Seelentätigkeit darauf gerichtet ist, Lust zu erwerben und Unlust zu vermeiden, dass sie automatisch durch das **Lustprinzip** reguliert wird« (1916–17a; *GW XI*, S. 369). Über die zentrale Annahme, dass Spannungs- oder Energieanhäufung im psychischen Apparat zu Unlusterleben führt[9], und dass der Organismus daher diese psychische Energie möglichst niedrig (Nirwanaprinzip) oder wenigstens konstant halten möchte (Konstanzprinzip), zeigt sich, metapsychologisch betrachtet, die Herrschaft des Lustprinzips in einer Tendenz zu rascher Reduktion anfallender Energiemengen:

> »Die Tatsachen, die uns veranlasst haben, an die Herrschaft des Lustprinzips im Seelenleben zu glauben, finden auch ihren Ausdruck in der Annahme, dass es ein Bestreben des seelischen Apparates sei, die in ihm vorhandene Quantität von Erregung möglichst gering oder wenigstens konstant zu halten. Es ist dasselbe, nur in eine andere Fassung gebracht, denn wenn die Arbeit des seelischen Apparates dahin geht, die Erregungsquantität niedrig zu halten, so muss alles, was dieselbe zu steigern geeignet ist, als funktionswidrig, das heißt als unlustvoll empfunden werden« (1920g; *GW XIII*, S. 5).

Handeln im Sinn des Realitätsprinzips bedeutet nicht zuletzt das Ertragen gewisser Unlust solange, bis diese durch eine adäquate Handlung beseitigt werden kann (siehe unten); unter ökonomischen Gesichtspunkten ist dies äquivalent mit einer Hemmung der unmittelbaren Erregungsabfuhr bei gleichzeitiger probeweiser Verschiebung kleinerer Energiemengen. Zur genaueren Darstellung dieser Sachverhalte muss daher zunächst kurz das Energieverteilungsmodell erläutert werden.

Das Konzept der *nervösen Energie* und der dadurch definierten Primär- und Sekundärvorgänge ist wohl der am schwersten verständliche Teil der psychoanalytischen Lehre überhaupt, datierend aus einer Zeit, als Freud eine unmittelbare neurophysiologische Fundierung seiner psychologischen Einsichten schaffen wollte. Im unveröffentlichten »Entwurf einer Psychologie« (1950c [1895]) bezieht sich der Energiebegriff zunächst auf den Aktivierungszustand von Neuronen (Nervenzellen), im erweiterten und übertragenen Sinne jedoch auch auf die psychische Bedeutung einer Vorstellung, etwa den ihr anhaftenden Affekt; eine solche Begriffsverwendung findet sich bereits ein Jahr zuvor in »Die Abwehr-

9 Es handelt sich dabei natürlich um eine höchst problematische Annahme, deren Rechtfertigung Freud selbst wiederholt kritisch diskutiert (insbesondere in 1924c und 1920g; *GW XIII*, S. 5); gleichwohl erscheint sie unverzichtbar, um die Ontogenese des psychischen Apparats zu erklären und den im *Ubw* ablaufenden Primärvorgang zu charakterisieren.

Neuropsychosen«, wo der Autor von einer »Hilfsvorstellung« spricht, der er sich in der Darstellung bedient habe: »Es ist dies die Vorstellung, dass an den psychischen Funktionen etwas zu unterscheiden ist (Affektbetrag, Erregungssumme)«, das, so Freud,

> »alle Eigenschaften einer Quantität hat – wenngleich wir kein Mittel besitzen, dieselbe zu messen – etwas, das der Vergrößerung, Verminderung, der Verschiebung und der Abfuhr fähig ist und sich über die Gedächtnisspuren der Vorstellungen verbreitet, etwa wie eine elektrische Ladung über die Oberflächen der Körper« (1894a; *GW I*, S. 74).

Solche Energiemengen im psychischen Apparat können entweder in ganzer Quantität auf andere Vorstellungen übergehen bzw. eine motorische Abfuhr finden (freie Energie) oder in *gebundener Form*, das heißt zunächst fixiert, vorliegen; dabei stehen nur kleine Mengen für die Verschiebung zwischen einzelnen Vorstellungen zur Verfügung, ein Vorgang, welcher in Freuds Energiemodell das Äquivalent zum denkerischen Abwägen, zum kognitiven Probehandeln, ist. Die Möglichkeit, psychische Energie gebunden zu halten, ihre direkte Abfuhr zu hemmen, stellt somit einen Fortschritt der Entwicklung dar, ist eine Errungenschaft des sich allmählich ausbildenden Systems *Vbw*. Der von Anfang an bestehende Teil des seelischen Apparats, welcher nach Abschluss der Entwicklung als System *Ubw* seinen Rückstand findet (siehe unten), kann – da ausschließlich unter Herrschaft des Lustprinzips – die unmittelbare Erregungsabfuhr nicht aufhalten:

> »Der Zweckmäßigkeit zu Liebe postuliere ich also, dass es dem zweiten System gelingt, die Energiebesetzungen zum größeren Anteil in Ruhe zu erhalten, und nur zu einem kleineren Teil zur Verschiebung zu verwenden. Die Mechanik dieser Vorgänge ist mir ganz unbekannt; wer mit diesen Vorstellungen Ernst machen wollte, müsste die physikalischen Analogien heraussuchen und sich einen Weg zur Veranschaulichung des Bewegungsvorgangs bei der Neuronenerregung bahnen. Ich halte nur an der Vorstellung fest, dass die Tätigkeit des ersten ψ-Systems auf **freies Abströmen der Erregungsquantitäten** gerichtet ist, und dass das zweite System durch die von ihm ausgehenden Besetzungen eine **Hemmung** dieses Abströmens, eine Verwandlung in ruhende Besetzung, wohl unter Niveauerhöhung, herbeiführt. Ich nehme also an, dass der Ablauf der Erregung unter der Herrschaft des zweiten Systems an ganz andere mechanische Verhältnisse geknüpft wird als unter der Herrschaft des ersten. Hat das zweite System seine probende Denkarbeit beendigt, so

> hebt es auch die Hemmung und Stauung der Erregungen auf und lässt dieselben zur Motilität abfließen« (1900a; *GW I/II*, S. 605).

Die dem ersten System eigene Arbeitsweise, welche durch sofortiges Abströmen von Energie gekennzeichnet ist, wird Primärprozess oder *Primärvorgang* genannt, *Sekundärvorgang* die durch Abfuhrhemmung charakterisierte Energiemechanik im anderen (jüngeren) Teil des psychischen Apparats. Die Möglichkeit zu solch höherwertigen seelischen Prozessen sieht Freud in der schon erwähnten Verknüpfung der Sachvorstellungen mit Sprachelementen: »Solche Überbesetzungen [scil. mit Wortvorstellungen], können wir vermuten, sind es, welche eine höhere psychische Organisation herbeiführen und die Ablösung des Primärvorganges durch den im *Vbw* herrschenden Sekundärvorgang ermöglichen« (1915e; *GW X*, S. 300).

Der Besetzungsbegriff ist äußerst schwierig zu erklären. Bereits im »Entwurf einer Psychologie« verwendet, bedeutet er dort Besetzung von Neuronen mit psychischer Energie. Besetzung einer Vorstellung im übertragenen Sinn bedeutet meist: in die psychische Tätigkeit einbezogen, Besetzung durch das System *Vbw* also der vorbewussten Bearbeitung zugänglich. Überbesetzung bezeichnet meist Besetzung weiterer Elemente, etwa solcher, die mit einer Vorstellung verknüpft werden können.

Diese Sachverhalte werden (etwas) besser verständlich, wenn man die bereits skizzierte Ontogenese des psychischen Apparats genauer betrachtet. Um die Entstehung des Realitätsprinzips und der im Sinne dieses Prinzips ablaufenden Sekundärvorgänge zu verdeutlichen, geht Freud von einem fiktiven, jedoch mit gewisser Annäherung in einem Säugling kurz nach der Geburt realisierten seelischen Apparat aus (1900a; *GW I/II*, S. 570ff. und 604ff.); dieses sofortige Unlustreduktion anstrebende psychische System werde versuchen, jegliche Anhäufung von psychischer Energie unmittelbar motorisch abzuführen, ohne Rücksicht auf eventuelle unangenehme Folgen, da es gleichzeitig auch nicht in der Lage sei, die Erinnerungen an leidvolle, nützliche Erfahrungen festzuhalten. Die aus einem Reiz (etwa einem Hungergefühl) resultierende Bedürfnisregung werde dort halluzinatorisch befriedigt, indem sich die Erinnerung an ein früheres Befriedigungserlebnis so wie eine regelrechte Wahrnehmung darstelle:

> »Eine solche Regung [scil. die Situation der ersten Befriedigung wiederherzustellen] ist das, was wir einen Wunsch heißen; das Wiedererscheinen der Wahrnehmung ist die Wunscherfüllung, und die volle Besetzung der Wahrnehmung von der Bedürfniserregung her der kürzeste Weg zur Wunscherfüllung. Es hindert uns nichts, einen primitiven Zustand des psychischen Apparats anzunehmen, in dem dieser

Weg wirklich so begangen wird, das Wünschen also in ein Halluzinieren ausläuft. Diese erste psychische Tätigkeit zielt also auf eine **Wahrnehmungsidentität**, nämlich auf die Wiederholung jener Wahrnehmung, welche mit der Befriedigung des Bedürfnisses verknüpft ist« (ebd., S. 571).

Die Annahme von der halluzinatorischen Wunscherfüllung im ersten psychischen System soll das Wesen des Traumes als Wunscherfüllung erklären (siehe 2.7) und gestattet darüber hinaus, die weitere Entwicklung des Apparats im Sinne des Realitätsprinzips zu explizieren: Nachdem mit der Halluzination des Befriedigungserlebnisses nicht die tatsächliche Befriedigung, also ein Aufhören des Reizes eintritt, müssen solche Vorgänge bald durch effizientere abgelöst werden, die seelischen Prozesse, in Freuds Terminologie, von einem anderen System übernommen werden. Dieses muss, ausgehend von den Erinnerungsbildern früherer Befriedigungserlebnisse, die Außenwelt so verändern, dass das gewünschte Ereignis tatsächlich eintritt und in der äußeren Wahrnehmung auftaucht:

»Erst das Ausbleiben der erwarteten Befriedigung, die Enttäuschung, hatte zur Folge, dass dieser Versuch der Befriedigung auf halluzinatorischem Wege aufgegeben wurde. Anstatt seiner musste sich der psychische Apparat entschließen, die realen Verhältnisse der Außenwelt vorzustellen und die reale Veränderung anzustreben. Damit war ein neues Prinzip der seelischen Tätigkeit eingeführt; es wurde nicht mehr vorgestellt, was angenehm, sondern was real war, auch wenn es unangenehm sein sollte« (1911b; *GW VIII*, S. 231f.).

Diese Einsetzung des Realitätsprinzips erfordert wichtige Veränderungen des psychischen Apparats. Die Neigung, unangenehme Vorstellungen sofort zu verlassen, muss (weitgehend) aufgegeben werden; an ihre Stelle tritt nun nach Freud die »Urteilsfällung«, welche »entscheiden sollte, ob eine bestimmte Vorstellung wahr oder falsch, das heißt im Einklang mit der Realität sei oder nicht, und durch Vergleichung mit den Erinnerungsspuren der Realität darüber entschied« (ebd., S. 233). Die »während der Herrschaft des Lustprinzips zur Entlastung des seelischen Apparats von Reizzuwächsen« dienende »motorische Abfuhr« musste eine Verwandlung in Handeln erfahren. Die Einrichtung von Denkvorgängen verhindert ab jetzt die Reizabfuhr durch allzu rasche (und damit oft einen unzureichenden Effekt erzielende) motorische Reaktionen: »Das Denken wurde mit Eigenschaften ausgestattet, welche dem seelischen Apparat das Ertragen der erhöhten Reizspannung während des Aufschubs der Abfuhr ermöglichten. Es ist im Wesentlichen ein Probehandeln mit Verschiebung kleinerer Besetzungsqualitäten, unter geringer Verausgabung (Abfuhr) derselben« (ebd.). Aus diesen Ausführungen ergibt sich, dass das Realitätsprinzip keineswegs der Annahme widerspricht, alle psychischen Vorgänge strebten Gewinn von Lust an; lediglich wird die sofortige, aber unsichere oder kurze Lust aufgrund direkter Erregungsabfuhr durch einen verzögerten, jedoch dann in der Regel dauerhafteren Lustgewinn ersetzt: »[O]hne die Absicht endlicher Lustgewinnung aufzugeben«, fordere das Realitätsprinzip »doch den Aufschub der Befriedigung, den Verzicht auf mancherlei Möglichkeiten einer solchen und die zeitweilige Duldung der Unlust auf dem langen Umwege zur Lust« (1920g; *GW XIII*, S. 6).

Die Entwicklung des seelischen Apparats ist allerdings nicht so vollständig, dass schließlich alle psychischen Tätigkeiten dem Sekundärvorgang unterworfen werden. Das Lust-Unlust-Prinzip gilt auch für das zweite, besser ausgebildete System insofern, als von stärkerer, nicht zu bewältigender Unlust besetzte Vorstellungen von ihm ebenfalls verdrängt, nicht in die Tätigkeit einbezogen werden: »Halten wir aber daran fest, – es ist der Schlüssel zur Verdrängungslehre, – **dass das zweite System nur dann eine Vorstellung besetzen kann, wenn es imstande ist, die von ihr ausgehende Unlustentwicklung zu hemmen.**« Was sich, fährt Freud fort, »dieser Hemmung entzöge, bliebe auch für das zweite System unzugänglich, würde dem Unlustprinzip zufolge alsbald verlassen werden« (1900a; *GW I/II*, S. 607). Dies betrifft bevorzugt Vorstellungen aus dem Bereich des Sexuallebens, die – an sich lustvoll – mit den Erfordernissen der Realität in Konflikt geraten und somit einen Unlustcharakter annehmen, der zu ihrer Verdrängung führt. Vom System *Ubw* aufgrund ihres »lustvollen« Charakters bereitwillig besetzt, das heißt in dessen psychische Tätigkeit einbezogen, werden sie von nun an nach den dort herrschenden Gesetzen behandelt. Während im *Vbw*, dessen Inhalte definitionsgemäß dem Bewusstsein zugänglich sind und durch die Verbindung mit den Worten besonders leicht dem Sekundärvorgang zu unterwerfen sind (1915e; *GW X*, S. 300; siehe auch oben), die Vorstellungen nach den uns bekannten Regeln des rationalen Denkens behandelt werden, bleibt die psychische Bearbeitung der unbewussten Vorstellungen auf dem ontogenetisch frühen Niveau stehen. Aufgrund des gesperrten Zugangs zur Motorik drücken sich diese Inhalte zwar nicht direkt in den Handlungen aus (nur entstellt durch das *Vbw* etwa in den neurotischen Symptomen; siehe 5.3), kommen aber auch beim Gesunden im (manifesten) Traum ans Licht, allerdings durch die Wirkungen der Traumarbeit nicht sofort erkenntlich. Bedürfnisse in dem primären System werden auf dem geschilderten halluzinatorischen Wege befriedigt, was in der Wunscherfüllungsfunktion des Traumes sichtbar wird; die freie Beweglichkeit großer Mengen nervöser Energie zwischen den psychischen Elementen liegt nach

Freud den befremdlichen Vorgängen bei der Traumarbeit zugrunde und führt insbesondere zu Verdichtung und Verschiebung (siehe 2.7).

2.6 Die Instanzen Es, Ich und Über-Ich (das zweite topische Modell)

Freuds spätere Unterteilung des seelischen Apparats in die drei Instanzen Es, Ich und Über-Ich ist ungleich bekannter als die in die psychischen Systeme des Vorbewussten und Unbewussten; nach der Erstellung dieses Konzepts im Jahre 1923 benutzt es der Autor so gut wie ausschließlich, um intrapsychische Kräftespiele zu explizieren, und die Beschreibung gestaltet sich dadurch auch in aller Regel einfacher. Dieser Vorteil wird aber wenigstens teilweise aufgehoben durch gewisse Unschärfe der Darstellung einerseits, andererseits durch einen Verzicht auf genuin psychoanalytische Einsichten, welche zwangsläufig bei Benutzung des ersten, nicht aber mehr notwendig des zweiten topischen Modells in die Darstellung eingehen.

Konzepte oder Begriffe des zweiten topischen Modells – in der Sekundärliteratur oft auch Strukturmodell oder strukturelles Modell genannt – finden sich bereits in sehr viel früheren Schriften, insbesondere in »Zur Einführung des Narzissmus« (1914c); dort wird die libidinöse Besetzung des eigenen Ich als regelrechte Stufe der Sexualentwicklung erkannt (siehe 3.3) und diesem Ich bereits das Ichideal (in späterer Terminologie: das Über-Ich) mit teilweise konträren Interessen gegenübergestellt (1914c; *GW X*, S. 161ff.). Die eigentliche Erstellung des Strukturmodells mit erster Einführung der Instanz des Es geschieht dann – basierend auf Vorarbeiten in *Massenpsychologie und Ich-Analyse* (1921c) – in der wichtigen Schrift *Das Ich und das Es* (1923b), wo nun auch offiziell das Modell des psychischen Apparats aus der *Traumdeutung* zugunsten eines neuen aufgegeben wird. Weitere, häufig besser verständliche Ausführungen dazu finden sich in der 31. Vorlesung »Die Zerlegung der psychischen Persönlichkeit« aus der *Neuen Folge der Vorlesungen zur Einführung in die Psychoanalyse* (1933a; *GW XV*, S. 62ff.) sowie im unvollendeten *Abriss der Psychoanalyse* (1940a).

Der Ausgangspunkt der Modellrevision ist die Überlegung, dass der zentrale, für Traum- und Neurosenentstehung grundlegende Verdrängungsprozess sich nur schlecht in den Begriffen vorbewusst und unbewusst beziehungsweise mittels der Systeme *Vbw* und *Ubw* beschreiben lässt. Schon früher hatte Freud, mehr oder weniger stillschweigend, ohne die terminologische Veränderung besonders anzumerken, die eigentliche Dynamik zwischen Ich und Verdrängtem lokalisiert (etwa 1910i; *GW VIII*, S. 99); dieses Ich wird nun hier zum ersten Male etwas genauer erläutert:

> »Wir haben uns die Vorstellung von einer zusammenhängenden Organisation der seelischen Vorgänge in einer Person gebildet und heißen diese das Ich derselben. An diesem Ich hängt das Bewusstsein, es beherrscht die Zugänge zur Motilität, das ist: zur Abfuhr der Erregungen in die Außenwelt; es ist diejenige seelische Instanz, welche die Kontrolle über all ihre Partialvorgänge ausübt, welche zur Nachtzeit schlafen geht und dann immer noch die Traumzensur handhabt. Von diesem Ich gehen auch die Verdrängungen aus, durch welche gewisse seelische Strebungen nicht nur vom Bewusstsein, sondern auch von den anderen Arten der Geltung und Betätigung ausgeschlossen werden sollen« (1923b; *GW XIII*, S. 243).

Das Ich entspricht somit dem ersten Anschein nach dem System *Vbw* aus der *Traumdeutung* und den metapsychologischen Schriften. Bei genauerem Hinsehen jedoch kann es mit diesem nicht zusammenfallen: Der *Widerstand gegen das Verdrängte*, welcher nach dem Obigen vom Ich ausgeht, ist nämlich *selbst nicht vorbewusst:* »Nun machen wir während der Analyse die Beobachtung, dass der Kranke in Schwierigkeiten gerät, wenn wir ihm gewisse Aufgaben stellen; seine Assoziationen versagen, wenn sie sich dem Verdrängten annähern sollen.« Man sage ihm dann, »er stehe unter der Herrschaft eines Widerstandes«, aber er wisse nichts davon und »selbst, wenn er aus seinen Unlustgefühlen erraten sollte, dass jetzt ein Widerstand in ihm wirkt«, so wisse er »ihn nicht zu benennen und anzugeben« (ebd., S. 243f.). So ergibt sich die oben angedeutete Komplikation der metapsychologischen Modell- beziehungsweise Begriffsbildung:

> »Da aber dieser Widerstand sicherlich von seinem Ich ausgeht und diesem angehört, so stehen wir vor einer unvorhergesehenen Situation. Wir haben im Ich selbst etwas gefunden, was auch unbewusst ist, sich gerade so benimmt wie das Verdrängte, das heißt, starke Wirkungen äußert, ohne selbst bewusst zu werden, und zu dessen Bewusstmachung es einer besonderen Arbeit bedarf« (ebd.).

Das Ich des neuen Modells muss also weiter gefasst werden als das System *Vbw*; es schließt letzteres ein, enthält daneben aber unbewusste Anteile. Diesem Ich wird nun nicht mehr – wie zeitweise geschehen – das Verdrängte gegenübergestellt, auch nicht das System *Ubw*, und zwar nicht nur aus Gründen der Sprachsymmetrie; nach den obigen Ausführungen ist diese Bezeichnung nämlich nicht völlig zutreffend: »Wir sehen, wir haben kein Recht, das ichfremde Gebiet das System

Ubw zu nennen, da die Unbewusstheit nicht sein ausschließender Charakter ist.« Die Instanz wird neu benannt:

> »Gut, so wollen wir ›unbewusst‹ nicht mehr im systematischen Sinne gebrauchen und dem bisher so Bezeichneten einen besseren, nicht mehr missverständlichen Namen geben. In Anlehnung an den Sprachgebrauch bei **Nietzsche** und infolge einer Anregung von **G. Groddeck** heißen wir es fortan das Es« (1933a; *GW XV*, S. 78f.).

Die Eigenschaften des Es sind identisch mit jenen, welche Freud dem System *Ubw* zuschrieb, insbesondere das Nebeneinanderbestehen gegensätzlicher Triebregungen, die Herrschaft des uneingeschränkten Lustprinzips sowie die Zeitlosigkeit der in ihm ablaufenden Vorgänge:

> »Von den Trieben her füllt es sich mit Energie, aber es hat keine Organisation, bringt keinen Gesamtwillen auf, nur das Bestreben, den Triebbedürfnissen unter Einhaltung des Lustprinzips Befriedigung zu schaffen. Für die Vorgänge im Es gelten die logischen Denkgesetze nicht, vor allem nicht der Satz des Widerspruchs. Gegensätzliche Regungen bestehen nebeneinander, ohne einander aufzuheben oder sich voneinander abzuziehen, höchstens dass sie unter dem herrschenden ökonomischen Zwang zur Abfuhr der Energie zu Kompromissvorstellungen zusammentreten. Es gibt im Es nichts, was man der Negation gleichstellen könnte, auch nimmt man mit Überraschung die Ausnahme von dem Satz der Philosophen wahr, dass Raum und Zeit notwendige Formen unserer seelischen Akte seien. Im Es findet sich nichts, was der Zeitvorstellung entspricht, keine Anerkennung des zeitlichen Ablaufs und, was höchst merkwürdig ist und seiner Würdigung im philosophischen Denken wartet, keine Veränderung des seelischen Vorgangs durch den Zeitablauf. Wunschregungen, die das Es nie überschritten haben, aber auch Eindrücke, die durch Verdrängung ins Es versenkt worden sind, sind virtuell unsterblich, verhalten sich nach Dezennien, als ob sie nie vorgefallen wären. Als Vergangenheit erkannt, entwertet und ihrer Energie beraubt können sie erst werden, wenn sie durch die analytische Arbeit bewusst geworden sind, und darauf beruht nicht zum geringsten Teil die therapeutische Wirkung der analytischen Behandlung« (1933a; *GW XV*, S. 80f.).

Nachdrücklich weist Freud auf die das Es kennzeichnenden Primärvorgänge hin:

> »Es scheint sogar, dass sich die Energie dieser Triebregungen in einem andern Zustand befindet als in den andern seelischen Bezirken, weit leichter beweglich und abfuhrfähig ist, denn sonst würden nicht jene Verschiebungen und Verdichtungen

vorfallen, die für das Es charakteristisch sind und die so vollkommen von der Qualität des Besetzten – im Ich würden wir es eine Vorstellung nennen – absehen« (ebd., S. 81).

Das Ich fällt nach dem oben Gesagten somit nicht mehr mit dem System *Vbw* zusammen. Manche seiner Teile oder Inhalte haben keine Verbindung mit Wortvorstellungen, und gewisse Teile sind auch im dynamischen Sinne unbewusst (vgl. 1940a; *GW XVII*, S. 84). Wenig klar ist ausgedrückt, ob diese Anteile des Ichs den Primär- oder den Sekundärprozessen gehorchen. Letzteres dürfte wohl eher Freuds Auffassung entsprechen; durch die ungenaue Gleichsetzung von Ich und Vorbewussten an der einschlägigen Textstelle ist man jedoch hier auf Vermutungen angewiesen:

»Wir haben erfahren, dass die Vorgänge im Unbewussten oder im Es anderen Gesetzen gehorchen als die im vorbewussten Ich. Wir nennen diese Gesetze in ihrer Gesamtheit den Primärvorgang im Gegensatz zum Sekundärvorgang, der die Abläufe im Vorbewussten, im Ich, regelt« (1940a; *GW XVII*, S. 86).

Ansonsten teilt das Ich die Charakteristika des Systems *Vbw*, speziell hinsichtlich seines Verhältnisses zur Außenwelt und in der Aufhaltung von Erregungsabfuhr zur Sicherung eines dauerhafteren Lustgewinns:

»Die Beziehung zur Außenwelt ist für das Ich entscheidend geworden, es hat die Aufgabe übernommen, sie bei dem Es zu vertreten, zum Heil des Es, das ohne Rücksicht auf diese übergewaltige Außenmacht im blinden Streben nach Triebbefriedigung der Vernichtung nicht entgehen würde. In der Erfüllung dieser Funktion muss das Ich die Außenwelt beobachten, eine getreue Abbildung von ihr in den Erinnerungsspuren seiner Wahrnehmungen niederlegen, durch die Tätigkeit der Realitätsprüfung fernhalten, was an diesem Bild der Außenwelt Zutat aus inneren Erregungsquellen ist. Im Auftrag des Es beherrscht das Ich die Zugänge zur Motilität, aber es hat zwischen Bedürfnis und Handlung den Aufschub der Denkarbeit eingeschaltet, während dessen es die Erinnerungsreste der Erfahrung verwertet. Auf diese Weise hat es das Lustprinzip entthront, das uneingeschränkt den Ablauf der Vorgänge im Es beherrscht und es durch das Realitätsprinzip ersetzt, das mehr Sicherheit und größeren Erfolg verspricht« (1933a; *GW XV*, S. 82).

Das Über-Ich als dritte der Instanzen hat keine Entsprechung im topischen Modell der *Traumdeutung*, am ehesten wohl noch in der Zensurinstanz (vgl. 1921c;

GW XIII, S. 120f.). Somit es ist auch nicht erstaunlich, dass die letzte Ausformulierung dieses Konzepts vergleichsweise spät zu finden ist: Während Ich und Es im Wesentlichen bereits 1923 als später nur mehr wenig modifizierte Konstrukte vorliegen, definiert Freud erst zehn Jahre später in der Vorlesung »Die Zerlegung der psychischen Persönlichkeit« (1933a; *GW XV*, S. 62ff.) das Über-Ich als eigentliche, den anderen formal gegenüberzustellende Instanz. Auch die Terminologie ist Änderungen unterworfen: Ichideal wird noch 1923 synonym für Über-Ich gebraucht (etwa 1923b; *GW XIII*, S. 262); später verwendet Freud den Begriff Über-Ich zur Benennung der psychischen Instanz, während Ichideal eine im Über-Ich lokalisierte Vorstellung bezeichnet: Das Über-Ich sei »auch der Träger des Ichideals, an dem das Ich sich misst, dem es nachstrebt, dessen Anspruch auf immer weitergehende Vervollkommnung es zu erfüllen bemüht ist« (1933a; *GW XV*, S. 71).

Das Konzept des Ichideals entwickelt sich aus den Überlegungen, die Freud zum Narzissmus, zur libidinösen Besetzung des eigenen Ichs, anstellt (siehe dazu Kap. 2.3). Nach Überwindung dieses Stadiums der regelrechten Ichliebe bildeten sich als teilweiser Ersatz – neben den libidinösen Besetzungen äußerer Objekte – auch Besetzungen von Idealvorstellungen der eigenen Person: »Diesem Idealich gilt nun die Selbstliebe, welche in der Kindheit das wirkliche Ich genoss. Der Narzissmus erscheint auf dieses neue ideale Ich verschoben, welches sich wie das infantile in Besitz aller wertvollen Vollkommenheiten befindet« (1914c; *GW X*, S. 161). Die Bildung dieses Ichideals geschieht auf komplizierten Wegen und zwar vornehmlich durch Identifizierungen im Rahmen der Auflösung des Ödipuskomplexes:

> »Wir verstehen, mit dem Auflassen des Ödipuskomplexes musste das Kind auf die intensivsten Objektbesetzungen verzichten, die es bei den Eltern untergebracht hatte, und zur Entschädigung für diesen Objektverlust werden die wahrscheinlich längst vorhandenen Identifizierungen mit den Eltern in seinem Ich so sehr verstärkt« (1933a; *GW XV*, S. 70).

Eingehende Untersuchung, ergänzt er, belehre »uns auch, dass das Über-Ich in seiner Stärke und Ausbildung verkümmert, wenn die Überwindung des Ödipuskomplexes nur unvollkommen gelingt« (ebd.). Dieses im Wesentlichen mit einem Idealbild der eigenen Person gleichgesetzte Über-Ich oder Ichideal kann zunächst auch nicht als selbstständiger Teil des psychischen Apparates begriffen werden: »Es wäre aber ein vergebliches Bemühen, das Ichideal auch nur in ähnlicher Weise wie das Ich zu lokalisieren oder in eines der Gleichnisse einzupassen, durch welche wir die Beziehung von Ich und Es nachzubilden versuchten« (1923b; *GW XIII*, S. 265).

Dies gelingt erst, indem Freud neben dem Ichideal noch die Rolle des Gewissens in der Persönlichkeit genauerer Betrachtung unterzieht. Letzteres hat nämlich sehr viel eher den Charakter einer Instanz; dies ergibt sich bereits aus den Überlegungen in »Zur Einführung des Narzissmus«, nach denen das Gewissen »die Aufgabe erfüllt, über die Sicherung der narzisstischen Befriedigung aus dem Ichideal zu wachen, und in dieser Absicht das aktuelle Ich unausgesetzt beobachtet und am Ideal misst« (1914c; *GW X*, S. 162). Diese Vorstellungen einer Ichspaltung entwickelt Freud – basierend auf Überlegungen zur Genese der Depression, die er bereits in »Trauer und Melancholie« (1916–17g) angestellt hat – nun in der 31. Vorlesung: Das Ich könne »sich selbst zum Objekt nehmen, sich behandeln wie andere Objekte, sich beobachten, kritisieren«. Dabei stelle »sich ein Teil des Ichs dem übrigen gegenüber«. Freud resümiert: »Das Ich ist also spaltbar, es spaltet sich während mancher seiner Funktionen, wenigstens vorübergehend.« Im Beobachtungswahn werde diese kritisierende Instanz lediglich nach außen verlegt, sei aber nicht eine Neuschöpfung im Rahmen der Krankheit:

> »Wie wäre es, wenn diese Wahnsinnigen Recht hätten, wenn bei uns allen eine solche beobachtende und strafandrohende Instanz im Ich vorhanden wäre, die sich bei ihnen nur scharf vom Ich gesondert hätte und irrtümlicherweise in die äußere Realität verschoben wäre?« (1933a; *GW XV*, S. 65f.).

Freud fährt fort:

> »Seitdem ich unter dem starken Eindruck dieses Krankheitsbildes die Idee gefasst hatte, dass die Sonderung einer beobachtenden Instanz vom übrigen Ich ein regelmäßiger Zug in der Struktur des Ichs sein könnte, hat sie mich nicht mehr verlassen, und ich war getrieben, nach den weiteren Charakteren und Beziehungen dieser so abgesonderten Instanz zu forschen« (ebd.).

Diese wird nun als Über-Ich eingeführt; sie äußert sich in Form des Gewissens, wird von Freud jedoch aus gutem Grund nicht damit gleichgesetzt:

> »Ich könnte einfach sagen, die besondere Instanz, die ich im Ich zu unterscheiden beginne, ist das Gewissen, aber es ist vorsichtiger, diese Instanz selbständig zu halten und anzunehmen, das Gewissen sei eine ihrer Funktionen, und die Selbstbeobachtung, die als Voraussetzung für die richterliche Tätigkeit des Gewissen

unentbehrlich ist, sei eine andere. Und da es zur Anerkennung einer gesonderten Existenz gehört, dass man dem Ding einen eigenen Namen gibt, will ich diese Instanz im Ich von nun an als das ›**Über-Ich**‹ bezeichnen« (ebd.).

Dieses Über-Ich ist nun nach Freud'scher Auffassung tatsächlich eine eigene Instanz, es genieße eine »gewisse Selbständigkeit«, verfolge »seine eigenen Absichten« und sei »in seinem Energiebesitz vom Ich unabhängig« (ebd., S. 66). Als selbstständige Provinz des psychischen Apparats wird das Über-Ich nun auch in einem topischen Modell lokalisiert: Eine von Freud angefertigte Skizze zeigt, wie es teils dem Ich und dem vorbewussten Anteil der Person, teils dem Es und den unbewussten Teilen aufliegt (ebd., S. 85). Entsprechend ist das Über-Ich zu Teilen vorbewusst, zu anderen dynamisch unbewusst (siehe ebd., S. 81).

Trotz verschiedener Entwicklung und gegensätzlicher Interessen hat das Über-Ich mit dem Es gemeinsam, dass beide in ihren Forderungen den Bezug zur Realität nicht berücksichtigen, welchen das Ich herstellen muss. Es ergibt sich so das bekannte Bild vom »armen Ich«, das zwischen den unterschiedlichen Interessen vermitteln muss:

> »Ein Sprichwort warnt davor, gleichzeitig zwei Herren zu dienen. Das arme Ich hat es noch schwerer, es dient drei gestrengen Herren, ist bemüht, deren Ansprüche und Forderungen in Einklang miteinander zu bringen. Diese Ansprüche gehen immer auseinander, scheinen oft unvereinbar zu sein; kein Wunder, wenn das Ich so oft an seiner Aufgabe scheitert. Die drei Zwingherren sind die Außenwelt, das Über-Ich und das Es« (ebd., S. 84f.).

Es folgt eine genauere Darstellung dieser Aufgaben und Schwierigkeiten, mit denen das Ich konfrontiert ist:

> »Es fühlt sich von drei Seiten her eingeengt, von dreierlei Gefahren bedroht, auf die es im Falle der Bedrängnis mit Angstentwicklung reagiert. Durch seine Herkunft aus den Erfahrungen des Wahrnehmungssystems ist es dazu bestimmt, die Anforderungen der Außenwelt zu vertreten, aber es will auch der getreue Diener des Es sein, im Einvernehmen mit ihm bleiben, sich ihm als Objekt empfehlen, seine Libido auf sich ziehen. In seinem Vermittlungsbestreben zwischen Es und Realität ist es oft genötigt, die ubw Gebote des Es mit seinen vbw Rationalisierungen zu bekleiden, die Konflikte des Es mit der Realität zu vertuschen, mit diplomatischer Unaufrichtigkeit eine Rücksichtnahme auf die Realität vorzuspiegeln, auch wenn

das Es starr und unnachgiebig geblieben ist. Anderseits wird es auf Schritt und Tritt von dem gestrengen Über-Ich beobachtet, das ihm bestimmte Normen seines Verhaltens vorhält, ohne Rücksicht auf die Schwierigkeiten von Seiten des Es und der Außenwelt zu nehmen, und es im Falle der Nichteinhaltung mit den Spannungsgefühlen der Minderwertigkeit und des Schuldbewusstseins bestraft. So vom Es getrieben, vom Über-Ich eingeengt, von der Realität zurückgestoßen, ringt das Ich um die Bewältigung seiner ökonomischen Aufgabe, die Harmonie unter den Kräften und Einflüssen herzustellen, die in ihm und auf es wirken« (ebd.).

2.7 Die metapsychologische Beschreibung der Traumbildung

Es scheint sinnvoll, hier noch einmal das schon in 2.2 behandelte Thema der Traumentstehung aufzugreifen und diese mittels der seither vorgestellten Konzepte nun etwas systematischer darzustellen, teilweise unter notwendiger Wiederholung schon ausgeführter Sachverhalte. Wie erinnerlich, wurde die Metapsychologie, das System der der Psychoanalyse zugrunde gelegten theoretischen Annahmen (siehe 1916–17f; *GW X*, S. 412; Fußnote 1), anhand der Traumanalyse entwickelt und soll die Traumbildung daher auch verständlich machen können.

Die Anregung des Traumes kann nach Freud im Wesentlichen von zwei Quellen ausgehen: einmal von vorbewussten Vorstellungen, insbesondere vom abgelaufenen Tage, welche den Betreffenden noch im Schlaf weiterbeschäftigen, zum anderen von unbewussten Wünschen. Im ersten Fall muss zur Traumbildung die Verstärkung durch einen unbewussten Wunsch hinzukommen:

> »Wir beginnen am besten mit der Feststellung, dass es zweierlei Anlässe zur Traumbildung gibt. Entweder hat während des Schlafes eine sonst unterdrückte Triebregung (ein unbewusster Wunsch) die Stärke gefunden, sich im Ich geltend zu machen, oder es hat eine vom Wachleben erübrigte Strebung, ein vorbewusster Gedankengang mit allen ihm anhängenden Konfliktregungen im Schlaf eine Verstärkung durch ein unbewusstes Element gefunden. Also Träume vom Es oder vom Ich her. Der Mechanismus der Traumbildung ist für beide Fälle der gleiche, auch die dynamische Bedingung ist dieselbe« (1940a; *GW XVII*, S. 88).

Wie bereits in 2.2 erwähnt, ist eine Verstärkung vorbewusster Gedanken durch unbewusste Wünsche nach Freuds Auffassung unverzichtbar für die Traumbildung, womit diese Annahme geradezu den Charakter eines Postulats besitzt:

»[B]esonders in den Träumen, die von unerledigten Tagesresten ausgehen und sich im Schlafzustand nur eine unbewusste Verstärkung geholt haben, ist es oft nicht leicht, die unbewusste Triebkraft aufzudecken und deren Wunscherfüllung nachzuweisen, aber man darf annehmen, dass sie immer vorhanden ist« (ebd., S. 93).

Wie in diesem Zusammenhang ausgeführt, kann im Traum durchaus das übliche vorbewusste Denken zu beobachten sein, etwa in Form einer effektiven Lösung anstehender Probleme, aber nur insofern als damit gleichzeitig die Erfüllung des unbewussten Wunsches verbunden ist:

»Es wäre nicht einmal unmöglich, dass wir [...] selbst jene extremen Fälle aufklären, in denen der Traum als Fortsetzer der Tagesarbeit eine ungelöste Aufgaben des Wachens zum glücklichen Ende bringt. Es mangelt uns nur an einem Beispiel solcher Art, um durch dessen Analyse die infantile oder verdrängte Wunschquelle aufzudecken, deren Heranziehung die Bemühung der vorbewussten Tätigkeit so erfolgreich verstärkt hat« (1900a; *GW I/II*, S. 570).

Umgekehrt ist es aber auch für den unbewussten Wunsch notwendig, sich mit vorbewussten Gedanken zu verbinden, um einen Ausdruck zu finden; auf die Traumentstehung übertragen, heißt dies:

»Wir sehen so, dass die Tagesreste [...] nicht nur vom *Ubw* etwas entlehnen, wenn sie an der Traumbildung Anteil gewinnen, nämlich die Triebkraft, über die der verdrängte Wunsch verfügt, sondern dass sie auch dem Unbewussten etwas Unentbehrliches bieten, die notwendige Anheftung zur Übertragung« (ebd., S. 569).

Die Wunscherfüllungsfunktion des Traumes erklärt sich aus der regelmäßigen Beteiligung des Systems *Ubw* an der Traumgestaltung, welches als Relikt des ontogenetisch frühen seelischen Apparats durch nichts anderes als Wünsche zur Tätigkeit veranlasst werden kann, und die Wunscherfüllung unmittelbar in Form einer Halluzination erledigt:

»Der Traum, der seine Wünsche auf kurzem regredienten Wege erfüllt, hat uns hiemit nur eine Probe der **primären**, als unzweckmäßig verlassenen Arbeitsweise des psychischen Apparats aufbewahrt.« In das Nachtleben scheine »verbannt, was einst im Wachen herrschte, als das psychische Leben noch jung und untüchtig war, etwa wie wir in der Kinderstube die abgelegten primitiven Waffen der erwachsenen Menschheit, Pfeil und Bogen, wiederfinden« (ebd., S. 572).

Wie man sieht, ergänzen sich die Annahme von der Wunscherfüllungsfunktion des Traumes einerseits und die von seinen unbewussten Quellen andererseits in einleuchtender Weise. Beide haben letztlich den Stellenwert von Postulaten (wobei es Freud nur hinsichtlich der ersteren auch konzediert), welche allerdings wiederum in bester Übereinstimmung mit den Beobachtungen der Traumanalysen stehen: Die Wunscherfüllung tritt bei den durchsichtigen Träumen, wie denen vom infantilen Typus und den Bequemlichkeitsträumen, deutlich zutage, ist bei manchen der entstellten Träume immerhin plausibel, und steht auch, unter der angenommenen Ontogenese des psychischen Apparats, im Einklang mit dem konstant optisch-halluzinatorischen Charakter des manifesten Trauminhalts.

Das Theorem von der regelmäßigen unbewussten Anregung gewinnt wichtige empirische Stützung durch den Nachweis des Wirkens von Traumarbeit. Diese lässt sich nämlich als Bearbeitung vorbewussten Materials nach den Gesetzen des Systems *Ubw* begreifen und macht damit auch die Beteiligung unbewusster Elemente an der Traumbildung erforderlich.

> »Was aber den Traum so unschätzbar für unsere Einsicht macht, ist der Umstand, dass das unbewusste Material, wenn es ins Ich eindringt, seine Arbeitsweisen mit sich bringt. Das will sagen, die vorbewussten Gedanken, in denen es seinen Ausdruck gefunden hat, werden im Laufe der Traumarbeit so behandelt, als ob sie unbewusste Anteile des Es wären, und im anderen Falle der Traumbildung werden die vorbewussten Gedanken, die sich die Verstärkung der unbewussten Triebregung geholt haben, zum unbewussten Zustand erniedrigt. Erst auf diesem Wege erfahren wir, welches die Gesetze des Ablaufes im Unbewussten sind und wodurch sie sich von den uns bekannten Regeln im Wachleben unterscheiden. Die Traumarbeit ist also im Wesentlichen ein Fall von unbewusster Bearbeitung vorbewusster Gedankengänge« (1940a; *GW XVII*, S. 89f.).[10]

---

10 Diese Erkenntnis ist zunächst ein Befund der Neurosenlehre, der auf die Traumtheorie übertragen wird: Aus der »Neurosenpsychologie« erfahre man, »dass die unbewusste Vorstellung als solche überhaupt unfähig ist, ins Vorbewusste einzutreten, und dass sie dort nur eine Wirkung zu äußern vermag, indem sie sich mit einer harmlosen, dem Vorbewussten bereits angehörigen Vorstellung in Verbindung setzt, auf sie ihre Intensität überträgt und sich durch sie decken lässt« (1900a; *GW I/II*, S. 568). Dies ist zweifellos eine Schwäche der *Traumdeutung*, dass viele Erkenntnisse aus der Psychopathologie ohne weitere Belege auf die Traumphänomene angewandt werden. Ursprünglich hatte Freud geplant, ein Kapitel über die Beziehung zwischen Traum und Neurose zu schreiben, dieses Vorhaben aber dann aufgegeben und stattdessen das abstrakte Schlusskapitel »Zur Psychologie der Traumvorgänge« verfasst (Jones, 1984, Bd. 1, S. 420).

Die Mechanismen dieses komplizierten Geschehens werden in der *Traumdeutung* genauer erläutert. Gibt man die dort angestellten Überlegungen unter gewisser Vereinfachung wieder, so werden nach Freud zunächst vorbewussten Vorstellungen, die sich assoziativ mit unbewussten Wünschen in Verbindung gesetzt haben, ebenfalls ihre vorbewusste Besetzung entzogen; sie verfallen aufgrund dieser Verbindung der Verdrängung. Im Einzelnen sieht der Vorgang so aus, dass ein vorbewusster Gedankengang, der irgendwie angeregt, aber dann sich verlierend, sich assoziativ auf einen verdrängten Inhalt, auf eine unbewusste »Zielvorstellung« hin bewegen kann:

> »Es lauern aber in unserem Vorbewussten andere Zielvorstellungen, die aus den Quellen unserer unbewussten und immer regen Wünsche stammen. Diese können sich der Erregung in dem sich selbst überlassenen Gedankenkreise bemächtigen, stellen die Verbindung zwischen ihm und dem unbewussten Wunsche her, übertragen ihm die dem unbewussten Wunsch eigene Energie, und von jetzt an ist der vernachlässigte oder unterdrückte Gedankengang imstande sich zu erhalten, obwohl er durch diese Verstärkung keinen Anspruch auf den Zugang zum Bewusstsein erhält. Wir können sagen, der bisher vorbewusste Gedankengang ist ins Unbewusste gezogen worden« (1900a; *GW I/II*, S. 599f.).

Die verdrängten Gedanken unterliegen nun dem primären psychischen Vorgang: Die »weit größere Beweglichkeit der Besetzungsintensitäten« im System *Ubw* soll die wichtigsten Mechanismen der Traumarbeit erklären: »Durch den Prozess der **Verschiebung** kann eine Vorstellung den ganzen Betrag ihrer Besetzung an eine andere abgeben, durch den der **Verdichtung** die ganze Besetzung mehrerer anderer an sich nehmen« (1915e; *GW X*, S. 285f.).

Der weitere Weg der so behandelten, ursprünglich zu gewissem Grade vorbewussten Elemente geht nun in die »Regression«, zur Rückkehr ins Wahrnehmungssystem: »Was im halluzinatorischen Traum vor sich geht, können wir nicht anders beschreiben, als indem wir sagen: Die Erregung nimmt einen **rückläufigen** Weg.« Anstatt »gegen das motorische Ende des Apparats« pflanze »sie sich gegen das sensible fort« und lange »schließlich beim System der Wahrnehmungen an«. Man dürfe »vom Traum aussagen, er habe **regredienten** Charakter« (1900a; *GW I/II*, S. 547). Im ersten topischen Modell, wo das Wahrnehmungssystem direkt an das System *Ubw* anschließt, während das *Vbw* einen Zugang zur Motilität hat, ist diese Regression leicht zu beschreiben. Prägnant heißt es in »Metapsychologische Ergänzung zur Traumlehre«: »Der im *Vbw* angesponnene und durch das *Ubw* verstärkte Vorgang nimmt einen rückläufigen Weg durch das *Ubw* zu der dem Bewusstsein sich aufdrängenden Wahrnehmung.« Und: »Die Rückwendung des Ablaufes der Erregung vom *Vbw* durch das *Ubw* zur Wahrnehmung ist gleichzeitig die Rückkehr zu der frühen Stufe der halluzinatorischen Wunscherfüllung« (1916–17f; *GW X*, S. 418).

Schwierig ist es hingegen nach dem ersten topischen Modell, das Wirken des Zensors bei der Traumgestaltung anzugeben, denn nach dem oben Gesagten geht der im *Ubw* gebildete Trauminhalt anschließend, ohne eine weitere Prüfung zu bestehen, direkt in die Wahrnehmungssysteme. Die Wirkung des zwischen *Ubw* und *Vbw* lokalisierten Zensors muss somit schon vorher eingesetzt haben, und zwar bei der Bildung und Auswahl der vorbewussten Gedanken, denen sich die unbewussten Vorstellungen angehängt haben. Dieser Vorgang wird in der *Traumdeutung* vergleichsweise schematisch – und wie man den Eindruck hat: nicht in hinreichender Präzision – beschrieben. Ausgangspunkt ist die bereits erfolgte Verbindung vorbewusster Vorstellungen mit unbewussten Wünschen und die daraus resultierende Verdrängung der Übertragungsgedanken. Aufgrund der Verstärkung durch unbewusste Inhalte erhalten sie nun genügend große Stärke, sich dem Bewusstsein aufzudrängen, und unterliegen deshalb Abänderungen an der Grenze der beiden Systeme:

> »Anders aber, wenn der verdrängte unbewusste Wunsch eine organische Verstärkung erfährt, die er seinen Übertragungsgedanken leihen, wodurch er sie in den Stand setzen kann, mit ihrer Erregung den Versuch zum Durchdringen zu machen, auch wenn sie von der Besetzung des *Vbw* verlassen worden sind. Es kommt dann zum Abwehrkampf, indem das *Vbw* den Gegensatz gegen die verdrängten Gedanken verstärkt (Gegenbesetzung), und in weiterer Folge zum Durchdringen der Übertragungsgedanken, welche Träger des unbewussten Wunsches sind, in irgendeiner Form von Kompromiss durch Symptombildung« (1900a; *GW I/II*, S. 610).

In diesem Modell ist es allerdings nicht leicht einzusehen, inwiefern Übertragungsgedanken unbewusster Wünsche, die genügend entstellt sind, um ihre Herkunft nicht erraten zulassen, doch wieder von der vorbewussten Besetzung verlassen werden, sodass sie im System *Ubw* dem Primärvorgang unterworfen werden können und von dort aus schließlich regressiv in das Wahrnehmungssystem durchdringen. Auch ist nicht klar, wieweit die Traumentstellung durch die Mitwirkung des Zensors geschieht und nicht schon allein aus den tendenzfreien Primärprozessen im System *Ubw* resultiert.

Trotz all dieser Schwierigkeiten lässt sich allemal erkennen, dass die Metapsychologie ein sehr differenziertes System von Annahmen darstellt, welches wenigstens teilweise die komplizierten Prozesse der Traumbildung verständlich machen kann; die weitere Eignung dieses Theoriegebäudes bei der Erklärung pathologischer Phänomene, nämlich der neurotischen Symptome, bleibt an anderer Stelle zu diskutieren (siehe 5.3).

3 Trieblehre und die Sexualtheorie

3.1 Allgemeines; Freuds Triebbegriff

Die Trieblehre kann man als den biologischen Teil der Psychoanalyse betrachten, neben dem psychologischen, der Lehre vom Unbewussten und der Verdrängung. Sie ist für Freud ein unverzichtbarer Bestandteil des Theoriegebäudes. Sulloway (1982), der Freud letztlich als einen in die Psychologie verirrten Biologen betrachtet, arbeitet die Bedeutung der Triebtheorie für das psychoanalytische Gedankengebäude mit Nachdruck heraus. Auch wenn man sich der Argumentation nicht anschließen mag, so sind seine Betrachtungen allemal anregend. Zum einen ist die Triebtheorie unverzichtbar sicher deswegen, weil Freud – auch nach Abbruch der Arbeiten am reduktionistischen »Entwurf einer Psychologie« (siehe 1.2 und 1.3) – die Hoffnung einer Anbindung seiner Lehre an die Biologie nicht aufgegeben haben dürfte; zum anderen ist das Triebkonzept in hohem Grade geeignet, die klinischen Phänomene zu explizieren, etwa die Vorgänge bei der Neurosenentstehung. Insbesondere führt ja die Analyse, geht sie nun von neurotischen Symptomen oder vom Normalphänomen des Traumes aus, mehr oder weniger regelmäßig auf Vorstellungen des Sexuallebens, und auf diesem Gebiet liegt es ausgesprochen nahe, mit triebtheoretischen Begriffen und Konzepten zu operieren. Dem dynamischen Aspekt der Freud'schen Metapsychologie entspricht auf triebtheoretischer Ebene ein grundlegender *Antagonismus* im Rahmen eines stets *dualistisch gedachten Triebmodells*. Letzteres stellt einerseits in seiner grundlegenden Konzeption einen Fixpunkt der Trieblehre dar, ist andererseits in seiner konkreten inhaltlichen Bestimmung etwas höchst Variables: Im Laufe knapp eines Jahrzehnts operiert Freud mit *drei verschiedenen Triebklassifikationen* und Gegenüberstellungen, welche eine gewisse Überführung zwar insofern gestatten, als sich das abgelöste Triebmodell jeweils als Sonderfall des neu erstellten begreifen lässt; gleichwohl ändert sich die Schwerpunktsetzung beträchtlich. Diese schnelle Modifikation grundlegender Auffassungen, die sich in dieser Form nicht mehr im restlichen Freud'schen Theoriegebäude findet, ist sicher nicht ausschließlich das Resultat eines rasch wachsenden Erkenntnisgewinnes, sondern eher gewisser bereits im Augenblick der Erstellung erkannter Unzulänglichkeiten. Solches Unbehagen erklärt sich daraus, dass Freud die Psychoanalyse nicht als das geeignete Instrument zur Durchdringung dieses Gebietes ansah, gleichzeitig aber die erhoffte Hilfe von anderen Disziplinen, etwa der Biologie, nicht erhalten konnte. Es sei, schreibt er im Jahre 1915, »ihm überhaupt zweifelhaft«, ob es möglich sein werde, »auf Grund der Bearbeitung des psychologischen Materials entscheidende Winke zur Scheidung und Klassifizierung der Triebe zu gewinnen.« Es erscheine »vielmehr notwendig, zum Zwecke dieser Bearbeitung bestimmte Annahmen über das Triebleben an das Material heranzubringen, und es wäre wünschenswert, dass man diese Annahmen einem anderen Gebiete entnehmen könnte, um sie auf die Psychologie zu übertragen« (1915c; *GW X*, S. 217). Zehn Jahre später, in der *Selbstdarstellung*, muss er dann konstatieren: »Kein Bedürfnis wird in der Psychologie dringender empfunden, als nach einer tragfähigen Trieblehre, auf welcher man weiterbauen kann. Allein nichts dergleichen ist vorhanden, die Psychoanalyse muss sich in tastenden Versuchen um eine Trieblehre bemühen« (1925d; *GW XIV*, S. 83). Insofern ist es nicht überraschend, dass Freud die Lehre von den Trieben »das wichtigste wie das dunkelste Element der psychologischen Forschung« (1920g; *GW XIII*, S. 35) oder »das bedeutsamste, aber auch unfertigste Stück der psychoanalytischen Theorie« (1905d; *GW V*, S. 67; Fußnote 1 von 1924) nennt.[11]

In der wichtigen triebtheoretischen Schrift, der ersten der metapsychologischen Abhandlungen des Jahres 1915, »Triebe und Triebschicksale« (1915c) leistet Freud die umfangreichste Begriffsklärung, indem er Trieb durch eine Reihe von Bestimmungsstücken einführt, nämlich Quelle, Ziel, Objekt und Drang. Unter Quelle eines Triebes versteht der Autor »jenen somatischen Vorgang in einem Organ oder Körperteil, dessen Reiz im Seelenleben durch den Trieb repräsentiert ist«, eine sicher nicht sofort eingängige und eindeutige Definition. Präzision ist jedoch insofern hier schwer und auch nicht unbedingt notwendig, da

11 Wie es Freud mit einer seiner so trefflichen Formulierungen in der 32. Vorlesung »Angst und Triebleben« aus der *Neuen Folge der Vorlesungen zur Einführung in die Psychoanalyse* ausdrückt: »Die Trieblehre ist sozusagen unsere Mythologie. Die Triebe sind mythische Wesen, großartig in ihrer Unbestimmtheit. Wir können in unserer Arbeit keinen Augenblick von ihnen absehen und sind dabei nie sicher, sie scharf zu sehen« (1933a; *GW XV*, S. 87).

die Psychologie ohnehin keine sichere Kenntnis der Quellen liefert und auch ohne diese auskommen kann: »Das Studium der Triebquellen gehört der Psychologie nicht mehr an; obwohl die Herkunft aus der somatischen Quelle das schlechtweg Entscheidende für den Trieb ist, wird er uns im Seelenleben doch nicht anders als durch seine Ziele bekannt.« Freud fügt hinzu: »Die genauere Erkenntnis der Triebquellen ist für die Zwecke der psychologischen Forschung nicht durchwegs erforderlich. Manchmal ist der Rückschluss aus den Zielen des Triebes auf dessen Quellen gesichert.« Das Ziel eines Triebes sei »allemal die Befriedigung«, die nur »durch Aufhebung des Reizzustandes an der Triebquelle erreicht werden« könne (1915c; *GW X*, S. 215f.). Diese für die psychologische Betrachtung (welcher die Zustände an der Quelle eben kaum zugänglich sind) letztlich unbrauchbare Definition wird an anderer Stelle durch die Gleichsetzung von Triebziel und Triebhandlung wesentlich verbessert: »heißen wir [...] die Handlung, nach welcher der Trieb drängt, das **Sexualziel**« (1905d; *GW V*, S. 34). Unter Triebobjekt versteht Freud das, woran sich die Triebhandlung vollzieht, »dasjenige, an welchem und durch welches der Trieb sein Ziel erreichen« könne. Es sei »das variabelste am Triebe, nicht ursprünglich mit ihm verknüpft, sondern ihm nur infolge seiner Eignung zur Ermöglichung der Befriedigung zugeordnet« (1915c; *GW X*, S. 215). Auch die Definition des Dranges eines Triebes als »dessen motorisches Element, die Summe von Kraft oder das Maß an Arbeitsanforderung, das er repräsentiert« (ebd., S. 214f.) ist höchst abstrakt. Der Begriff taucht auch kaum in den Freud'schen Schriften auf; bezieht sich die Darstellung – wie häufig – auf den Sexualtrieb, verwendet der Autor den Terminus Libido, der wohl am korrektesten mit Sexualbegierde wiederzugeben wäre: »Libido« solle, »dem **Hunger** analog, die Kraft benennen, mit welcher der Trieb, hier der Sexualtrieb wie beim Hunger der Ernährungstrieb, sich äußert« (1916–17a; *GW XI*, S. 323).

Diese Begriffsbestimmung ist also wesentlich biologisch; erst mit Einführung der Triebrepräsentanz, welche in den beiden folgenden metapsychologischen Schriften »Die Verdrängung« (1915d) und »Das Unbewusste« (1915e) geschieht, wird auch die seelische Seite des Geschehens berücksichtigt. Die Triebrepräsentanz untergliedert sich noch einmal in die Vorstellungsrepräsentanz und den Affektbetrag (eine sicher bessere Bezeichnung wäre: Affektrepräsentanz). Erstes bezieht sich auf Vorstellungen, welche um das Triebgeschehen kreisen, letzteres auf damit verbundene Affektregungen: »In den bisherigen Erörterungen [...] verstanden [wir] unter einer solchen [scil. Triebrepräsentanz] eine Vorstellung oder Vorstellungsgruppe, welche vom Trieb her mit einem bestimmten Betrag von psychischer Energie (Libido, Interesse) besetzt ist.« Klinische Beobachtung zeige, »dass etwas anderes, was den Trieb repräsentiert, neben der Vorstellung in

Betracht« komme: »Für dieses andere Element [...] hat sich der Name **Affektbetrag** eingebürgert; es entspricht dem Triebe, insofern er sich von der Vorstellung abgelöst hat und einen seiner Quantität gemäßen Ausdruck in Vorgängen findet, welche als Affekte der Empfindung bemerkbar werden« (1915d; *GW X*, S. 255). Der Vorgang der Triebverdrängung bezieht sich damit eigentlich nur auf die Triebrepräsentanz, wobei noch zwischen dem Schicksal der Vorstellungsrepräsentanz und des Affektbetrages unterschieden werden muss, welche dabei unterschiedliche Behandlungen erfahren (vgl. ebd., S. 255f.).

3.2 Die Triebmodelle

Die *erste Triebsystematik* entwickelt Freud 1910 in der kleinen Schrift »Die psychogene Sehstörung in psychoanalytischer Auffassung« (1910i), wo er den »unleugbaren Gegensatz« hervorhebt zwischen »den Trieben, welcher der Sexualität, der Gewinnung sexueller Lust, dienen, und den anderen, welche die Selbsterhaltung des Individuums zum Ziele haben, den Ichtrieben« (1910i; *GW VIII*, S. 97f.). Wie sofort zu sehen, gebraucht hier (und auch sonst) Freud den *Begriff des Sexualtriebes in ungewöhnlich erweitertem Sinne*, indem er ihn in mehrere Teiltriebe zerlegt, welche begrifflich zunächst von ihrem Bezug zu den Genitalien und zur Fortpflanzung gelöst werden (siehe auch 3.3). Die Sexualtriebe, schreibt er in der ersten metapsychologischen Abhandlung, »sind zahlreich, entstammen vielfältigen organischen Quellen, betätigen sich zunächst unabhängig voneinander und werden erst spät zu einer mehr oder minder vollkommenen Synthese zusammengefasst«. Der Autor fährt fort: »Das Ziel, das jeder von ihnen anstrebt, ist die Erreichung der **Organlust**; erst nach vollzogener Synthese treten sie in den Dienst der **Fortpflanzungsfunktion**, womit sie dann als Sexualtriebe allgemein kenntlich werden« (1915c; *GW X*, S. 218). Die *Ichtriebe*, welche der *Selbsterhaltung* dienen und deshalb auch häufig von ihm als »Selbsterhaltungstriebe« bezeichnet werden, charakterisiert er nicht genauer, nennt lediglich in gewisser begrifflicher Unschärfe »Hunger und Durst« die »zwei elementarsten« dieser Gattung (1916–17a; *GW XI*, S. 427).

Eine genauere Begründung dieser Triebeinteilung erfolgt zunächst nicht; dies wird erst einige Jahre später nachgetragen und zwar interessanterweise in einer Arbeit, in der diese Zweiteilung bereits zwar nicht völlig aufgehoben, zumindest jedoch in gewissem Maße verwischt wird, nämlich in »Zur Einführung des Narzissmus« (1914c). Eine ganze Reihe von Argumenten liefert Freud für die von ihm gewählte Aufstellung zweier grundlegender Triebarten, zunächst ihre

Zweckmäßigkeit bei der triebtheoretischen Beschreibung der Genese von Neurosen (siehe 5.3):

> »Bei dem völligen Mangel einer irgendwie orientierenden Trieblehre ist es gestattet oder besser geboten, zunächst irgendeine Annahme in konsequenter Durchführung zu erproben, bis sie versagt oder sich bewährt. Für die Annahme einer ursprünglichen Sonderung von Sexualtrieben und anderen, Ichtrieben, spricht nun mancherlei nebst ihrer Brauchbarkeit für die Analyse der Übertragungsneurosen« (1914c; *GW X*, S. 143).

Eine solche Einteilung stimme auch mit den triebtheoretischen Vorstellungen des Alltagsverstandes überein (»Aber diese begriffliche Scheidung entspricht erstens der populär so geläufigen Trennung von Hunger und Liebe«), und weiter machten sich »**biologische** Rücksichten zu ihren Gunsten geltend«. Das letzte der Argumente untergliedert sich in zwei unterschiedliche, wenn auch verbundene. Zum einen verweist Freud – insofern nicht eigentlich konsequent, als er Sexualität definitorisch von Fortpflanzung abtrennt (siehe oben) – auf die biologische Gegebenheit der Arterhaltung einerseits, der Selbsterhaltung andererseits:

> »Das Individuum führt wirklich eine Doppelexistenz als sein Selbstzweck und als Glied in einer Kette, der es gegen, jedenfalls ohne seinen Willen dienstbar ist. Es hält selbst die Sexualität für eine seiner Absichten, während eine andere Betrachtung zeigt, dass es nur ein Anhängsel an sein Keimplasma ist, dem es seine Kräfte gegen eine Lustprämie zur Verfügung stellt, der sterbliche Träger einer – vielleicht – unsterblichen Substanz, wie ein Majoratsherr nur der jeweilige Träger einer ihn überdauernden Institution. Die Sonderung der Sexualtriebe von den Ichtrieben würde nur diese doppelte Funktion des Individuums spiegeln« (ebd.).

Das zweite biologische Argument zu Gunsten des angenommenen Triebdualismus ist gewissermaßen ein hypothetisches, basierend auf der Erwartung, die Biologie könne einst einen spezifischen Sexualchemismus nachweisen, aufgrund dessen dann die Trennung von anderem Triebgeschehen sicher zu leisten wäre. »Drittens muss man sich daran erinnern«, fährt Freud fort, »dass all unsere psychologischen Vorläufigkeiten einmal auf den Boden organischer Träger gestellt werden sollen«. Es wird dann, meint er,

> »wahrscheinlich, dass es besondere Stoffe und chemische Prozesse sind, welche die Wirkungen der Sexualität ausüben und die Fortsetzung des individuellen Lebens

> in das der Art vermitteln. Dieser Wahrscheinlichkeit tragen wir Rechnung, indem wir die besonderen chemischen Stoffe durch besondere psychische Kräfte substituieren« (1914c; *GW X*, S. 143f.).

Angesichts der Schwierigkeit, die Gültigkeit des augenblicklich zugrunde gelegten Triebmodells nicht eindeutig mit den Mitteln der Psychoanalyse belegen zu können, andererseits aber auch keine sichere Unterstützung von anderen Disziplinen, speziell der Biologie, zu erhalten, betont Freud nachdrücklich die Vorläufigkeit dieser Annahmen: Gerade weil er sonst bemüht sei, schreibt er in »Zur Einführung des Narzissmus«, »alles andersartige, auch das biologische Denken, von der Psychologie ferne zu halten«, wolle er »an dieser Stelle ausdrücklich zugestehen, dass die Annahme gesonderter Ich- und Sexualtriebe, also die Libidotheorie, zum wenigsten auf psychologischem Grunde ruht, wesentlich biologisch gestützt ist«. Er werde also auch »konsequent genug sein, diese Annahme fallen zu lassen, wenn sich aus der psychoanalytischen Arbeit selbst eine andere Voraussetzung über die Triebe als die besser verwertbare erheben würde« (ebd., S. 144). Und noch deutlicher formuliert er es ein Jahr später in »Triebe und Triebschicksale«: »Ich habe vorgeschlagen, von solchen Urtrieben zwei Gruppen zu unterscheiden, die der **Ich-** oder **Selbsterhaltungstriebe** und die der **Sexualtriebe**. Dieser Aufstellung kommt aber«, betont er, »nicht die Bedeutung einer notwendigen Voraussetzung zu [...]; sie ist eine bloße Hilfskonstruktion, die nicht länger festgehalten werden soll, als sie sich nützlich erweist, und deren Ersetzung durch eine andere an den Ergebnissen unserer beschreibenden und ordnenden Arbeit wenig ändern wird« (1915c; *GW X*, S. 216f.).

Im *zweiten Triebmodell*, erstellt aufgrund der Beobachtungen zum Narzissmus, der Liebe zum eigenen Ich (siehe 3.3), ist der fundamentale *Gegensatz zwischen Sexual- und Selbsterhaltungtrieben*, welcher die erste Freud'sche Triebsystematik kennzeichnet, bis zu gewissem Grade *aufgehoben*. Zunächst scheint es sich beim Narzissmuskonzept lediglich um eine Erweiterung des Sexualbegriffes zu handeln: Den Komponenten des Sexualtriebes, welche auf fremde Objekte (in der Regel andere Personen) gerichtet sind, werden solche beigestellt, die sich das eigene Ich zum Objekt nehmen. Es ergibt jedoch die klinische Beobachtung, dass die Ichlibido, also die auf die eigene Person zentrierte Kraft der Sexualtriebe, der auf andere Personen gerichteten Objektlibido entgegenwirkt, dass somit zwischen den Sexualstrebungen gewissermaßen ein Kampf um das geeignete Objekt stattfindet. Der eigentliche Triebantagonismus wird daher innerhalb der Sexualtriebe lokalisiert, wobei als Sonderfall der früher als wesentlich angesehene Dualismus zwischen Sexual- und Ichtrieben auftritt.

Dieser schwierige Sachverhalt, der im Zusammenhang mit dem Narzissmuskonzept noch einmal zur Sprache kommen wird (3.3), stellt sich klarer dar unter dem Hinweis, dass *Freud zur Sexualität auch Gefühle der Liebe und Zärtlichkeit* rechnet: »[Z]weitens werden zu den sexuellen Regungen alle die bloß zärtlichen und freundschaftlichen gerechnet, für welche unser Sprachgebrauch das vieldeutige Wort ›Liebe‹ verwendet« (1925d; *GW XIV*, S. 63). Ichlibido, also die Kraft der auf das eigene Ich gerichteten Sexualtriebe, kann daher zumeist problemlos mit Ich- oder Selbstliebe übersetzt werden, Objektlibido mit Liebe zu anderen Personen. Die Selbsterhaltungstriebe, welche in der ersten Triebsystematik noch klar als nicht-sexuell den Sexualtrieben gegenübergestellt wurden (siehe die obigen Ausführungen zum spezifischen Sexualchemismus), werden nun konzeptuell mit der Ichlibido verknüpft: »Die Selbsterhaltungstriebe waren also auch libidinöser Natur, es waren Sexualtriebe, die anstatt der äußeren Objekte das eigene Ich zum Objekt genommen hatten. [...] Nun hieß man die Libido der Selbsterhaltungstriebe **narzisstische Libido**« (1923a; *GW XIII*, S. 231).

Dieses zweite Triebmodell beinhaltet eine Reihe von Unklarheiten. Sie liegen zum einen daran, dass die zärtliche Besetzung des eigenen Ichs oder fremder Personen nicht mehr adäquat mit dem Triebbegriff beschrieben werden kann, weil nämlich keine eigentliche Handlung existiert, welche eine »Befriedigung«, das heißt »Aufhebung des Reizzustandes an der Triebquelle« (1915c; *GW X*, S. 215; vgl. auch 3.1) leisten könnte. Es handelt sich hier im allgemeinen Sprachgebrauch eher um Affekte, und es ist sicher nicht zufällig, dass Freud im Rahmen der Erörterungen zum Narzissmus den Triebbegriff selbst gar nicht verwendet, sondern von Libido (oder allgemeiner: Besetzungen) spricht. Auch ist zu sehen, dass mit der Sexualisierung der Selbsterhaltungstriebe nun ein rein monistisches Modell vorliegt mit verschiedenen Erscheinungsformen des alleinigen Sexualtriebes – wenn dies auch Freud abzustreiten versucht (1923a; *GW XIII*, S. 231f.). Zwar lässt das zweite, letztlich nicht dualistische Triebmodell ebenso eine Beschreibung psychischer Dynamik zu, die nun aber im Sexualtrieb lokalisiert wird: »[A]nstatt von einem Konflikt zwischen Sexualtrieben und Ichtrieben sprach man besser vom Konflikt zwischen Ichlibido und Objektlibido, oder, da die Natur der Triebe dieselbe war, zwischen den Objektbesetzungen und dem Ich« (ebd., S. 231). Insofern ändert sich an der wesentlichen psychoanalytischen Terminologie und an der Auffassung seelischer Vorgänge wenig; der Triebbegriff verschwindet jedoch kurzfristig weitgehend aus dem psychoanalytischen Sprachgebrauch. Das zweite Triebmodell – das eigentlich diesen Namen nicht verdient – kann man somit als wesentlich psychologisch und monistisch auffassen, im Gegensatz zum ersten und dritten, welche eine scharfe Gegenüberstellung wesensverschiedener Triebe postulieren und dabei eine enge Anbindung an die Biologie versuchen.

Die Konzeption von *Eros (Lebenstrieb)* und *Todestrieb* als Basis der dritten, wiederum streng dualistischen Triebsystematik wird in *Jenseits des Lustprinzips* (1920g) entwickelt, einer der originellsten, zugleich jedoch umstrittensten Schriften Freuds. Diesbezüglich kommentiert er selbst, er habe in den Arbeiten der letzten Jahre »der lange niedergehaltenen Neigung zur Spekulation freien Lauf gelassen und dort auch eine neue Lösung des Triebproblems ins Auge gefasst« (1925d; *GW XIV*, S. 84). Was ihn zu der Vorstellung eines regelrechten, dem Organischen innewohnenden Todestriebes geführt haben könnte, bleibt einigermaßen dunkel; diese Auffassung ist aus der Argumentation nicht stringent ableitbar, und zudem steht zu erklären, warum er sich überhaupt Überlegungen widmete, die kaum Beziehungen zu den eigentlichen Fragestellungen der Psychoanalyse haben, sondern weit ausgreifend, die Charaktere des Lebens allgemein reflektieren. Biografische Spekulationen, welche Freuds Beschäftigung mit dem Todestrieb mit eigenen schmerzlichen Erlebnissen (wie Todesfällen im engsten Kreise) in Verbindung zu bringen suchen, basieren auf Irrtümern hinsichtlich der zeitlichen Verhältnisse. Jedoch konzediert auch Biograf Jones (1984, Bd. 3, S. 332), »es sei durchaus berechtigt, bei der Beurteilung von Freuds Todestriebtheorie neben den Argumenten, die er selbst dazu in seinen Schriften anführt, auch den möglichen Einfluss subjektiver Momente in Betracht zu ziehen«.

Ausgangspunkt der Theoriebildung ist das Phänomen des *Wiederholungszwangs*, abgeleitet aus Beobachtungen, welcher der Annahme des universellen Lustprinzips offensichtlich widersprechen: das Heraufbeschwören unangenehmer Erinnerungen in Träumen oder in der Übertragungssituation der analytischen Therapie, das regelrechte Aufsuchen von Unglück, wie es in den Biografien mancher Personen ins Auge springt: »Angesichts solcher Beobachtungen aus dem Verhalten in der Übertragung und aus dem Schicksal der Menschen«, folgert Freud, »werden wir den Mut zur Annahme finden, dass es im Seelenleben wirklich einen Wiederholungszwang gibt, der sich über das Lustprinzip hinaussetzt« (1920g; *GW XIII*, S. 21). Dieser Wiederholungszwang, den der Autor – durchaus nachvollziehbar – als Verfahren der Reizbewältigung ansieht und somit an sich metapsychologisch einordnet, veranlasst ihn darüber hinaus zu weiteren Betrachtungen über das Wesen der Triebe. Die Überlegungen nehmen Ausgang vom gewissermaßen »triebhaften« Charakter dieses Wiederholungszwanges und führen auf die eher beiläufige Frage, auf welche Art das »Triebhafte« mit dem »Zwang zur Wiederholung« zusammenhänge. Die Antwort bringt Freud zu einer neuen Wesensbestimmung der Triebe: Man sei hiermit (also mit Erkenntnis des ihnen immanenten Zwangs zur Wiederholung) vielleicht einem allgemeinen Charakter der Triebe »auf die Spur gekommen«:

> »**Ein Trieb wäre also ein dem belebten Organischen innewohnender Drang zur Wiederherstellung eines früheren Zustandes**, welches dies Belebte unter dem Einflusse äußerer Störkräfte aufgeben musste, eine Art von organischer Elastizität, oder wenn man will, die Äußerung der Trägheit im organischen Leben« (1920g; *GW XIII*, S. 38).

In der Vorlesung »Angst und Triebleben«, in der er mehr als ein Jahrzehnt später dieses Thema noch einmal aufgreift, schreibt Freud im nämlichen Sinn, die Triebe enthüllten sich als »Bestreben, einen früheren Zustand wiederherzustellen«. Er folgert: »Wir können annehmen, vom Moment an, da ein solcher einmal erreichter Zustand gestört worden, entsteht ein Trieb, ihn neu zu schaffen, und bringt Phänomene hervor, die wir als **Wiederholungszwang** bezeichnen können« (1933a; *GW XV*, S. 113).

Der Gedanke, alle Triebe wollten Früheres wiederherstellen, wird nun weiter verfolgt. Aus dem angenommenen konservativen Charakter folgert Freud, das Ziel des Lebens sei die Wiederherstellung des Ursprungszustandes, also des Todes:

> »Wenn wir es als ausnahmslose Erfahrung annehmen dürfen, dass alles Lebende aus **inneren** Gründen stirbt, ins Anorganische zurückkehrt, so können wir nur sagen: **Das Ziel alles Lebens ist der Tod**, und zurückgreifend: **Das Leblose war früher da als das Lebende**« (1920g; *GW XIII*, S. 40).

Und kurz darauf betont er noch einmal die Korrektheit dieses Schlusses: »Wenn man an der ausschließlich konservativen Natur der Triebe festhält, kann man zu anderen Vermutungen über Herkunft und Ziel des Lebens nicht gelangen« (ebd., S. 41).

Nun geht die Argumentation über zu den Lebenstrieben, die insbesondere in Form der Sexualtriebe[12] in Erscheinung treten: Diese seien die »eigentlichen

12 Man kann nicht nachdrücklich genug darauf hinweisen, wie sehr sich der Autor mittlerweile von seiner früheren Auffassung der Sexualtriebe, welche er über den dabei angestrebten Lustgewinn definiert und klar von der Fortpflanzung getrennt hatte, entfernt hat: »Die Triebe, welche die Schicksale dieser das Einzelwesen überlebenden Elementarorganismen in acht nehmen, für ihre sichere Unterbringung sorgen, solange sie wehrlos gegen die Reize der Außenwelt sind, ihr Zusammentreffen mit den anderen Keimzellen herbeiführen usw., bilden die Gruppe der Sexualtriebe« (1920g; *GW XIII*, S. 42).

Lebenstriebe«; dadurch, »dass sie der Absicht der anderen Triebe, welche durch die Funktion zum Tode führt«, entgegenwirkten, deute »sich ein Gegensatz zwischen ihnen und den übrigen an« (ebd., S. 43). Bei diesen Lebenstrieben wird es jedoch schwer, ebenfalls den konservativen Charakter nachzuweisen, welcher – als generelles Triebmerkmal angenommen – Freud zur Annahme von Todestrieben veranlasst hatte. Hier muss er sich nun in die geradezu mystische Vorstellung retten, ein ursprünglich vorhandenes organisches Leben sei einst zerstückelt worden, um dann mittels der Lebenstriebe (Eros) die verlorene Einheit wiederzugewinnen (ebd., S. 62f.). Diese Annahme wird noch für einige Jahre beibehalten, so beispielsweise in *Das Ich und das Es:*

> »Auf Grund theoretischer, durch die Biologie gestützter Überlegungen supponierten wir einen **Todestrieb**, dem die Aufgabe gestellt ist, das organische Lebende in den leblosen Zustand zurückzuführen, während der Eros das Ziel verfolgt, das Leben durch immer weitergreifende Zusammenfassung der in Partikel zersprengten lebenden Substanz zu komplizieren, natürlich es dabei zu erhalten. Beide Triebe benehmen sich dabei im strengsten Sinne konservativ, indem sie die Wiederherstellung eines durch die Entstehung des Lebens gestörten Zustandes anstreben« (1923b; *GW XIII*, S. 268f.).

Später rückt er jedoch ab von der Vorstellung, auch bei den Lebenstrieben den rückwärts gerichteten Charakter finden zu können, so im *Abriss der Psychoanalyse:* Wenn man annehme, »dass das Lebende später als das Leblose gekommen und aus ihm entstanden« sei, so füge »sich der Todestrieb der erwähnten Formel, dass ein Trieb die Rückkehr zu einem früheren Zustand« anstrebe. Jedoch: »Für den Eros (oder Liebestrieb) können wir eine solche Anwendung nicht durchführen. Es würde voraussetzen, dass die lebende Substanz einmal eine Einheit war, die dann zerrissen wurde und nun die Wiedervereinigung anstrebt« (1940a; *GW XVII*, S. 71). Und in einer Fußnote fügt er hinzu: »Dichter haben Ähnliches phantasiert, aus der Geschichte der lebenden Substanz ist uns nichts Entsprechendes bekannt.«

Es ist wenig sinnvoll, den Gedankengang zur Ableitung des dritten Triebmodells auf innere Stimmigkeit oder Plausibilität zu überprüfen, allein schon deshalb, weil die obige Wiedergabe eine starke Verkürzung darstellt. Die Schwäche der Beweisführung ist leicht zu sehen: unter der Voraussetzung einer generell konservativen Natur der Triebe einerseits die Existenz eines Todestriebes zu folgern, andererseits bei den antagonistischen Lebenstrieben den rückwärts gerichteten Charakter nicht (oder nur unter unwahrscheinlichen, später fallen gelassenen Zusatzhypothesen) zeigen zu können. Die Annahme des Todestriebes hat, wie Jones (1984, Bd. 3, S. 327ff.) anmerkt und auch Freud (1930a; *GW XIV*, S. 478) konstatiert, keineswegs einhelligen Beifall unter den Analytikern gefunden. Freud selbst hat in *Jenseits des Lustprinzips* seine Überlegungen noch eher als lediglich interessanten Gedankengang angesehen:

> »Man könnte mich fragen, ob und inwieweit ich selbst von den hier entwickelten Annahmen überzeugt bin. Meine Antwort würde lauten, dass ich weder selbst überzeugt bin, noch bei anderen um Glauben für sie werbe. Richtiger: ich weiß nicht, wie weit ich an sie glaube. Es scheint mir dass das affektive Moment der Überzeugung hier gar nicht in Betracht zu kommen braucht. Man kann sich doch einem Gedankengang hingeben, ihn verfolgen, soweit er führt, nur aus wissenschaftlicher Neugierde oder, wenn man will, als *advocatus diaboli*, der sich darum doch nicht dem Teufel selbst verschreibt« (1920g; *GW XIII*, S. 63f.).

Ein Jahrzehnt später, in *Das Unbehagen in der Kultur*, zeigt er allerdings eine deutlich gefestigtere Position hinsichtlich der neuen triebtheoretischen Konzepte:

> »Ich hatte die hier entwickelten Auffassungen anfangs nur versuchsweise vertreten, aber im Laufe der Zeit haben sie eine solche Macht über mich gewonnen, dass ich nicht mehr anders denken kann. Ich meine, sie sind theoretisch ungleich brauchbarer als alle möglichen anderen, sie stellen jene Vereinfachung ohne Vernachlässigung oder Vergewaltigung der Tatsachen dar, nach der wir in der wissenschaftlichen Arbeit streben« (1930a; *GW XIV*, S. 478f.).

Das dritte Triebmodell hebt die Gegensätze der ersten beiden auf, und schafft dafür den neuen zwischen Lebenstrieb (Eros, zuweilen auch Liebestrieb genannt) und Todestrieb. Unter Eros werden jetzt die in der ersten Systematik antagonistisch konzipierten Sexual- und Selbsterhaltungstriebe subsumiert, und auch die Unterscheidung zwischen Ich- und Objektlibido trifft nun Partialbestrebungen des einen übergreifenden Lebenstriebes. Der Todestrieb, in begrifflicher Unschärfe von Freud oft Destruktionstrieb genannt (siehe unten) wird diesen nach Vereinigung und Weiterentwicklung strebenden Trieben als Tendenz zur Auflösung gegenübergestellt: »Theoretische Spekulation«, heißt es in der kleinen Schrift »Psycho-Analysis«, lasse »die Existenz von zwei Grundtrieben vermuten, [...] dem Trieb zur immer weiter strebenden Vereinigung, dem Eros, und dem zur Auflösung des Lebenden führenden Destruktionstrieb« (1926f; *GW XIV*,

S. 302). Etwas detaillierter wird es im *Abriss der Psychoanalyse* dargestellt: »Nach langem Zögern und Schwanken haben wir uns entschlossen, nur zwei Grundtriebe anzunehmen, den **Eros** und den **Destruktionstrieb**. (Der Gegensatz von Selbsterhaltungs- und Arterhaltungstrieb sowie der andere von Ichliebe und Objektliebe fällt noch innerhalb des Eros.)« (1940a; *GW XVII*, S. 71).

Hauptrepräsentanten des Eros, dies deutet die Namensgebung schon an, bleiben die Sexualtriebe, allerdings jetzt unter einer Sichtweise, die wieder vornehmlich die Fortpflanzungs- und Arterhaltungsfunktion der Sexualität betont. Libido, lange ausschließlich zur Bezeichnung des Sexualbedürfnisses, des Lusthungers, gebraucht, bekommt nun die Bedeutung eines eher dunklen Dranges nach vereinigender Weiterentwicklung: »Die Kraftäußerung des Eros wird in der Psychoanalyse **Libido** genannt« (1926f; *GW XIV*, S. 302).

Die psychoanalytische Relevanz des aufgrund biologischer Überlegungen gewonnenen Todestriebkonzepts ergibt sich einerseits in Form eines Erklärungsmodells für Sadismus und Masochismus (siehe 1924c), andererseits über eine neue Sichtweise des Aggressions- oder Destruktionstriebes. Letzteren hatte nämlich Freud, im Gegensatz zu einigen seiner Anhänger, insbesondere Adler, für lange Zeit zunächst nicht als eigenen Trieb auffassen wollen: Er könne sich »nicht entschließen, einen besonderen Aggressionstrieb neben oder gleichberechtigt mit den uns vertrauten Selbsterhaltungs- und Sexualtrieben anzunehmen«, schreibt er 1909 in der Fallgeschichte des »kleinen Hans« (1909b; *GW VII*, S. 371). Diese Ansicht revidiert er später gründlich: »Warum haben wir selbst so lange Zeit gebraucht, ehe wir uns zur Anerkennung eines Aggressionstriebes entschlossen, warum nicht Tatsachen, die offen zu Tage liegen und jedermann bekannt sind, ohne Zögern für die Theorie verwertet?« (1933a; *GW XV*, S. 110). Dieser Aggressionstrieb ist demnach ein nach außen gewandter Todestrieb: »Die einen Triebe [...] verfolgten das Ziel, das lebende Wesen zum Tode zu führen, verdienten darum den Namen der ›**Todestriebe**‹ und würden [...] nach außen gewendet, als **Destruktions**- oder **Aggressions**tendenzen zum Vorschein kommen« (1923a; *GW XIII*, S. 232f.). Während der eigentliche, nach innen gerichtete Todestrieb nur in seltenen Fällen in Erscheinung tritt, ist seine nach außen gewandte Komponente so auffällig, dass Freud häufig Todes- und Destruktionstrieb begrifflich gleichsetzt, etwa in der *Selbstdarstellung:* »Ich habe Selbst- und Arterhaltung unter den Begriff des Eros zusammengefasst und ihm den geräuschlos arbeitenden **Todes**- oder **Destruktionstrieb** gegenübergestellt« (1925d; *GW XIV*, S. 84).

Das in sehr ausholenden, spekulativen Gedankengängen entwickelte Konzept von Todes- und Aggressionstrieb spielt eine wesentliche Rolle im Rahmen Freuds später kulturtheoretischer Überlegungen, etwa in *Das Unbehagen in der Kultur*

(1930a), kommt jedoch in der klinischen und Entwicklungstheorie der Psychoanalyse nicht wesentlich zum Tragen. Hierbei ist letztlich allein der Sexualtrieb von entscheidender Bedeutung und entsprechend eine eingehende Darstellung seiner Charakteristika und speziell seiner Entwicklung sinnvoll.

3.3 Die Entwicklung der Sexualfunktion

Wie bereits ausgeführt, ist der Freud'sche Sexualitätsbegriff deutlich weiter gefasst als der umgangssprachliche: Zum einen wird bei der *Definition vom Bezug zur Genitalsphäre und zur Fortpflanzung abgesehen*, das Streben nach körperlichem Lustgewinn als das letztlich Charakteristische betrachtet; zum anderen werden *unter Sexualität auch jene Handlungen und Gefühlszustände subsumiert*, die üblicherweise mit *zärtlich, liebevoll* bezeichnet werden: »Ich hoffe, es lässt [...] sich entnehmen, worin die oft betonte und beanstandete Erweiterung des Begriffes Sexualität besteht«, heißt es in der *Selbstdarstellung*. Diese Erweiterung sei eine zweifache:

> »Erstens wird die Sexualität von ihren allzu engen Beziehungen zu den Genitalien gelöst und als eine umfassendere, nach Lust strebende Körperfunktion hingestellt, welche erst sekundär in den Dienst der Fortpflanzung tritt; zweitens werden zu den sexuellen Regungen alle die bloß zärtlichen und freundschaftlichen gerechnet, für welche unser Sprachgebrauch das vieldeutige Wort ›Liebe‹ verwendet« (1925d; *GW XIV*, S. 63).

Diese Begriffserweiterungen geschehen natürlich nicht grundlos. Nur bei einer Neudefinition im ersten Sinne lässt sich nämlich das sogenannte »perverse« Sexualverhalten in einen klaren konzeptuellen Rahmen einordnen, und – wie die »normale« Sexualität auch – entwicklungsgeschichtlich besser begreifen:

> »Die Loslösung der Sexualität von den Genitalien hat den Vorteil, dass sie uns gestattet, die Sexualbetätigung der Kinder und der Perversen unter dieselben Gesichtspunkte zu bringen wie die der normalen Erwachsenen, während die erstere bisher völlig vernachlässigt, die andere zwar mit moralischer Entrüstung, aber ohne Verständnis aufgenommen wurde« (ebd.).

Die zweite der Begriffserweiterungen ist weniger leicht zu begründen; sie nimmt nämlich bereits durch die Wortwahl als Ergebnis vorweg, was erst die eingehende Forschung liefern kann, die enge entwicklungsgeschichtliche Beziehung von im weitesten Sinne liebevollen Regungen mit Impulsen, die aus direktem körperlichen Sexualinteresse resultieren: »Die andere der angeblichen Erweiterungen rechtfertigt sich durch den Hinweis auf die psychoanalytische Untersuchung, welche zeigt, dass all diese zärtlichen Gefühlsregungen ursprünglich vollsexuelle Strebungen waren, die dann ›zielgehemmt‹ oder ›sublimiert‹ worden sind« (ebd., S. 64).

Auch wenn letztere Annahme zutreffen sollte, scheint es sinnvoll, diese beiden an sich durch die Beobachtung gut differenzierbaren Aspekte der Sexualität, das körperliche Sexualinteresse einerseits und die seelischen Regungen andererseits, mittels verschiedener Bezeichnungen zur Erleichterung der Deskription auseinander zu halten. Tatsächlich unterscheidet Freud an einer Stelle klar zwischen einer »zärtlichen« und einer »sinnlichen« Strömung des Liebesverhaltens, und zwar bei der Erklärung eines Phänomens, welches eben durch die nicht gelungene Vereinigung dieser Strömungen zu Stande kommen soll, nämlich der psychischen Impotenz (1912d; *GW VIII*, S. 79). Im Weiteren scheint es daher zweckmäßig, deutlicher und durchgängiger zwischen den körperlich-sinnlichen und den seelisch-zärtlichen Aspekten des Sexualverhaltens zu unterscheiden und deren Entwicklung, so gut dies aus Freuds Schriften hervorgeht, getrennt zu verfolgen.

Bei der weiten Definition von (sinnlicher) Sexualität als nach körperlichem Lustgewinn strebendes Verhalten ist es nur konsequent, solches schon beim Kleinkind zu suchen und angesichts der dort zu erwartenden einfacheren Verhältnisse mit besonderer Gründlichkeit zu studieren. Die infantile Sexualität, wie der Titel der zweiten der *Drei Abhandlungen zur Sexualtheorie* lautet, bildet somit mehr oder weniger den Hauptgegenstand von Freuds sexualtheoretischen Schriften.

Ein zentraler Begriff bei der Darstellung der Entwicklung körperlich-sinnlicher Sexualität ist der der *erogenen Zone*. Er wird in den *Drei Abhandlungen zur Sexualtheorie* noch sehr eng definiert, nämlich als »Haut- oder Schleimhautstelle, an der Reizungen von gewisser Art eine Lustempfindung von bestimmter Qualität hervorrufen« (1905d; *GW V*, S. 83f.). Unter diese Definition fallen insbesondere die Mund- und Lippenschleimhaut, die Analregion und die Genitalzonen, welche bekanntlich in der psychoanalytischen Theorie der Sexualentwicklung eine wesentliche Bedeutung besitzen. Spätere definitorische Erweiterungen, wie sie Freud im Zusammenhang mit der Formulierung der Narzissmustheorie gibt, und wo er sämtlichen Körperteilen eine gewisse Erogenität zuschreibt (1905d; *GW XIV*, S. 85; Fußnote 1 von 1915), stellen bereits eine erhebliche Erweiterung (und Aufweichung) des Begriffs dar.

Diese Zonen, für deren Ausbildung Freud genetisch-konstitutionellen Faktoren eine wesentliche Bedeutung zuschreibt (ebd., S. 83 und 106; siehe auch 5.3 zur Sexualkonstitution) müssen in ihrer Erogenität erst entdeckt werden, was entweder durch Zufall, vorzugsweise aber in Zusammenhang mit anderen an diese Regionen geknüpften Funktionen geschieht. Dies wird besonders deutlich bei der Mund- und Lippenschleimhaut, die am frühesten die Rolle einer erogenen Zone einnimmt; der lustvolle Charakter ihrer Reizung wird mit der Nahrungsaufnahme entdeckt:

> »Die erste und lebenswichtigste Tätigkeit des Kindes, das Saugen an der Mutterbrust (oder an ihren Surrogaten), muss es bereits mit dieser Lust vertraut gemacht haben. Wir würden sagen, die Lippen des Kindes haben sich benommen wie eine **erogene Zone**, und die Reizung durch den warmen Milchstrom war wohl die Ursache der Lustempfindung« (1905d; *GW V*, S. 82).

Die empfundene Lust hat zur Folge, dass nun mit gewisser Regelhaftigkeit eine Wiederholung des Befriedigungserlebnisses gesucht wird; es entwickelt sich ein von der jeweiligen erogenen Zone ausgehender Trieb, welcher von Freud im Sinne der gegebenen Definition als ein sexueller aufgefasst wird: Sexualziel des infantilen Triebes, heißt es in den *Drei Abhandlungen*, sei »die Befriedigung durch die geeignete Reizung der [...] erogenen Zone hervorzurufen« (ebd., S. 85). Die von den einzelnen Zonen ausgehenden Triebe werden *Partialtriebe* der Sexualität genannt und nach den Ursprungsorten benannt, im Falle der Mundschleimhaut oraler Partialtrieb.

Eine weitere wichtige erogene Zone ist die Analschleimhaut, deren lustvolle Reizbarkeit ebenfalls bei der Erfüllung von Körperfunktionen erfahren wird, nämlich bei den Exkretionsvorgängen: »Die Afterzone ist ähnlich wie die Lippenzone durch ihre Lage geeignet, eine **Anlehnung** der Sexualität an andere Körperfunktionen zu vermitteln. Man muss sich die erogene Bedeutung dieser Körperstelle als ursprünglich sehr groß vorstellen« (ebd., S. 86). Auch die Genitalzonen besitzen im Kleinkindalter bereits gewisse Erogenität, allerdings mit der wesentlichen Einschränkung, dass diese beim kleinen Mädchen noch nicht die Vaginalschleimhaut betrifft, sondern lediglich die Gegend der Klitoris. Hierzu heißt es sehr dezidiert:

> »Die leitende erogene Zone ist auch beim weiblichen Kinde an der Klitoris gelegen, der männlichen Genitalzone an der Eichel also homolog. Alles, was ich über Masturbation bei kleinen Mädchen in Erfahrung bringen konnte, betraf die Kli-

> toris und nicht die für die späteren Geschlechtsfunktionen bedeutsamen Partien des äußeren Genitales. Ich zweifle selbst daran, dass das weibliche Kind unter dem Einflusse der Verführung zu etwas anderem als zur Klitorismasturbation gelangen kann, es sei denn ganz ausnahmsweise. Die gerade bei kleinen Mädchen so häufigen Spontanentladungen der sexuellen Erregtheit äußern sich in Zuckungen der Klitoris, und die häufigen Erektionen derselben ermöglichen es den Mädchen, die Sexualäußerungen des anderen Geschlechts auch ohne Unterweisung richtig zu beurteilen, indem sie einfach die Empfindungen der eigenen Sexualvorgänge auf die Knaben übertragen« (ebd., S. 121f.).

Da entwicklungsgeschichtlich die Klitoris dem männlichen Geschlechtsglied entspricht, ist die Bezeichnung phallisch für solche Sexualität oder diesen Partialtrieb wesentlich treffender als genital (siehe unten):

> »Unter den erogenen Zonen des kindlichen Körpers befindet sich eine, die gewiss nicht die erste Rolle spielt, auch nicht die Trägerin der ältesten sexuellen Regungen sein kann, die aber zu großen Dingen in der Zukunft bestimmt ist. Sie ist beim männlichen wie beim weiblichen Kind in Beziehung zur Harnentleerung gebracht (Eichel, Klitoris) und beim ersteren in einen Schleimhautsack einbezogen, so dass es ihr an Reizungen durch Sekrete, welche die sexuelle Erregung frühzeitig anfachen können, nicht fehlen kann« (ebd., S. 88).

Die von den erogenen Zonen ausgehenden Partialtriebe finden im Kindesalter – sieht man von der Mutterbrust zur Reizung der Mundschleimhaut ab – ihre Objekte am eigenen Körper; die infantile Sexualbetätigung geschieht nach Freuds Worten *autoerotisch*. Die orale Zone wird dabei zumeist durch Saugen an Hautstellen gereizt, die anale vorzugsweise mittels bestimmter Exkretionspraktiken: »Kinder, welche die erogene Reizbarkeit der Afterzone ausnützen, verraten sich dadurch, dass sie die Stuhlmassen zurückhalten, bis dieselben durch ihre Anhäufung heftige Muskelkontraktionen anregen und beim Durchgang durch den After einen starken Reiz auf die Schleimhaut ausüben können« (1905d; *GW V*, S. 87f.). Dabei müsse »wohl neben der schmerzhaften die Wollustempfindung zustande kommen«. Auch »echte masturbatorische Reizung der Afterzone mit Hilfe des Fingers, durch zentral bedingtes oder peripherisches Jucken hervorgerufen« sei »bei älteren Kindern keineswegs selten« (ebd.). Die Befriedigung des von der Eichel beziehungsweise der Klitoris ausgehenden Partialtriebes durch Onanie kommt nach Freud bereits im Säuglingsalter sowie insbesondere in der sogenannten phallischen Phase vor (der »kurzen Blütezeit der Sexualbetätigung um das vierte Lebensjahr«), sodass die allgemein bekannte Pubertätsonanie nur ein Wiederaufgreifen zeitweise zurückgestellter Praktiken bedeute (ebd., S. 89f.).

Neben jenen Partialtrieben, die sich über ihren Ausgang von erogenen Zonen definieren und autoerotisch befriedigt werden, sind nach Freud bereits im Kindesalter weitere aufzuzeigen, die von anderen, schwer anzugebenden Quellen ausgehen und daher nach ihren Zielen benannt werden; zudem benötigen sie in aller Regel fremde Objekte zu ihrer Befriedigung. Es handelt sich zum einen um das Gegensatzpaar der *Schau-* und der *Zeigelust*, zum anderen um den *Trieb zur Grausamkeit:* Das »kindliche Sexualleben«, heißt es nach den Ausführungen über autoerotische Sexualbetätigung, zeige »bei allem Überwiegen der Herrschaft erogener Zonen« Komponenten, »für welche andere Personen als Sexualobjekte von Anfang an in Betracht« kämen.

> »Solcher Art sind die in gewisser Unabhängigkeit von erogenen Zonen auftretenden Triebe der Schau- und Zeigelust und der Grausamkeit, die in ihre innigen Beziehungen zum Genitalleben erst später eintreten, aber schon in den Kinderjahren als zunächst von der erogenen Sexualtätigkeit gesonderte, selbständige Strebungen bemerkbar werden.«

Das kleine Kind, gehen die Ausführungen weiter, sei »vor allem schamlos« und zeige »in gewissen frühen Jahren ein unzweideutiges Vergnügen an der Entblößung seines Körpers mit besonderer Hervorhebung der Geschlechtsteile«. Auch das Gegenstück, der Schautrieb, könne als »spontane Sexualäußerung« auftreten: »Kleine Kinder, deren Aufmerksamkeit einmal auf die eigenen Genitalien – meist masturbatorisch – gelenkt ist, pflegen den weiteren Fortschritt ohne fremdes Dazutun zu treffen und lebhaftes Interesse für die Genitalien ihrer Gespielen zu entwickeln.« Da sich »die Gelegenheit, solche Neugierde zu befriedigen, meist nur bei der Befriedigung der beiden exkrementellen Bedürfnisse« ergebe, würden »solche Kinder zu Voyeurs, eifrigen Zuschauern bei der Harn- und Kotentleerung anderer« (1905d; *GW V*, S. 92f.)

Unklarer ist in Freuds Theorie des infantilen Sexuallebens die Rolle des Sadismus, des Grausamkeitstriebes, und seines Gegenstücks, des Masochismus. Ob das Hervorrufen von Schmerzen wirklich das wesentliche und primäre Ziel des kindlichen Grausamkeitstriebes ist, bezweifelt der Autor: »Nun scheint die Psychoanalyse zu zeigen, dass das Schmerzzufügen unter den ursprünglichen Zielhandlungen des Triebes keine Rolle spielt. Das sadistische Kind zieht die Zufügung von Schmerzen nicht in Betracht und beabsichtigt sie nicht« (1915c; *GW X*, S. 221). Eher handelt es sich wohl um eine besondere Ausprägung des (triebtheoretisch von Freud nie eigentlich analysierten) Bemächtigungstriebes, bei dessen Ausübung angesichts fehlender Hemmungen im Kindesalter eine Erzeugung von Schmerzen in Kauf genommen wird (1905d; *GW V*, S. 93f.). Masochismus, definiert über das Ziel des Erleidens von Demütigung oder Schmerzen, ist nach Freuds Auffassung kein regelhaft im Kindesalter zu beobachtender Trieb (ebd., S. 94).

Von wesentlicher Bedeutung ist, dass die einzelnen sexuellen Partialtriebe keineswegs eine zeitgleiche Entwicklung aufweisen, sondern versetzt ihre Aktivitätshöhepunkte zeigen. Verschiedene Stadien der Entwicklung stehen unter der Herrschaft einer jeweils verschiedenen *leitenden erogenen Zone*; die auf dieser Beobachtung basierende *Phasenlehre* ist zugleich das Kernstück einer psychoanalytischen Theorie der normalen Entwicklung wie einer Konzeption von Neurosen und Perversionen als Entwicklungshemmungen, also einer Psychopathologie (siehe 5.3).

Bei der Betrachtung jener angenommenen Abschnitte der Sexualentwicklung muss man sich allerdings von der Vorstellung frei machen, diese seien scharf voneinander abzugrenzen: »Es wäre missverständlich zu glauben, dass diese […] Phasen einander glatt ablösen; die eine kommt zur anderen hinzu, sie überlagern einander, bestehen nebeneinander« (1940a; *GW XVII*, S. 77). Freud geht sogar so weit, die frühen Phasen, also die orale und anal-sadistische, weniger als direkt zu beobachtende Zeitabschnitte, sondern eher als »notwendige und nutzbringende« Konstruktionen der Psychoanalyse aufzufassen (1916–17a; *GW XI*, S. 338).

Die erste der beschriebenen Phasen ist die *orale*, während der die leitende erogene Zone die Mund- und Lippenschleimhaut ist. Deren lustvolle Reizung geschieht, wie erwähnt, zunächst mit der Nahrungsaufnahme, also am fremden Objekt, wird dann aber zunehmend autoerotisch: Die Sexualtätigkeit in dieser ersten prägenitalen Stufe der Sexualorganisation sei »von der Nahrungsaufnahme noch nicht gesondert, Gegensätze innerhalb derselben nicht differenziert«. Als Rest dieser »fiktiven, uns durch die Pathologie aufgenötigten Organisationsphase« könne »das Lutschen angesehen werden, in dem die Sexualtätigkeit, von der Ernährungstätigkeit abgelöst, das fremde Objekt gegen eines am eigenen Körper aufgegeben hat« (1905d; *GW V*, S. 98f.). Die folgende der Phasen, die *anal-sadistische*, zum ersten Mal in der wichtigen Schrift »Die Disposition zur Zwangsneurose« (1913i) eingeführt, kennzeichnet sich dadurch, dass »die Partialtriebe bereits zur Objektwahl zusammengefasst sind, […] aber der **Primat der Genitalzonen noch nicht aufgerichtet ist**«. Die Partialtriebe, welche diese »**prägenitale** Organisation des Sexuallebens« beherrschten, seien die »analerotischen und die sadistischen« (*GW VIII*, S. 446f.). Wie in 3.2 bereits betont, ist nach Freud das Ziel der sadistischen Triebe – wenigstens vor Einführung der Theorie vom Todes- bzw. Destruktionstriebs – nicht eigentlich eine Zufügung von Schmerzen, sondern die Bemächtigung des Objekts, welche notfalls dabei dessen Leiden in Kauf nimmt. In »Die Disposition zur Zwangsneurose« spricht der Autor deshalb auch vom »gemeinen Bemächtigungstrieb«, den »wir eben Sadismus heißen, wenn wir ihn im Dienste der Sexualfunktion finden« (1913i; *GW VIII*, S. 448). Die eigentliche Objektwahl in dieser Phase zu beschreiben ist schwierig anhand der wenigen präzisen Festlegungen, die Freud dazu gibt. Es handelt sich, wenn man beispielsweise die Fallgeschichte des »kleinen Hans« heranzieht, um Wünsche, welche mit den Ausscheidungsfunktionen zu tun haben, etwa das gemeinsame Durchführen derselben mit den erwählten Objekten (1909b; *GW VII*, S. 332f.). Im Wesentlichen geschieht der Lustgewinn in dieser Phase wiederum autoerotisch, beispielsweise durch eine schmerzhaft-lustvolle Rückhaltung der Exkremente (siehe oben).

Die *phallische Phase*, welche beim Knaben mit der ödipalen zusammenfällt, beim Mädchen aber mit einem präödipalen Stadium der Objektfindung (siehe unten), hat als *leitende erogene Zone* die Glans penis, also die *Eichel* beziehungsweise das ihr entsprechende Organ, die *Klitoris:*

> »Die leitende erogene Zone ist auch beim weiblichen Kinde an der Klitoris gelegen, der männlichen Genitalzone an der Eichel also homolog. Alles, was ich über Masturbation bei kleinen Mädchen in Erfahrung bringen konnte, betraf die Klitoris und nicht die für die späteren Geschlechtsfunktionen bedeutsamen Partien des äußeren Genitales« (1905d; *GW V*, S. 121f.; vgl. auch oben).

Deswegen ist es nicht korrekt, hier von einer genitalen Phase zu sprechen; diese Bezeichnung ist für den Zeitabschnitt der endgültigen Sexualorganisation in und nach der Pubertät reserviert (siehe 1933a; *GW XV*, S. 105 sowie 1940a; *GW XVII*, S. 76f.).

Eine regelrechte *Theorie der Objektwahl* wird von Freud erst relativ spät entwickelt und zwar einerseits in Zusammenhang mit dem Narzissmuskonzept und den Überlegungen zu den Schicksalen der Ichlibido, andererseits bei der genaueren Betrachtung des Ödipuskomplexes in seiner geschlechtsspezifischen Ausformung sowie den Bedingungen seiner Entstehung und Auflösung. In den ersten Jahren der Theoriebildung, deren Erkenntnisse im Wesentlichen in den frühen Auflagen der *Drei Abhandlungen zur Sexualtheorie* niedergelegt sind, vertritt er eine vergleichsweise schematische und nicht nach Geschlechtern differenzierende Auffassung von der infantilen Objektwahl und ihrer Auswirkung auf das erwachsene Sexualleben. Im Sinne einer zwar den eigentlichen Erkenntnisweg negierenden, dafür aber klareren Darstellung empfiehlt es sich, zunächst das später entwickelte, aber sich auf die frühesten ontogenetischen Stadien beziehende Narzissmuskonzept vorzustellen; die in Ansätzen an sich ältere Theorie der Fremdobjekte – aus welcher dann die Theorie der Ichlibido abgeleitet wird – soll erst danach eingeführt werden.

Die Theorie des *Narzissmus*, der Ichliebe (in psychoanalytischer Terminologie: der libidinösen Besetzung des eigenen Ichs) konzipiert Freud etwa ab 1908, aufbauend teilweise auf Überlegungen seines Mitarbeiters Karl Abraham (Abraham, 1908). Nach einigen mehr oder weniger ausführlichen Anmerkungen zu diesem Konzept und seinen Anwendungen zur Erklärung diverser klinischer und normalpsychologischer Phänomene, beispielsweise in *Eine Kindheitserinnerung des Leonardo da Vinci* (1910c), der Fallgeschichte Schreber (»Psychoanalytische Bemerkungen über einen autobiographisch beschriebenen Fall von Paranoia [Dementia paranoides]«, 1911c) sowie *Totem und Tabu* (1912–13a), wird dem Thema zum ersten Male 1914 eine eigene Arbeit gewidmet, nämlich »Zur Einführung des Narzissmus« (1914c). Es handelt sich eine sehr inhaltsreiche, dabei aber nicht optimal gegliederte und somit schwer verständliche Schrift; klarer ist die Darstellung dieser komplizierten Sachverhalte in dem Abschnitt »Die Libidotheorie und der Narzissmus«, welcher der dritten Auflage der *Drei Abhandlungen zur Sexualtheorie* aus dem Jahre 1915 hinzugesetzt wurde (1905d; *GW V*, S. 118ff.), insbesondere aber in der »Die Libidotheorie und der Narzissmus« überschriebenen 26. Vorlesung (1916–17a; *GW XI*, S. 427ff.).

Zunächst zur Bezeichnung: Der Begriff Narzissmus (gewählt in Hinblick auf den Jüngling Narziss der griechischen Sage, der in sein eigenes Spiegelbild verliebt war) war ursprünglich von Paul Näcke in die Sexualpathologie eingeführt worden und zwar zur Bezeichnung jenes Verhaltens, »bei welchem ein Individuum den eigenen Leib in ähnlicher Weise behandelt wie sonst den eines Sexualobjekts, ihn also mit sexuellem Wohlgefallen beschaut, liebkost, bis es durch diese Vornahmen zur vollen Befriedigung gelangt.« In dieser Ausbildung habe »der Narzissmus die Bedeutung einer Perversion, welche das gesamte Sexualleben einer Person« aufgesogen habe (1914c; *GW X*, S. 138). Narzissmus wird von Freud jedoch in einer anderen, übertragenen Bedeutung verwendet, nämlich zur Bezeichnung eines *in einem gewissen Entwicklungsstadium normalen Zustandes von ausschließlicher Liebe zur eigenen Person*. Die Ableitung einer solchen Vorstellung führt der Autor auf verschiedene Weise ein; didaktisch sehr geschickt, aber wohl nicht dem eigentlichen Erkenntnisprozess entsprechend, geschieht dies in der 26. Vorlesung: Auf der Basis der schon in den *Drei Abhandlungen* entwickelten Theorie, welche die Perversionen als Übersteigerung einzelner Komponenten des normalen Sexualverhaltens ansieht und als Entwicklungshemmungen begreift (siehe 5.3), versucht er, ein dem Narzissmus entsprechendes Verhalten in einem frühen Kindheitsstadium aufzufinden: »Man sagt sich dann alsbald, wenn es eine solche Fixierung der Libido an den eigenen Leib und die eigene Person anstatt an ein Objekt gibt«, argumentiert er, »so kann dies kein ausnahmsweises und kein geringfügiges Vorkommnis sein. Es ist vielmehr wahrscheinlich, dass dieser Narzissmus der allgemeine und ursprüngliche Zustand ist, aus welchem sich erst später die Objektliebe herausbildete, ohne dass darum der Narzissmus zu verschwinden brauchte« (1916–17a; *GW XI*, S. 431).

Weniger wohl die Betrachtung der seltenen, oben geschilderten Perversion als vielmehr die häufige Feststellung (wenigstens ansatzweisen) solchen Verhaltens (etwa bei Homosexuellen) dürfte auf die Vorstellung einer in einem gewissen Entwicklungsstadium normalen Liebe zum eigenen Ich geführt haben. Auf solche Beobachtungen verweisend, meint Freud, »lag die Vermutung nahe, dass eine als Narzissmus zu bezeichnende Unterbringung der Libido in viel weiterem Umfang in Betracht kommen und eine Stelle in der regulären Sexualentwicklung des Menschen beanspruchen könnte«. Er folgert: »Narzissmus in diesem Sinne wäre keine Perversion, sondern die libidinöse Ergänzung zum Egoismus des Selbsterhaltungstriebes, von dem jedem Lebewesen mit Recht ein Stück zugeschrieben wird« (1914c; *GW X*, S. 138f.).

Der sicher eigentliche und erste Anlass, das Narzissmuskonzept zu entwickeln, ist jedoch aus der Betrachtung der Schizophrenie erwachsen: Zwei »fundamentale Charakterzüge« zeigen laut Freud solche Kranken: »den Größenwahn und die Abwendung ihres Interesses von der Außenwelt (Personen und Dinge)«. Er fügt hinzu: »Infolge der letzten Veränderung entziehen sie sich der Beeinflussung durch die Psychoanalyse, werden sie für unsere Bemühungen unheilbar« (ebd., S. 139). Obwohl hier nicht genauer ausgeführt, bezieht sich diese Feststellung zweifellos auf die Tatsache der fehlenden Übertragung, die sich bei der Behandlung Schizophrener (anders als der der Neurotiker) zeigt, das Ausbleiben der emotionalen Beziehung zum Therapeuten (siehe 5.3 und 5.4). Dieser Mangel an libidinösen Regungen bei solchen Patienten, sowohl gegenüber realen Objekten als auch phantasierten, wird nun theoretisch verwertet und in Beziehung zum Größenwahn im Rahmen dieses Krankheitsbilds gesetzt:

> »Es entsteht die Frage: Welches ist das Schicksal der den Objekten entzogenen Libido bei der Schizophrenie? Der Größenwahn dieser Zustände weist hier den Weg. Er ist wohl auf Kosten der Objektlibido entstanden. Die der Außenwelt entzoge-

> ne Libido ist dem Ich zugeführt worden, sodass ein Verhalten entstand, welches wir Narzissmus heißen können. Der Größenwahn selbst ist aber keine Neuschöpfung, sondern, wie wir wissen, die Vergrößerung eines Zustandes, der schon vorher bestanden hatte. Somit werden wir dazu geführt, den Narzissmus, der durch Einbeziehung der Objektbesetzungen entsteht, als einen sekundären aufzufassen, welcher sich über einen primären, durch mannigfache Einflüsse verdunkelten, aufbaut« (1914c; *GW X*, S. 140).

Freud präsentiert nun sein Modell einer mehr oder weniger konstanten Libidomenge, welche sich in einem frühen Stadium zunächst ausschließlich auf das eigene Ich richtet (primärer Narzissmus), im Laufe der weiteren Entwicklung aber bis zu einem gewissen Grade auf andere Objekte übergeht; indem dieser Prozess jederzeit rückgängig zu machen ist, kann (unter Umständen mit pathologischen Folgen) der ursprüngliche Verteilungszustand zustande kommen *(sekundärer Narzissmus):*

> »Wir bilden so die Vorstellung einer ursprünglichen Libidobesetzung des Ichs, von der später an die Objekte abgegeben wird, die aber, im Grunde genommen, verbleibt und sich zu den Objektbesetzungen verhält wie der Körper eines Protoplasmatierchens zu den von ihm ausgeschickten Pseudopodien. Dieses Stück der Libidounterbringung musste für unsere von den neurotischen Symptomen ausgehende Forschung zunächst verdeckt bleiben. Die Emanationen dieser Libido, die Objektbesetzungen, die ausgeschickt und wieder zurückgezogen werden können, wurden uns allein auffällig. Wir sehen auch im groben einen Gegensatz zwischen der Ichlibido und der Objektlibido. Je mehr die eine verbraucht, desto mehr verarmt die andere« (ebd., S. 140f.).

So einleuchtend dieses Modell auf den ersten Blick erscheint, zeigen sich doch bei genauerer Betrachtung erhebliche Ungenauigkeiten und innere Unstimmigkeiten. Eine gewisse Verwirrung ergibt sich bereits daraus, dass das Ich sowohl als Quelle wie als Empfänger der Libido gesehen wird, somit eine vollständige Libidozurückhaltung zugleich mit einer kompletten Besetzung einhergeht; anschaulicher ist das Modell, und zudem besser mit den übrigen triebtheoretischen und metapsychologischen Annahmen verträglich, wenn Freud in *Das Ich und das Es* als Nachtrag zum Narzissmuskonzept das Es als das eigentliche Libidoreservoir einführt (1923b; *GW XIII*, S. 258; Fußnote 1). Damit zusammen hängt die noch schwierigere Frage, wie das Ich, welches mit Libido besetzt wird, überhaupt definiert ist: als undifferenzierter Ich-Es-Verband, wie er nach der Geburt auftritt oder als hoch differenzierte psychische Struktur, welche sich erst im Laufe einer langen Entwicklung ausbildet. Nur im zweiten Fall könnte es den anderen Objekten gegenübergestellt werden und mit ihnen um Libidobesetzungen konkurrieren. Im ersten Fall wäre Narzissmus einfach mit einem Zustand der Selbstgenügsamkeit identisch, einem inneren Rückzug, welcher aber bereits in die allerfrühesten Stadien der Kindheit verlegt werden müsste. Welche der beiden Auffassungen von Narzissmus Freud vertritt, ist nicht eindeutig aus seinen Schriften zu entnehmen; sowohl für die eine wie die andere ließen sich zahlreiche Belege beibringen (vgl. Köhler, 2014a, S. 429ff.). Unschlüssig ist sich Freud auch lange hinsichtlich der Zuordnung des Narzissmus zu den anderen Stufen der Sexualentwicklung. Während er ihn zunächst, etwa in *Totem und Tabu* (1912–13a; *GW IX*, S. 109), zwischen die Phasen des Autoerotismus und der Objektwahl einordnet, platziert er später beide in denselben Entwicklungsabschnitt – in konsequenter Weise, da es sich beim Narzissmus um eine Wahl des Liebesobjektes handelt, beim Autoerotismus um eine Form der körperlichen Sexualbetätigung. Am deutlichsten wird dieser Sachverhalt in der 26. Vorlesung formuliert, wo Freud – man muss sagen: ausnahmsweise einmal – eine klare Unterscheidung trifft zwischen der libidinösen Besetzung und der Sexualpraktik: »So war also der Autoerotismus die Sexualbetätigung des narzisstischen Stadiums der Libidounterbringung« (1916–17a; *GW XI*, S. 431).

Auch von verschiedenen anderen Autoren wurde die Unschärfe der Freud'schen Narzissmustheorie kritisiert. Im Sinne historischer Gerechtigkeit ist jedoch anzumerken, dass das Narzissmuskonzept nicht in einem Arbeitsgang als abgeschlossenes Theoriesystem erstellt wurde, sondern sich als ein zunehmend erweiterter Komplex von Zusatzannahmen darstellt, geschaffen, um gewisse Phänomene, insbesondere das Krankheitsbild der Schizophrenie, mittels der Trieblehre und der Sexualtheorie erklären zu können. Freud hat diese Entstehungsbedingung des Konzepts und die daraus resultierende begriffliche und konzeptuelle Unschärfe der Narzissmustheorie sehr wohl realisiert:

> »Gewiss sind Vorstellungen, wie die einer Ichlibido, Ichtriebenergie und so weiter, weder besonders klar fassbar noch inhaltsreich genug; eine spekulative Theorie der betreffenden Beziehungen würde vor allem einen scharf umschriebenen Begriff zur Grundlage gewinnen wollen. Allein ich meine, das ist eben der Unterschied zwischen einer spekulativen Theorie und einer auf Deutung der Empirie gebauten Wissenschaft. Die letztere wird der Spekulation das Vorrecht einer glatten, logisch unantastbaren Fundamentierung nicht neiden, sondern sich mit nebelhaft verschwindenden, kaum vorstellbaren Grundgedanken gerne begnügen, die sie im

> Laufe ihrer Entwicklung klarer zu erfassen hofft, eventuell auch gegen andere einzutauschen bereit ist« (1914c; *GW X*, S. 142).

Die Entwicklungsphase des primären Narzissmus wird von *zunehmenden Objektbesetzungen* abgelöst, wobei nach dem oben Gesagten ein gewisser Teil der libidinösen Ichbesetzung erhalten bleibt und auch wieder vergrößert werden kann. Diese zärtlichen Regungen des Liebeslebens, mehr oder weniger durchmischt mit sinnlich-körperlichen Bedürfnissen, betreffen zunächst alle nur denkbaren Personen, Erwachsene wie Kinder, konzentrieren sich aber im Laufe der Entwicklung immer mehr auf die *Eltern*.

Freud hatte bereits früh auf die Bedeutung des *Ödipuskomplexes* hingewiesen, etwa in der *Traumdeutung*: »Uns allen war es vielleicht beschieden, die erste sexuelle Regung auf die Mutter, den ersten Hass und gewalttätigen Wunsch gegen den Vater zu richten; unsere Träume überzeugen uns davon« (1900a; *GW I/II*, S. 269). Eine eigentliche Theorie dazu entwickelt er aber erst viel später, aufbauend einerseits auf Beobachtungen, welche eine regelrechte phallische Phase der Sexualbetätigung und die Annahme von Kastrationsängsten nahe legen, andererseits basierend auf Überlegungen zu Identifizierungsprozessen und zur Über-Ich-Bildung im Rahmen einer Auflösung der ödipalen Situation. Diese Erkenntnisse werden in den Schriften »Die infantile Genitalorganisation (Eine Einschaltung in die Sexualtheorie)« (1923e) und »Der Untergang des Ödipuskomplexes« (1924d) niedergelegt. Spätestens mit der Einsicht, der Verlauf des Ödipuskomplexes hänge eng mit dem der phallischen Phase zusammen und diese wiederum mit Fantasien zur Kastration, wird klar, dass die lange von Freud mehr oder weniger stillschweigend vorausgesetzte vollständige Entsprechung des Ödipuskomplex von Knaben und Mädchen (1916–17a; *GW XI*, S. 345; siehe auch unten) nicht vorliegen kann. In seinen letzten sexualtheoretischen Arbeiten »Einige psychische Folgen des anatomischen Geschlechtsunterschieds« (1925j), »Über die weibliche Sexualität« (1931b) und in der 33. Vorlesung »Die Weiblichkeit« (1933a) beschäftigt sich Freud eingehend mit dem Verlauf der phallischen Phase sowie dem weiblichen Ödipuskomplex und entwickelt dort die Vorstellung einer *präödipalen Mutterbindung des Mädchens als Vorläufer der eigentlichen ödipalen Situation*.

Die ausführlichste Schilderung des Phänomens findet sich in der 21. Vorlesung (1916–17a; *GW XI*, S. 344ff.). Freud trifft dort die sehr wesentliche Unterscheidung zwischen dem Ödipuskomplex von Neurotikern, wie er in der Analyse rekonstruiert wird und wo sich durch »Rückphantasieren« eine Vergrößerung und Verzerrung der tatsächlichen infantilen Situation ergibt, und jenem, welcher durch die unmittelbare Beobachtung von Kindern gefunden wird und manches lediglich angedeutet erkennen lässt. Mit Entschiedenheit wehrt er sich jedoch dagegen, den Ödipuskomplex nur als Artefakt der psychoanalytischen Situation aufzufassen:

> »Aber es wäre ein vergebliches Bemühen, wenn wir das Ganze des Ödipuskomplexes durch Rückphantasieren erklären und auf spätere Zeiten beziehen wollten. Der infantile Kern und auch mehr oder weniger vom Beiwerk bleibt bestehen, wie ihn die direkte Beobachtung des Kindes bestätigt« (ebd., S. 348).

Letztere, wie sie insbesondere bei der Analyse der Pferdephobie des »kleinen Hans« ermöglicht wurde (1909b), liefert das bekannte Bild, doch eben ohne allzu große Dramatik:

> »Nun, man sieht leicht, dass der kleine Mann die Mutter für sich alleine haben will, die Anwesenheit des Vaters als störend empfindet, unwillig wird, wenn dieser sich Zärtlichkeiten gegen die Mutter erlaubt, seine Zufriedenheit äußert, wenn der Vater verreist oder abwesend ist. Häufig gibt er seinen Gefühlen direkten Ausdruck in Worten, verspricht der Mutter, dass er sie heiraten wird. Man wird meinen, das sei wenig im Vergleich zu den Taten des Ödipus, aber es ist tatsächlich genug, es ist im Keime dasselbe« (ebd., S. 344).

Anders als bei Analysen erwachsener Neurotiker, welche die späteren Gefühle zum Vater in die Erinnerung der infantilen Situation vermischen, ist der Hass gegen den Vater bei direkter Betrachtung des kindlichen Verhaltens nicht leicht zu erkennen: »Die Beobachtung wird häufig durch den Umstand verdunkelt, dass dasselbe Kind gleichzeitig bei anderen Gelegenheiten eine große Zärtlichkeit für den Vater kundgibt; allein solche [...] **ambivalente** [...] Gefühlseinstellungen«, erläutert der Autor, »die beim Erwachsenen zum Konflikt führen würden, vertragen sich beim Kind eine lange Zeit ganz gut miteinander, wie sie später im Unbewussten dauernd nebeneinander Platz finden« (ebd.). Der sexuelle Charakter des Ganzen stehe außer Zweifel:

> »Zeigt der Kleine die unverhüllteste sexuelle Neugierde für seine Mutter, verlangt er, nachts bei ihr zu schlafen, drängt sich zur Anwesenheit bei ihrer Toilette auf oder unternimmt gar Verführungsversuche, wie es die Mutter so oft feststellen und lachend berichten kann, so ist die erotische Natur der Bindung an die Mutter doch gegen jeden Zweifel gesichert« (ebd., S. 345).

In aller Deutlichkeit heißt es hierzu in der Schrift *Die Frage der Laienanalyse:*

> »Keine andere Tatsache hat aber mehr Anspruch auf unsere Beachtung, als dass das Kind seine sexuellen Wünsche regelmäßig auf die ihm verwandtschaftlich nächsten Personen richtet, also in erster Linie auf Vater und Mutter, in weiterer Folge auf seine Geschwister. Für den Knaben ist die Mutter das erste Liebesobjekt, für das Mädchen der Vater, soweit nicht eine bisexuelle Anlage die gegenteilige Einstellung begünstigt. Der andere Elternteil wird als störender Rivale empfunden und nicht selten mit starker Feindseligkeit bedacht. Verstehen Sie mich recht, ich will nicht sagen, dass das Kind sich nur jene Art von Zärtlichkeit vom bevorzugten Elternteil wünscht, in der wir Erwachsene so gern das Wesen der Eltern-Kind-Beziehung sehen. Nein, die Analyse lässt keinen Zweifel darüber, dass die Wünsche des Kindes über diese Zärtlichkeit hinaus alles anstreben, was wir als sinnliche Befriedigung begreifen, soweit eben das Vorstellungsvermögen des Kindes reicht. Es ist leicht zu verstehen, dass das Kind den wirklichen Sachverhalt der Vereinigung der Geschlechter niemals errät, es setzt dafür andere aus seinen Erfahrungen und Empfindungen abgeleitete Vorstellungen ein. Gewöhnlich gipfeln seine Wünsche in der Absicht, ein Kind zu gebären oder – in unbestimmbarer Weise – zu zeugen. Von dem Wunsche, ein Kind zu gebären, schließt sich in seiner Unwissenheit auch der Knabe nicht aus. Diesen ganzen seelischen Aufbau heißen wir nach der bekannten griechischen Sage den **Ödipuskomplex**« (1926e; *GW XIV*, S. 241f.).[13]

Noch in den Vorlesungen im Jahre 1916 geht Freud von einer weitgehenden Entsprechung im Ödipuskomplex bei den beiden Geschlechtern aus. Für das kleine Mädchen gestalteten sich – heißt es dort – die Verhältnisse mit den »notwendigen Abänderungen« ganz ähnlich:

> »Die zärtliche Anhänglichkeit an den Vater, das Bedürfnis, die Mutter als überflüssig zu beseitigen und ihre Stelle einzunehmen, eine bereits mit den Mitteln der späteren Weiblichkeit arbeitende Koketterie ergeben gerade beim kleinen Mäd-

13 Was hier geschildert wird, ist der positive Ödipuskomplex; aufgrund der konstitutionellen Bisexualität nimmt Freud auch gleichzeitig einen – im Allgemeinen weniger auffälligen – negativen Ödipuskomplex an, der durch zärtliche Gefühle zum gleichgeschlechtlichen Elternteil und rivalisierende zum anderen gekennzeichnet ist. Häufig fänden sich beide Einstellungen nebeneinander und definierten den vollständigen Ödipuskomplex (vgl. etwa 1923b; *GW XIII*, S. 260ff.; zur präödipalen Mutterbindung des Mädchens als spezieller Variante des negativen Ödipuskomplexes siehe unten).

> chen ein reizvolles Bild, welches uns an den Ernst und die möglichen schweren Folgen hinter dieser infantilen Situation vergessen lässt« (1916–17a; *GW XI*, S. 345).

Die zunehmende Notwendigkeit, eine regelrechte phallische Phase der Sexualentwicklung annehmen, welche zeitlich (beim Knaben) mit dem Ödipuskomplex zusammenfällt, veranlasst Freud, diese ödipale Situation in ihrer Entstehung und Auflösung genauer zu betrachten; zwangsweise ergibt sich damit auch die Einsicht in einen anatomisch bedingten geschlechtsspezifischen Verlauf.

Da früher und eingehender untersucht, zugleich leichter verständlich und weniger befremdend, soll zuerst der *männliche Ödipuskomplex* dargestellt werden. Das erwähnte (nach Freud eher zufällige) *zeitliche Zusammentreffen mit der phallischen Phase* der Sexualentwicklung bestimmt wesentlich seinen Verlauf. Die leitende erogene Zone ist in dieser Periode die Glans penis, die autoerotische Sexualbetätigung besteht in der masturbatorischen Reizung dieser Körperregion. Das geschieht nun in Verbindung mit Vorstellungen und Regungen, welche der ödipalen Einstellung zur Mutter entspringen: Man sollte nicht übersehen, heißt es in »Der Untergang des Ödipuskomplexes«,

> »dass sich das Sexualleben des Kindes um diese Zeit keineswegs in der Masturbation erschöpft. Es steht nachweisbar in der Ödipuseinstellung zu seinen Eltern, die Masturbation ist nur die genitale Abfuhr der zum Komplex gehörigen Sexualerregung und wird dieser Beziehung ihre Bedeutung für alle späteren Zeiten verdanken« (1924d; *GW XIII*, S. 398).

In die phallische Phase und die Zeit des Ödipuskomplexes fällt weiter eine Periode ausgiebiger *Sexualforschung* mit Erstellung regelrechter infantiler Sexualtheorien (siehe dazu 1908c). Eine davon beschäftigt sich mit dem Penis, der zunächst – unter Vernachlässigung möglicher Geschlechtsunterschiede – konstitutionell bei allen Personen angenommen wird:

> »Sie [scil. die Sexualtheorie] besteht darin, **allen Menschen, auch den weiblichen Personen, einen Penis zuzusprechen**, wie ihn der Knabe vom eigenen Körper kennt. Gerade in jener Sexualkonstitution, die wir als ›normale‹ anerkennen müssen, ist der Penis schon in der Kindheit die leitende erogene Zone, das hauptsächlichste autoerotische Sexualobjekt, und seine Wertschätzung spiegelt sich logisch in dem Unvermögen, eine dem Ich ähnliche Persönlichkeit ohne diesen wesentlichen Bestandteil vorzustellen« (1908c; *GW VII*, S. 177f.).

Diese Konstellation: Ödipuskomplex mit zugehöriger Sexualerregung, die masturbatorische Betätigung der phallischen Phase sowie schließlich die intensive intellektuelle Beschäftigung mit dem Penis, enthält zugleich die Bedingungen für ihre Auflösung, für das Ende der autoerotischen Sexualbetätigung und die Aufgabe der ödipalen Wünsche. Die Ursache dafür sind *Kastrationsängste*: Diese treten nach Freud aufgrund von Masturbationsverboten auf und werden dann besonders stark, wenn der Knabe – welcher dieses Glied ursprünglich allen Personen zuschreibt – nun die Penislosigkeit von weiblichen Kindern realisiert. Im idealtypischen Fall sieht der Vorgang so aus:

> »Die Mutter hat sehr wohl verstanden, dass die sexuelle Erregung des Knaben ihrer eigenen Person gilt. Irgendeinmal besinnt sie sich darauf, dass es nicht recht ist, sie gewähren zu lassen. Sie glaubt das Richtige zu tun, wenn sie ihm die manuelle Beschäftigung mit dem Glied verbietet. Das Verbot nützt wenig, bringt höchstens eine Modifikation in der Art der Selbstbefriedigung zustande. Endlich greift die Mutter zum schärfsten Mittel, sie droht, dass sie ihm das Ding wegnehmen wird, mit dem er ihr trotzt. Gewöhnlich schiebt sie die Ausführung der Drohung dem Vater zu, um sie schreckhafter und glaubwürdiger zu machen. Sie wird es dem Vater sagen und er wird das Glied abschneiden. Merkwürdigerweise wirkt diese Drohung nur, wenn auch vorher und nachher eine andere Bedingung erfüllt ist. An sich erscheint es dem Knaben allzu unvorstellbar, dass etwas derartiges geschehen könnte. Aber wenn er sich bei dieser Drohung an den Anblick eines weiblichen Genitales erinnern kann oder kurz nachher ein solches Genitale zu Gesicht bekommt, ein Genitale, dem das über alles geschätzte Stück wirklich fehlt, dann glaubt er an den Ernst dessen, was er gehört hat, und erlebt, indem er unter den Einfluss des **Kastrationskomplexes** gerät, das stärkste Trauma seines jungen Lebens« (1940a; *GW XVII*, S. 116f.).

Dass der oben geschilderte Vorgang in der Realität kaum zu beobachten ist, die explizit ausgesprochene Kastrationsdrohung häufig lediglich ein Fantasieprodukt darstellt, welches in der Analyse neurotischer Personen zutage kommt, realisiert natürlich auch Freud, der dies in seiner 23. Vorlesung ausführlicher diskutiert. Immerhin weist er auf das seiner Meinung nach nicht so seltene tatsächliche Vorkommen von dergleichen Strafdrohungen hin, konzediert jedoch bereitwillig, es sei »in hohem Grade unwahrscheinlich, dass die Kastrationsdrohung so oft an die Kinder ergeht, als sie in den Analysen der Neurotiker vorkommt.« Er meint: »Wir sind damit zufrieden zu verstehen, dass sich das Kind eine solche Drohung aufgrund von Andeutungen, mit Hilfe des Wissens, dass die autoerotische

Befriedigung verboten ist, und unter dem Eindruck seiner Entdeckung des weiblichen Genitales in der Phantasie zusammensetzt« (1916–17a; *GW XI*, S. 384). Dass sich überhaupt solche Vorstellungen, wie eben etwa die von der Kastrationsdrohung, in dieser Regelmäßigkeit und Einförmigkeit finden lassen, versucht der Autor über die Annahme sogenannter »Urphantasien« zu erklären: In den Urzeiten der menschlichen Familie sei das Fantasierte möglicherweise einmal Realität gewesen und vom fantasierenden Kind die »Lücken der individuellen Wahrheit« mit »prähistorischer Wahrheit« aufgefüllt worden (*GW XI*, S. 386; zu Urfantasien siehe auch 5.3).

Diese tatsächlichen oder aus Andeutungen in der Fantasie zusammengesetzten Drohungen bereiten der Sexualaktivität der phallischen Phase (und damit auch dem Ödipuskomplex) ein Ende: »Die Behauptung ist nun, dass die phallische Genitalorganisation des Kindes an dieser Kastrationsdrohung zugrunde geht« (1924d; *GW XIII*, S. 397). Diese Aufgabe geschieht nicht ohne weitere psychische Veränderungen: Aufgrund komplizierter *Identifikationsprozesse* mit den Eltern, insbesondere mit dem Vater, entsteht das *Über-Ich*, welches als »Erbe« des Ödipuskomplexes aufgefasst wird (1925j; *GW XIV*, S. 29).

Anders liegen die Verhältnisse beim Mädchen, allein schon deshalb, weil auch für dieses die Mutter das erste Liebesobjekt ist und zur Ausbildung des Ödipuskomplexes (im Sinne der Liebe zum Vater) daher erst ein Objektwechsel stattfinden muss:

> »Das erste Liebesobjekt des Knaben ist die Mutter, sie bleibt es auch in der Formation des Ödipuskomplexes, im Grunde genommen durchs ganze Leben hindurch. Auch fürs Mädchen muss die Mutter – und die mit ihr verschmelzenden Gestalten der Amme, Pflegerin – das erste Objekt sein; die ersten Objektbesetzungen erfolgen ja in Anlehnung an die Befriedigung der großen und einfachen Lebensbedürfnisse, und die Verhältnisse der Kinderpflege sind für beide Geschlechter die gleichen. In der Ödipussituation ist aber für das Mädchen der Vater das Liebesobjekt geworden, und wir erwarten, dass sie bei normalem Ablauf der Entwicklung vom Vaterobjekt aus den Weg zur endgültigen Objektwahl finden wird« (1933a; *GW XV*, S. 126f.).

Analysen weisen nun auf eine regelhaft auftretende und gesetzmäßig verlaufende *Phase einer präödipalen erotischen Mutterbindung* des Mädchens hin, welche jedoch als ein sehr frühes Stadium der Entwicklung nur bedingt der Untersuchung zugänglich ist. Es handle sich »häufig um dunkle Triebregungen, die das Kind nicht psychisch erfassen konnte zur Zeit, da sie vorfielen, die darum erst eine nachträgliche Interpretation erfahren haben und dann in der Analyse in Ausdrucksweisen auftreten, die ihnen ursprünglich gewiss nicht zukamen« (1931b; *GW XIV*, S. 531). Die präödipale weibliche Mutterbindung entspricht in vieler Hinsicht dem Ödipuskomplex des Knaben, indem etwa der Vater als Rivale bei der Mutter erscheint, »wenngleich die Feindseligkeit gegen ihn nie die für den Knaben charakteristische Höhe erreicht« (ebd., S. 519). Auch die sexuelle Aktivität der phallischen Phase, welche mit dem letzten Abschnitt der präödipalen Mutterbindung zusammenfällt, erinnert deutlich an die beim männlichen Kind beschriebenen Verhältnisse: »Die Sexualbetätigung dieser Zeit gipfelt in der Masturbation an der Klitoris, dabei wird wahrscheinlich die Mutter vorgestellt, aber ob es das Kind zur Vorstellung eines Sexualziels bringt und welches dies Ziel ist«, schreibt Freud in »Über die weibliche Sexualität«,

> »ist aus meiner Erfahrung nicht zu erraten. Erst wenn alle Interessen des Kindes durch die Ankunft eines Geschwisterchens einen neuen Antrieb erhalten haben, lässt sich ein solches Ziel klar erkennen. Das kleine Mädchen will der Mutter dies neue Kind gemacht haben, ganz so wie der Knabe, und auch seine Reaktion auf dies Ereignis und sein Benehmen gegen das Kind ist dasselbe« (ebd., S. 532f.).

Und er fügt hinzu: »Das klingt ja absurd genug, aber vielleicht nur darum, weil es uns so ungewohnt klingt« (ebd.).

Noch befremdender wirken die Umstände, unter denen diese Mutterbindung gelöst wird. Für die Abwendung könnten in der Analyse mehrere Gründe rekonstruiert werden, darunter das Gefühl der Vernachlässigung bei Ankunft weiteren Nachwuchses, zudem der Groll angesichts des mütterlichen Verbotes der Klitorismasturbation. Der Erklärungswert der angeführten Motive sei jedoch begrenzt: Alle diese Momente, nämlich »die Zurücksetzungen, Liebesenttäuschungen, die Eifersucht, die Verführung mit nachfolgendem Verbot«, kämen »doch auch im Verhältnis des Knaben zur Mutter zur Wirksamkeit« und seien »doch nicht imstande, ihn dem Mutterobjekt zu entfremden«. Also: »Wenn wir nicht etwas finden, was für das Mädchen spezifisch ist, beim Knaben nicht oder nicht so vorkommt, haben wir den Ausgang der Mutterbindung beim Mädchen nicht erklärt« (1933a; *GW XV*, S. 133). Dieses spezifische Moment habe man im *Kastrationskomplex* gefunden: Das Mädchen, erfahre man aus der Analyse, mache die Mutter für den *eigenen Penismangel* verantwortlich: »[A]m Ende dieser ersten Phase der Mutterbindung taucht als stärkstes Motiv zur Abwendung von der Mutter der Vorwurf auf, dass sie dem Kind kein richtiges Genitale mitgegeben, d.h. es als Weib geboren hat« (1931b; *GW XIV*, S. 527). Wie der Kastrationskomplex des Knaben werde der des Mädchens »durch den Anblick eines anderen Genitales eröffnet«; es stelle sofort den Unterschied und seine Bedeutung fest: »Es fühlt sich schwer beeinträchtigt, äußert oft, es möchte ›auch so etwas haben‹ und verfällt nun dem Penisneid, der unvertilgbare Spuren in seiner Entwicklung und Charakterbildung hinterlassen, auch im günstigsten Fall nicht ohne schweren psychischen Aufwand überwunden werden wird« (1933a; *GW XV*, S. 133f.).

Die übliche Reaktion auf diese Entdeckung, die dann zur Ausbildung der »normalen Weiblichkeit« führe, ist die Abkehr von der »männlichen« Sexualität der präödipalen, phallischen Phase mit Klitorismasturbation und den begleitenden aktiven Sexualwünschen gegenüber der Mutter (ebd., S. 135). Mit der nun folgenden Hinwendung zum Vater nimmt die Sexualität einen vornehmlich passiven Charakter an; dem entsprechen auch die befremdlichen Wünsche, welche mittels der Analyse zutage kommen: »Der Wunsch, mit dem sich das Mädchen an den Vater wendet, ist wohl ursprünglich der Wunsch nach dem Penis, den ihr die Mutter versagt hat und den sie nun vom Vater erwartet.« Der Wunsch nach dem Penis werde »nach alter symbolischer Äquivalenz« durch den nach dem Kind ersetzt. Mit der »Übertragung des Kind-Penis-Wunsches auf den Vater« sei das Mädchen in die »Situation des Ödipuskomplexes« eingetreten. Die Feindseligkeit zur Mutter erfahre nun eine große Verstärkung, »denn sie wird zur Rivalin, die vom Vater all das erhält, was das Mädchen von ihm begehrt« (1933a; *GW XV*, S. 137f.).

Beim Mädchen fällt also nach der Freud'schen Theorie die phallische Phase nicht mit der des Ödipuskomplexes zusammen; mit Beendigung der phallischen Sexualaktivität (also der Klitorismasturbation) durch die Entdeckung der Kastration beginnt erst die ödipale Situation, welche – was die autoerotische Betätigung angeht – bereits weitgehend asexuell ist. Freud betont den »fundamentalen Gegensatz der beiden Geschlechter«, was das Verhältnis zwischen Ödipus- und Kastrationskomplex angehe: **»Während der Ödipus-Komplex des Knaben am Kastrationskomplex zugrunde geht, wird der des Mädchens durch den Kastrationskomplex ermöglicht und eingeleitet«** (1925j; *GW XIV*, S. 28). Das männliche Kind gleitet gewissermaßen in den Ödipuskomplex und die phallische Phase, wird aber dramatisch aus diesem Entwicklungsstadium herausgeholt, das weibliche gerät durch ein Schockerlebnis in die ödipale Situation, die dann allerdings relativ unbedroht bleibt. Der Ödipuskomplex des Knaben »zerschelle förmlich unter dem Schock der Kastrationsdrohung« mit der Folge der Ausbildung des Über-Ichs; für das Mädchen, wo das »Motiv für die Zertrümmerung des Ödipus-Komplexes« entfalle, nimmt Freud daher eine andere Über-Ich-Entwicklung an:

> »Die Kastration hat ihre Wirkung bereits früher getan und diese bestand darin, das Kind in die Situation des Ödipus-Komplexes zu drängen. Dieser entgeht darum dem Schicksal, das ihm beim Knaben bereitet wird, er kann langsam verlassen, durch Verdrängung erledigt werden, seine Wirkungen weit in das für das Weib normale Seelenleben verschieben. Man zögert es auszusprechen, kann sich aber doch der Idee nicht erwehren, dass das Niveau des sittlich Normalen für das Weib ein anderes wird. Das Über-Ich wird niemals so unerbittlich, so unpersönlich, so unabhängig von seinen affektiven Ursprüngen, wie wir es vom Manne fordern. Charakterzüge, die die Kritik seit jeher dem Weibe vorgehalten hat, dass es weniger Rechtsgefühl zeigt als der Mann, weniger Neigung zur Unterwerfung unter die großen Notwendigkeiten des Lebens, sich öfters in seinen Entscheidungen von zärtlichen und feindseligen Gefühlen leiten lässt, fänden in der oben abgeleiteten Modifikation der Über-Ichbildung eine ausreichende Begründung« (ebd., S. 29f.).

Wieweit diese Befunde, die ja gerade hinsichtlich der frühen Phasen der weiblichen Sexualität weitgehend lediglich Rekonstruktionen im Rahmen von Analysen darstellen, zutreffend und damit die daraus vollzogenen Ableitungen korrekt sind, kann hier nicht diskutiert werden. Es bietet sich jedoch an dieser Stelle an, einen nahe liegenden Einwand gegen die Freud'sche Entwicklungstheorie zu behandeln, nämlich die Berufung auf die eigene Erinnerung, welche im Allgemeinen nichts dergleichen an Gefühlen, Eindrücken oder Sexualpraktiken zutage fördert. Diese verbreitete Gedächtnislücke für Spuren der ersten Lebensjahre, die sogenannte *infantile Amnesie*, auf deren Aufhebung nicht zuletzt die Wirkung der psychoanalytischen Therapie beruht (siehe 5.4), stellt Freud bereits in den *Drei Abhandlungen zur Sexualtheorie* heraus, und zwar in Zusammenhang mit der »merkwürdigen Vernachlässigung«, welches das Sexualleben der Kinder in der Wissenschaft erfahren habe. Zum Teil führt der Autor diese zurück auf die »eigentümliche **Amnesie**«, welche »den meisten Menschen (nicht allen!) die ersten Jahre ihrer Kindheit bis zum 6. oder 8. Lebensjahre« verhülle. Warum, fragt er, »bleibt unser Gedächtnis so sehr hinter unseren anderen seelischen Tätigkeiten zurück? Wir haben doch Grund zu glauben, dass es zu keiner anderen Lebenszeit aufnahms- und reproduktionsfähiger ist als gerade in den Jahren der Kindheit« (1905d; *GW V*, S. 75f.). Und er folgert aus der Betrachtung der Spuren, welche das angeblich Vergessene im späteren Leben zeitige: »Es kann sich also um gar keinen wirklichen Untergang der Kindheitseindrücke handeln, sondern um eine Amnesie ähnlich jener, die wir bei den Neurotikern für spätere Erlebnisse beobachten, und deren Wesen in einer bloßen Abhaltung vom Bewusstsein (Verdrängung) besteht« (ebd.). Das scheinbare Fehlen der Erinnerung sieht er nun in Zusammenhang mit jenen befremdenden, erst durch die Analyse ans Licht gebrachten, sexuellen Eindrücken der frühen Kinderjahre: »Wenn nicht am Ende die infantile Amnesie selbst wieder mit den sexuellen Regungen der Kindheit in Verbindung zu bringen ist!« (ebd.).

Auf das abrupte Ende des Ödipuskomplexes und der phallischen Phase beim Knaben folgt die sogenannte *sexuelle Latenzperiode*, welche nicht frei von sogenannten »Durchbrüchen« von Sexualstrebungen ist und sogar ganz entfallen kann (1916–17a; *GW XI*, S. 337f.), deren Beginn überdies beim Mädchen angesichts der oben geschilderten Bedingungen weniger genau festzulegen ist. Die sexuellen Energien werden in dieser Periode auf andere, nicht-sexuelle Ziele umgeleitet, sie werden *sublimiert*. Insbesondere dienen die den Sexualtrieben entzogenen Kräfte dazu, Mechanismen zu entwickeln, welche die Sexualität dann selbst in ihrem Wirken regulieren können: »Während dieser Periode totaler oder bloß partieller Latenz werden die seelischen Mächte aufgebaut, die später dem Sexualtrieb als Hemmnisse in den Weg treten und gleichwie Dämme seine Richtung beengen werden (der Ekel, das Schamgefühl, die ästhetischen und moralischen Idealanforderungen)« (1905d; *GW V*, S. 78).

Mit der *Pubertät* setzt das durch die Latenzperiode unterbrochene Sexualleben wieder ein *(zweizeitiger Ansatz der Sexualentwicklung)*, wobei dieses einerseits in wichtigen Aspekten auf dem infantilen Sexualleben aufbaut, andererseits auch durch die in der Latenzphase erworbenen Gegenkräfte bestimmt wird. Dies gilt zunächst für die *Partnerwahl*, die aufgrund der mittlerweile entstandenen *Inzestscheu* nicht mehr die infantilen Objekte betrifft (ebd., S. 126f.). Sie orientiert sich dennoch an der kindlichen Situation, kann dabei nach dem sogenannten *Anlehnungstypus* oder nach dem *narzisstischen Typus* erfolgen. Die erstere Form, welche Freud lange für die grundlegende und einzige gehalten hatte, geschieht in Anlehnung an die Bedürfnisse der Selbsterhaltungstriebe, betrifft also die frühen Bezugspersonen. Die Schilderung ihres Ablaufes gestaltet sich nach den Freud'schen Schriften recht kompliziert, ist dort auch nicht in letzter Eindeutigkeit beschrieben (siehe dazu etwa ebd., S. 101 und S. 127ff. sowie 1912d): Aufgrund der erwähnten Inzestschranke richten sich die körperlich-sinnlichen Regungen der postinfantilen Zeit nicht mehr auf die seinerzeit ersehnten Personen des Ödipuskomplexes; als Objekte der zärtlichen Sexualströmung bleiben diese jedoch bis weit in die Pubertät bestehen. »Die Ergebnisse der infantilen Objektwahl ragen in die spätere Zeit hinein; sie sind entweder als solche erhalten geblieben oder sie erfahren zur Zeit der Pubertät selbst eine Auffrischung«, heißt es in den *Drei Abhandlungen zur Sexualtheorie*. »Infolge der Verdrängungsentwicklung, welche zwischen beiden Phasen liegt, erweisen sie sich aber als unverwendbar. Ihre Sexualziele haben eine Milderung erfahren, und sie stellen nun das dar, was wir als die **zärtliche** Strömung des Sexuallebens bezeichnen können.« Erst die psychoanalytische Untersuchung, so der Autor, »kann nachweisen, dass sich hinter dieser Zärtlichkeit, Verehrung und Hochachtung die alten, jetzt unbrauchbar gewordenen Sexualstrebungen der infantilen Partialtriebe verbergen« (ebd., S. 101). Das körperlich-sexuelle Interesse muss sich nun anderen Personen zuwenden. Letztere Strömung greift wenigstens insofern aber auf die frühen Objekte zurück, als die Partner am Vorbild der ödipalen ausgewählt werden. Die zärtlichen Regungen, die nach dem oben Ausgeführten weiterhin zunächst den infantilen Liebesobjekten gelten, werden auf lange Sicht dann idealerweise auf jene Personen transferiert, auf die sich schon die sinnlichen Interessen gerichtet haben. Diese allmähliche Loslösung von den Eltern und das Zusammenfallen der beiden Libidoströmungen wird am klarsten in der Arbeit »Über die allgemeinste Erniedrigung des Liebeslebens« (1912d) beschrieben: Die in der Pubertät hinzutretende »mächtige« sinnliche Strömung

> »versäumt es anscheinend niemals, die früheren Wege zu gehen und nun mit weit stärkeren Libidobeträgen die Objekte der primären infantilen Wahl zu besetzen. Aber da sie dort auf die unterdessen aufgerichteten Hindernisse der Inzestschranke stößt, wird sie das Bestreben äußern, von diesen real ungeeigneten Objekten möglichst bald den Übergang zu anderen, fremden Objekten zu finden, mit denen sich ein reales Sexualleben durchführen lässt. Diese fremden Objekte werden immer noch nach dem Vorbild (der Imago) der infantilen gewählt werden, aber sie werden mit der Zeit die Zärtlichkeit an sich ziehen, die an die früheren gekettet war. Der Mann wird Vater und Mutter verlassen – nach der biblischen Vorschrift – und seinem Weibe nachgehen, Zärtlichkeit und Sinnlichkeit sind dann beisammen« (1912d; *GW VIII*, S. 80f.).

Von dieser Art der Partnerwahl nach Vorbild der frühen Fremdobjekte (der nach dem Anlehnungstypus) unterscheidet Freud – zunächst aufgrund klinischer Beobachtungen – eine zweite Form, die ebenfalls auf ein infantiles Liebesobjekt zurückgreift, nämlich das eigene Ich: »Wir haben, besonders deutlich bei Personen, deren Libidoentwicklung eine Störung erfahren hat, wie bei Perversen und Homosexuellen, gefunden, dass sie ihr späteres Liebesobjekt nicht nach dem Vorbild der Mutter wählen, sondern nach dem ihrer eigenen Person.« Sie suchen, so der Autor, »offenkundigerweise sich selbst als Liebesobjekt, zeigen den **narzisstisch** zu nennenden Typus der Objektwahl« (1914c; *GW X*, S. 154). Eine solche narzisstische Wahl des Liebesobjektes nimmt Freud – wenn auch mit Einschränkungen hinsichtlich der Allgemeinheit (vgl. ebd., S. 156) – typischerweise bei Frauen an:

> »Die Vergleichung von Mann und Weib zeigt dann, dass sich in deren Verhältnis zum Typus der Objektwahl fundamentale, wenn auch natürlich nicht regelmäßige Unterschiede ergeben. Die volle Objektliebe nach dem Anlehnungstypus ist eigentlich für den Mann charakteristisch. [...] Anders gestaltet sich die Entwicklung bei dem häufigsten, wahrscheinlich reinsten und echtesten Typus des Weibes. Hier scheint mit der Pubertätsentwicklung durch die Ausbildung der bis dahin latenten weiblichen Sexualorgane eine Steigerung des ursprünglichen Narzissmus aufzutreten, welcher der Gestaltung einer ordentlichen, mit Sexualüberschätzung ausgestatteten Objektliebe ungünstig ist. Es stellt sich besonders im Falle der Entwicklung zur Schönheit eine Selbstgenügsamkeit des Weibes her, welche das Weib für die ihm sozial verkümmerte Freiheit der Objektwahl entschädigt. Solche Frauen lieben, streng genommen, nur sich selbst mit ähnlicher Intensität, wie der Mann sie liebt. Ihr Bedürfnis geht auch nicht dahin zu lieben, sondern geliebt zu werden, und sie lassen sich den Mann gefallen, welcher diese Bedingung erfüllt« (ebd., S. 154f.).

Die eigentliche körperliche Sexualbetätigung setzt nach psychoanalytischer Auffassung nicht erst mit der Pubertät ein, sondern knüpft an Verhaltensweisen der frühen Kinderjahre an. Nicht alle in jener Zeit zu findenden Partialtriebe werden jedoch unverändert in Form und Stärke in die Periode der Erwachsenensexualität übernommen; manche sind durch die dazwischen liegende Latenzphase mit dem Aufbau diverser Hemmmechanismen stark modifiziert oder gar vollständig und irreversibel *unterdrückt* worden, insbesondere »die **koprophilen**, das heißt die mit den Exkrementen zusammenhängenden Lustregungen der Kindheit« (1910a; *GW VIII*, S. 47f.). Andere Partialtriebe werden neu belebt, etwa der orale, aber insofern in ihrem Charakter modifiziert, als sie sich nun hinsichtlich ihrer Triebziele untereinander *koordinieren* und dem *Primat der Genitalien* unterordnen, d.h. bei der Vorbereitung und Ausführung des genitalen Sexualaktes mitwirken; das impliziert, dass (sofern die Umstände es erlauben) die ausschließliche autoerotische Betätigung der Kinderzeit aufgegeben wird, die Partialtriebe mittels eines fremden Objektes befriedigt werden. Gleichzeitig stellt sich die Sexualität nun, da die Keimdrüsen voll in ihrer Funktion entwickelt sind, in den »Dienst der Fortpflanzung«. Dieser wichtige Sachverhalt ist in den in den USA gehaltenen Vorlesungen prägnant dargestellt:

> »Dieses zerfahrene, reichhaltige, aber dissoziierte Sexualleben des Kindes, in welchem der einzelne Trieb unabhängig von jedem anderen dem Lusterwerbe nachgeht, erfährt nun eine Zusammenfassung und Organisation nach zwei Hauptrichtungen, sodass mit Abschluss der Pubertätszeit der definitive Sexualcharakter des Individuums meist fertig ausgebildet ist. Einerseits unterordnen sich die einzelnen Triebe der Oberherrschaft der Genitalzone, wodurch das ganze Sexualleben in den Dienst der Fortpflanzung tritt und die Befriedigung ersterer nur noch als Vorbereitung und Begünstigung des eigentlichen Sexualaktes von Bedeutung bleibt. Anderseits drängt die Objektwahl den Autoerotismus zurück, sodass nun im Liebesleben alle Komponenten des Sexualtriebes an der geliebten Person befriedigt werden wollen« (ebd., S. 47).

Die Bedeutung der einzelnen Partialtriebe bei der Vorbereitung der genitalen Vereinigung muss erläutert werden – wobei auf Freuds Bemühen, diese Sachverhalte in eine distanzierte biologische Sprache zu bringen, besonders hingewiesen sei. Die Reizung der verschiedenen erogenen Zonen bringt, wie in der Kindheit, bei der Sexualbetätigung des Erwachsenenalters Lustempfindung mit sich. Während es sich allerdings seinerzeit – man denke etwa an das Wonnesaugen – um einen isolierten Akt gehandelt hatte, führt dieser später im Allgemeinen zur *Steigerung der sexuellen Erregung* und damit zum Versuch eines weiteren Vorantreibens der Handlung bis zur eventuellen sexuellen Vereinigung. Die bei der Entladung der Geschlechtsprodukte – Freud geht hier unausgesprochen vom Fall des Mannes aus – entstehende, im Ablauf letzte und größte Lust wird als *Endlust* bezeichnet, die aus der Reizung erogener Zonen resultierende, intermediäre als *Vorlust:*

> »Sie [scil. die erogenen Zonen] werden sämtlich dazu verwendet, durch ihre geeignete Reizung einen gewissen Betrag von Lust zu liefern, von dem die Steigerung der Spannung ausgeht, welche ihrerseits die nötige motorische Energie aufzubringen hat, um den Sexualakt zu Ende zu führen. Das vorletzte Stück desselben ist wiederum die geeignete Reizung einer erogenen Zone, der Genitalzone selbst an der Glans penis durch das dazu geeignetste Objekt, die Schleimhaut der Scheide, und unter der Lust, welche diese Erregung gewährt, wird diesmal auf reflektorischem Wege die motorische Energie gewonnen, welche die Herausbeförderung der Geschlechtsstoffe besorgt. Diese letzte Lust ist ihrer Intensität nach die höchste, in ihrem Mechanismus von der früheren verschieden. Sie wird ganz durch Entlastung hervorgerufen, ist ganz Befriedigungslust und mit ihr erlischt zeitweilig die Spannung der Libido.

> Es scheint mir nicht unberechtigt, diesen Unterschied in dem Wesen der Lust durch Erregung erogener Zonen und der anderen bei der Entleerung der Sexualstoffe durch eine Namengebung zu fixieren. Die erstere kann passend als **Vorlust** bezeichnet werden im Gegensatz zur **Endlust** oder Befriedigungslust der Sexualtätigkeit. Die Vorlust ist dann dasselbe, was bereits der infantile Sexualtrieb, wenngleich in verjüngtem Maße, ergeben konnte; die Endlust ist neu, wahrscheinlich an Bedingungen geknüpft, die erst mit der Pubertät eingetreten sind. Die Formel für die neue Funktion der erogenen Zonen lautete nun: Sie werden dazu verwendet, um mittels der von ihnen wie im infantilen Leben zu gewinnenden Vorlust die Herbeiführung der größeren Befriedigungslust zu ermöglichen« (1905d; *GW V*, S. 111f.).

Während beim Mann die Erwachsenensexualität weitgehend auf die Entwicklungen der phallischen Phase zurückgreifen kann, alle Partialtriebe bereits einmal aktiviert waren und die wesentlichen erogenen Zonen bereits »entdeckt« sind, gestalten sich die Verhältnisse bei der Frau erheblich komplizierter. Erwähntermaßen spielt nach Freuds Auffassung ihre leitende erogene Zone des Erwachsenenalters, die Vaginalschleimhaut, in der infantilen Sexualität keine Rolle; in der phallischen Phase nimmt diese Funktion allein die Klitoris ein. Diese gewissermaßen männliche Sexualität musste zum einen bereits bei der Ausbildung des Ödipuskomplexes unterdrückt werden; zum anderen weist Freud auf eine zweite »Verdrängung« dieser Regungen hin: sie finde im Rahmen der durch die Keimdrüsenreifung in der Pubertät neu aufblühenden Sexualstrebungen statt. Nur wenn diese Verdrängung nicht zu stark sei, könne sich ein normales weibliches Sexualempfinden entwickeln:

> »Will man das Weibwerden des kleinen Mädchens verstehen, so muss man die weiteren Schicksale dieser Klitoriserregbarkeit verfolgen. Die Pubertät, welche dem Knaben jenen Vorstoß der Libido bringt, kennzeichnet sich für das Mädchen durch eine neuerliche Verdrängungswelle, von der gerade die Klitorissexualität betroffen wird. Es ist ein Stück männlichen Sexuallebens, was dabei der Verdrängung verfällt. [...] Die Klitoris behält dann die Rolle, wenn sie beim endlich zugelassenen Sexualakt selbst erregt wird, diese Erregung an die benachbarten weiblichen Teile weiter zu leiten, etwa wie ein Span Kienholz dazu benützt werden kann, das härtere Brennholz in Brand zu setzen. [...] Ist die Übertragung der erogenen Reizbarkeit von der Klitoris auf den Scheideneingang gelungen, so hat damit das Weib seine für die spätere Sexualbetätigung leitende Zone gewechselt, während der Mann die seinige von der Kindheit an beibehalten hat« (1905d; *GW V*, S. 122f.).

Bei diesem komplizierten Vorgang ergeben sich diverse Möglichkeiten für Fehlentwicklungen, beispielsweise die einer sexuellen Empfindungslosigkeit (»Anästhesie«), welche den Scheideneingang, nicht aber die Klitoris betreffe (ebd., S. 122), sowie eine – nicht näher ausgeführte – Disposition zur Ausbildung psychischer Störungen:

> »In diesem Wechsel der leitenden erogenen Zone sowie in dem Verdrängungsschub der Pubertät, der gleichsam die infantile Männlichkeit beiseite schafft, liegen die Hauptbedingungen für die Bevorzugung des Weibes zur Neurose, insbesondere zur Hysterie. Diese Bedingungen hängen also mit dem Wesen der Weiblichkeit innigst zusammen« (ebd., S. 123).

4 Nicht-klinische Anwendungen der Psychoanalyse

4.1 Allgemeines; Überblick

Bis zur Aufgabe der sogenannten Verführungstheorie im Herbst 1897 (siehe 5.2) war die Psychoanalyse ausschließlich eine Forschungsmethode zur Findung krankheitsrelevanter Zusammenhänge (und zugleich ein Therapieverfahren), die aufgrund der Beobachtungen entwickelte psychoanalytische Theorie – ungenau ebenfalls als »Psychoanalyse« bezeichnet – ein System von Konzepten zur Erklärung der Symptomentstehung. Mit der Einsicht in die Unhaltbarkeit dieser »Verführungstheorie« beschäftigte sich Freud nun zwangsläufig sehr viel stärker mit psychischen Prozessen[14] und den Vorgängen der Fantasiebildung; dass andererseits die in der analytischen Sitzung vorgebrachten Erinnerungen und Fantasien so regelmäßig in die frühe Kindheit zurück gingen und stets sexuelle Themen betrafen, war schwer verständlich ohne die Annahme, dass bereits in jener frühen Zeit Ansätze eines Sexuallebens vorliegen. Kurzum: Freud musste sich eine Theorie des Sexuallebens erarbeiten, allgemeiner: eine Trieblehre.

Dass Freud mit dem Studium der Traumvorgänge weit reichende Einsichten in bis dato unbekannte, aber zweifellos »normal« zu nennende psychische Prozesse gewann und diese in seinen ersten metapsychologischen Überlegungen des letzten Kapitels der *Traumdeutung* in allgemeine Terme zu fassen versuchte, war

---

14 Die frühe »Abwehrtheorie« der Neurosen (und ihre Erweiterung in Form der Verführungstheorie) kommt mit einfachsten diesbezüglichen Annahmen aus: Bestimmten Vorstellungen kann die Bewusstseinsfähigkeit entzogen werden, wenn der ihnen anhaftende Affektbetrag andere Verwendung findet (z. B. ein körperliches Symptom verstärkt oder einen Gedanken zum Zwangsgedanken werden lässt). Eine eigentliche Theorie psychischer Prozesse im Sinne von Entstellungen oder Verschmelzungen von Gedanken ist hier nicht erforderlich.

Gegenstand von Kapitel 2 dieses Buches. Mit Betrachtung allgemeinpsychologischer Phänomene und Beobachtungen an gesunden Personen hatte sich aber nun ein wesentlicher Schritt vollzogen, ohne den die Psychoanalyse nie jenes breite Interesse gefunden hätte. Der Autor kommentiert dies in der *Selbstdarstellung* so:

> »Der überragende Wert der Traumdeutung [...] liegt aber nicht in der Unterstützung, die sie der klinischen Arbeit leihen, sondern in einer anderen Eigenschaft derselben. Bisher hatte die Psychoanalyse sich nur mit der Auflösung pathologischer Phänomene beschäftigt und zu deren Erklärung oft Annahmen machen müssen, deren Tragweite außer Verhältnis zur Wichtigkeit des behandelten Stoffes stand. Der Traum aber, den sie in Angriff nahm, war kein krankhaftes Symptom, er war ein Phänomen des normalen Seelenlebens, konnte sich bei jedem gesunden Menschen ereignen. Wenn der Traum so gebaut ist wie ein Symptom, wenn seine Erklärung die nämlichen Annahmen erfordert, die der Verdrängung von Triebregungen, der Ersatz- und Kompromissbildung, der verschiedenen psychischen Systeme zur Unterbringung des Bewussten und Unbewussten, dann ist die Psychoanalyse nicht mehr eine Hilfswissenschaft der Psychopathologie, dann ist sie vielmehr der Ansatz zu einer neuen und gründlichen Seelenkunde, die auch für das Verständnis des Normalen unentbehrlich wird. Man darf ihre Voraussetzungen und Ergebnisse auf andere Gebiete des seelischen und geistigen Geschehens übertragen; der Weg ins Weite, zum Weltinteresse, ist ihr eröffnet« (1925d; *GW XIV*, S. 73).

Nicht anders ist verhält es sich mit der Trieblehre, wie sie zuerst in den *Drei Abhandlungen zur Sexualtheorie* (1905d) entwickelt wird: Die Annahmen einer regelhaften infantilen Sexualität mit ersten inzestuösen Liebesobjekten, ihre Unterdrückung und Bewältigung in der Latenzphase (speziell durch den Mechanismus der Sublimierung), ihr erneutes Aufleben in der Pubertät (mit teilweisem Aufgreifen, teilweiser Ablehnung infantiler Wünsche und Praktiken) erweist sich nicht nur als notwendig und sinnvoll zur Erklärung von Perversionen und Neurosen, sondern beleuchtet in bis dato nie gekanntem Maße das normale Liebesleben. Der Gewinn geht sogar noch weiter: Da zärtliche (im weiteren Sinne sogar freundschaftliche) Bindungen ebenfalls von sinnlich-sexuellen Triebstrebungen abgeleitet werden, lassen sich mittels der Libidotheorie der Zusammenhalt von Gruppen und Gesellschaften, die Entwicklung von Kultur sowie schließlich die Wurzeln und die Funktion von Religion unter völlig neue Gesichtspunkte bringen.

Erste Anwendungen dieser psychologischen Theorien auf Normalphänomene finden sich bereits in den Schriften *Zur Psychopathologie des Alltagslebens*

(1901b) sowie *Der Witz und seine Beziehung zum Unbewussten* (1905c). In der ersteren Arbeit – eine der populärsten Schriften Freuds (durch welche übrigens der Verfasser dieses kleinen Büchlein vor mehr als einem halben Jahrhundert den ersten Zugang zur Psychoanalyse gefunden hatte) – wird gezeigt, dass sich »Fehlleistungen« (harmlose Irrtümer bei den alltäglichen Verrichtungen) sinnvoll erklären lassen. Bei den häufigsten und durchsichtigsten dieser Art, den Versprechern, stören sich zwei Absichten, etwas zu äußern. Die eine ist die bewusst intendierte, die andere eine unterdrückte Aussage, die oft mit vollem Wissen nicht zum Ausdruck kommen sollte, in anderen (selteneren) Fällen auch dem Sprechenden augenblicklich nicht bekannt ist, im Extremfall sogar völlig unbewusst sein kann; als Kompromiss (ähnlich wie es beim manifesten Trauminhalt der Fall ist) kommt dann eine sprachliche Neuschöpfung zu Stande oder sogar die nicht intendierte Aussage allein zum Ausdruck. Der Effekt von Witzen wird darauf zurückgeführt, dass vorbewusstes Material einer Bearbeitung nach den (in der *Traumdeutung* herausgearbeiteten) Denkprozessen des Systems *Ubw* unterworfen wurde. Die erstere der beiden Arbeiten mit den dort entwickelten Theorien (u. a. zur strengen Determiniertheit psychischer Prozesse) ist ausführlich bei Köhler (2014a, S. 244ff.) dargestellt, die zweite bei Köhler (2014c, S. 128ff.); insofern mögen die obigen Andeutungen genügen.

Unmittelbar durch die Thesen der *Traumdeutung* angeregt ist Freuds erste Arbeit zur Literatur im Jahre 1907. Anhand der Erzählung »Gradiva« des heute vergessenen W. Jensen, in welcher die Hauptfigur, ein junger Archäologe, sich in einer eigenartigen Welt aus Traum und Fantasie (bzw. Wahn) bewegt, versucht Freud aufzuzeigen, dass die von ihm bei der Traumbildung gefundenen Gesetzmäßigkeiten sich ebenso für andere schöpferische Produkte nachweisen lassen; so werden im Sinne von Verschiebungen und Verdichtungen auch im betrachteten Werk die Mechanismen der Traumarbeit eingesetzt, und es kann das literarische Produkt als Fantasiebefriedigung unbewusster Wünsche aufgefasst werden. Deutung jener Mischung aus Traum und wahnhaftem Wacherleben, wie sie die »Gradiva« charakterisiert, zeigt, so Freud, »dass von Dichtern erfundene Träume sich oft der Analyse gegenüber wie genuine verhalten« (1907a; *GW VII*, S. 76). Auch diese Arbeit wurde sehr beachtet und machte übrigens Thomas Mann mit der Psychoanalyse bekannt; es entspann sich bald ein lebhafter Briefwechsel, Mann verarbeitete wiederholt psychoanalytische Einsichten in seinen Werken (beispielsweise im *Zauberberg*), und dass der berühmte Literat und Nobelpreisträger die Festrede zu Freuds 80. Geburtstag hielt, wurde schon erwähnt. Mit »Das Motiv zur Kästchenwahl« (1913f) wird eine weitere Arbeit zu diesem Themenkomplex präsentiert, der bald darauf »Eine Kindheitserinnerung aus Dichtung und Wahrheit« (1917b) folgt: Eine Erinnerung Goethes, wie er als Kind Geschirr durch das Fenster aus seinem Elternhause warf, bringt Freud anhand biografischer Nachforschungen in zeitlichen Zusammenhang mit der Geburt eines Geschwisterchens und deutet die Handlung als Todeswunsch diesem gegenüber. Gemeinsam ist allen genannten Arbeiten[15], dass sie eine im Kontext des jeweiligen Werkes nicht oder nur unvollständig motivierte Handlung unter Annahme unbewusster Motive mithilfe psychoanalytischer Konzepte als sinnvoll erkennen lassen.

Die kleine Schrift »Zwangshandlungen und Religionsübungen« (1907b) ist die erste einer stattlichen Zahl religionspsychologischer Arbeiten. Zunächst wird die Ähnlichkeit zwischen religiösen Zeremoniellen und den Privatzeremoniellen von Zwangskranken herausgearbeitet. Nachdem bei letzteren die Intention bekannt ist (Abwehr von Triebregungen), wird Ähnliches auch für religiöse Praktiken nachzuweisen versucht, was allerdings nur bedingt gelingt. Generell krankt die Arbeit daran, dass Freud zu jenem Zeitpunkt noch keine klare Konzeption der Zwangsneurose hatte. Bemerkenswert ist jedoch der hier entwickelte Ansatz – welcher einige Jahre später in *Totem und Tabu* sehr viel weiter führen wird –, nicht oder unzureichend verstandene Verhaltensweisen (z.B. religiöse Praktiken, Tabuvorschriften) mit den vordergründig ebenfalls rätselhaften, aber mittels der Psychoanalyse als sinnvolle psychische Prozesse erklärbaren neurotischen Symptomen zunächst unter äußerlichen Gesichtspunkten zu vergleichen (z.B. hinsichtlich Gestalt, Umständen des Auftretens). Im Falle hinreichender Übereinstimmung versucht Freud, nun die Bedingungen und Bildungsmechanismen, die er für neurotische Symptome erkannt zu haben glaubt, auch bei jenen unverstandenen Phänomenen zu finden. Er hütet er sich dabei jedoch vor unüberlegten Analogieschlüssen: Es gilt lediglich, unter dieser (möglicherweise in die Irre führenden) Erwartung die Phänomene erneut zu betrachten – losgelöst von Thesen, welche der Volksglauben oder andere wissenschaftliche Disziplinen dazu schon entwickelt haben.

---

15 Eine Mischung aus psychoanalytischer Literatur- und Kunstinterpretation stellt die Schrift *Eine Kindheitserinnerung des Leonardo da Vinci* (1910c) dar: Aus einer Kindheitserinnerung (oder Fantasie) des Künstlers schließt Freud auf eine sehr frühe erotische Bindung zur Mutter und leitet daraus dessen (latente) Homosexualität ab – die nicht ausgelebt, sondern weitgehend sublimiert seine bemerkenswerte künstlerische und wissenschaftliche Produktivität erklären soll.

Keinen psychoanalytischen Bezug hat hingegen »Der Moses des Michelangelo« (1914b), wo Freud – in ausschließlichem Bezug auf die Details der Statue – die besondere Haltung der Figur zu deuten versucht.

Dieser Ansatz wird konsequent in *Totem und Tabu* (1912–13a) verfolgt, einer der inhaltsreichsten und darstellerisch gelungensten Schriften Freuds, welcher angesichts ihrer Bedeutung ein eigener Abschnitt gewidmet ist (4.3). Es handelt sich zunächst um die Erklärung völkerkundlicher Phänomene; allerdings entwickelt sich daraus auch eine erste psychoanalytische Religionstheorie, indem der »Totemismus« bereits als frühes religiöses System aufgefasst werden kann. Ihn erklärt Freud durch die zweifellos hoch spekulative, jedoch intellektuell ungemein reizvolle Annahme, dass die Söhne der vorgeschichtlichen Urhorde ihren Vater erschlagen hätten und – teils zur Sühnung der Tat, teils zur Festigung der so neu geschaffenen Verhältnisse – dieses System der Verehrung des Totemtieres mit einer Anzahl daran geknüpfter Tabuvorschriften etabliert hätten. Bereits hier versucht der Autor den Bezug zur christlichen Religion herzustellen. Dies tut er noch einmal angedeutet in der religionskritischen Schrift *Die Zukunft einer Illusion* (1927c) und speziell in *Der Mann Moses und die monotheistische Religion* (1939a); diesen religionspsychologischen Arbeiten ist Abschnitt 4.4 gewidmet.

1908 erscheint die Schrift »Die ›kulturelle‹ Sexualmoral und die moderne Nervosität« (1908d), welche eine Mischung aus klinischer und nicht-klinischer Anwendung darstellt. Zur seinerzeit lebhaften Diskussion über die Zunahme neurotischer Erkrankungen fügt Freud ein neues Moment hinzu: Dies sei nicht zuletzt Folge immer stärkerer Unterdrückung von (direkten) Sexualstrebungen in der Kulturentwicklung. Dabei expliziert er zum ersten Mal genauer seine in den *Drei Abhandlungen zur Sexualtheorie* bereits angedeutete These vom Triebverzicht als Fundament der Kultur:

> »Unsere Kultur ist ganz allgemein auf der Unterdrückung von Trieben aufgebaut. Jeder einzelne hat ein Stück seines Besitzes, seiner Machtvollkommenheit, der aggressiven und vindikativen Neigungen seiner Persönlichkeit abgetreten; aus diesen Beiträgen ist der gemeinsame Kulturbesitz an materiellen und ideellen Gütern entstanden« (1908d; *GW VII*, S. 149f.).

Diese These, dass Kultur wesentlich auf Verzicht von Triebhandlungen (aggressiver wie sexueller Natur) besteht, und dass vom Ziel abgelenkte sexuelle Strebungen in Form von Sublimierung einen weiteren speziellen Kulturbeitrag leisten, ist Inhalt von Freuds bekanntester kulturtheoretischer Schrift, *Das Unbehagen in der Kultur* (siehe 4.2). Weiter könnte man zu den kulturtheoretischen Schriften die Arbeiten »Zeitgemäßes über Krieg und Tod« (1915d) sowie den offenen Brief an A. Einstein »Warum Krieg?« (1933b) rechnen; auch *Massenpsychologie und Ich-Analyse* (1921c) ließe sich zumindest teilweise unter dieser Rubrik einordnen.

Diese Arbeiten, die hier nicht weiter zur Darstellung kommen sollen, sind ausführlich in Köhler (2014b) kommentiert.

4.2 Freuds Kulturtheorie

Diese ist im Wesentlichen in der Schrift *Das Unbehagen in der Kultur* (1930a) niedergelegt, wobei besagte Arbeit, welche weniger einem inneren Bedürfnis zur Mitteilung entsprang als eher eine Möglichkeit der Freizeitbeschäftigung in den Ferien darstellte, vom Autor selbst recht negativ bewertet wurde (siehe Jones, 1984, Bd. 3, S. 159). In der Tat sind die Thesen wenig klar formuliert, sodass sie hier nur deutlich verkürzt und eher frei wiedergegeben werden.

Der Zusammenschluss zahlreicher Individuen, wie es zur Schöpfung von Kultur nötig wird, ist ein vielschichtiger Vorgang. Das utilitaristische Interesse, das Empfinden, von diesen miterbrachten Kulturleistungen selbst zu profitieren, wäre nicht in der Lage, einen längeren Zusammenhalt auf längere Zeit zu sichern. Zum einen steht dem ein gewisses »narzisstisches« (egoistisches) Interesse entgegen, d. h. die mangelnde Bereitschaft, mit Personen außerhalb der eigenen Familie in engeren Kontakt zu treten; zum anderen geht Freud – der mittlerweile im Rahmen seines Todestriebkonzepts (siehe Kap. 3.2) die Vorstellung eines *Aggressionstriebes* entwickelt hat – von einem regelrechten gegenseitigen Hass zwischen den Menschen aus, sogar unter den Mitgliedern der Kulturgemeinschaft: »Für alles Weitere stelle ich mich also auf den Standpunkt, dass die Aggressionsneigung eine ursprüngliche, selbständige Triebanlage des Menschen ist, und komme darauf zurück, dass die Kultur ihr stärkstes Hindernis in ihr findet« (1930a; *GW XIV*, S. 481).

Die Überwindung dieser der Kulturschöpfung abträglichen Trennungstendenzen muss mithilfe *libidinöser Strebungen* gelingen. Hierzu sei in Erinnerung gerufen, dass die Psychoanalyse unter Sexualität nicht nur die direkten sinnlichen Strebungen versteht, sondern ebenso zärtliche Impulse. Letztere seien aus den ersteren hervorgegangen, prototypisch schon früh in der individuellen Entwicklung, wenn die auf die nächsten Angehörigen gerichteten sinnlich-libidinösen Impulse unterdrückt werden müssten und nur noch als Zärtlichkeit ungestraft akzeptiert würden. Es geht nun darum, diese auf Personen der unmittelbaren Umgebung beschränkten zärtlichen Bindungen zu erweitern und in Form von Freundschaften auf andere Mitglieder der Kulturgemeinschaft ausdehnen. Dem wiederum steht die Unwilligkeit der Familie entgegen, ihre Angehörigen in die Gesellschaft zu entlassen. Es kommt ein zweites, noch bedeutenderes Moment hinzu: Diese neuen zärtlichen Bindungen können sich nur auf Kosten der direkten Sexualstrebungen entwickeln, sodass die triebgerechte Sexualaktivität (die ja beim Menschen, anders als bei Tieren, nicht auf bestimmte Zeitintervalle beschränkt ist) eine kulturfeindliche Wirkung hat. Andererseits hat die Unterdrückung sinnlicher Sexualimpulse nicht nur den (indirekt) die Kulturbildung fördernden Effekt, dass auf deren Kosten neue freundschaftliche Bindungen zwischen Fremden hergestellt werden. Zudem führt sie direkt zu kulturell zu nennenden Tätigkeiten und zwar mittels der *Sublimierung*, der Umlenkung sexueller Triebenergie auf höhere Ziele; dies geschieht zum ersten Mal in der Latenzzeit und bleibt ein Leben lang als individuell stark variable Fähigkeit erhalten, die Anforderungen der Sexualtriebe zu kontrollieren. Andererseits ist es einsichtig, dass eine solche von der Kultur geforderte Umlenkung der Sexualenergie nicht in unbegrenztem Maße geschehen kann; eine durch Verdrängung sexueller Wünsche geförderte Neurosenentstehung ist daher ein zu berücksichtigender Effekt der Kulturbildung mit ihren immer höheren Anforderungen an die beteiligten Individuen.

Gleichzeitig ist auch eine *Unterdrückung aggressiver Impulse* notwendig; diese können nach Freud nicht sublimiert werden, sondern erleiden ein anderes Triebschicksal: Sie werden gegen das eigene Ich gewendet (introjiziert), verstärken das Über-Ich[16] in seinen Anforderungen, sodass schließlich ein wachsendes Schuldgefühl entsteht. Die Befolgung der Über-Ich-Vorschriften, also unter anderem die Unterdrückung aggressiver Impulse, lässt jedoch durch die Wendung nach innen gleichzeitig das Über-Ich noch strenger werden, womit sich eine Art Teufelsspirale ausbildet. Das zu Beginn der Schrift konstatierte Unbehagen an der Kultur hat somit zwei wesentliche Wurzeln: zum einen die wachsende Nervosität als Folge der von der Kultur geforderten Sexualunterdrückung, andererseits ein sich selbst nährendes Schuldgefühl. Es resultiert dann jene Aussage, die Freud als die zentrale der Schrift (»das Endergebnis unserer Untersuchung«) bezeichnet, nämlich »das Schuldgefühl als das wichtigste Problem der Kulturentwicklung hinzustellen und darzutun, dass der Preis für die Kulturentwicklung in der Glückseinbuße durch die Erhöhung des Schuldgefühls bezahlt wird« (1930a; *GW XIV*, S. 493f.).

16 Die Genese des Über-Ichs ist kompliziert: Es entsteht über Verinnerlichung zunächst von außen gegebener und durch Strafen sanktionierter Verhaltensvorschriften, erfährt eine gewaltige Verstärkung bei der Auflösung des Ödipuskomplexes und der folgenden Identifikation mit den elterlichen Vorbildern (speziell dem Vater beim Knaben), erhält und vergrößert sich im Weiteren dann durch nach innen gerichtete Aggression, also nicht zuletzt durch Befolgung der vom ihm selbst auferlegten Vorschriften.

4.3 Totem und Tabu

Die Schrift besteht aus vier Aufsätzen, die zunächst einzeln in Ausgaben der psychoanalytischen Zeitschrift *Imago* erschienen und schließlich 1913 zu einem Buch zusammengefasst wurden (Freud, 1912–13a). Inhaltsreichster ist zweifellos der vierte mit dem Titel »Die infantile Wiederkehr des Totemismus«. Diesem widmete sich Freud mit besonderer Hingabe: »Ich schreibe«, heißt es in einem Brief an S. Ferenczi vom Mai 1913, »jetzt am Totem mit der Empfindung, dass es mein Größtes, Bestes, vielleicht mein letztes Gutes ist. Innere Sicherheiten sagen mir, dass ich Recht habe« (zitiert nach Jones, 1984, Bd. 2, S. 416).

Intention der Arbeit war es zu versuchen, nur unbefriedigt erklärte Verhaltensweisen bei Naturvölkern mithilfe psychoanalytischer Annahmen als sinnvoll motivierte Handlungen nachzuweisen. Die Aufsätze entsprechen, so Freud im Vorwort, »einem ersten Versuch von meiner Seite, Gesichtspunkte und Ergebnisse der Psychoanalyse auf ungeklärte Probleme der Völkerpsychologie anzuwenden« (1912–13a; *GW IX*, S. 3).[17]

Der erste Aufsatz, betitelt »Die Inzestscheu«, leistet in Bezug auf die genannte Intention am wenigsten, ist jedoch insofern durchaus von Interesse, als

17 Sie enthalten, erklärt er, »also einen methodischen Gegensatz einerseits zu dem groß angelegten Werke von **W. Wundt**, welches die Annahmen und Arbeitsweisen der nicht analytischen Psychologie derselben Absicht dienstbar macht, und andererseits zu den Arbeiten der Züricher analytischen Schule, die umgekehrt Probleme der Individualpsychologie durch Heranziehung von völkerpsychologischem Material zu erledigen streben« (1912–13a; *GW IX*, S. 3).

Wilhelm Wundts großes Werk *Völkerpsychologie* kritisiert Freud im Text mehrfach als oberflächlich, wenn auch im Ton sehr gemäßigt; privat drückte er sich äußerst vernichtend über »diesen Quatsch« aus (siehe Köhler, 2014b, S. 161).

Gleichzeitig akzentuiert Freud hier seine Gegenposition zu C. G. Jung, der sich bekanntlich wenig später mit seiner Schule absonderte; dieser machte den Versuch, die individuellen Gegebenheiten durch Berufung auf kollektives Material (Mythen, Glaubensinhalte u. ä.) aufzuklären – während Freud sich programmatisch vornahm, erst die Vorgeschichte des Individuums zur Erklärung auszuschöpfen. So schreibt Jung in einer Neuauflage von *Wandlungen und Symbole der Libido*: »Für mich bedeutet der Inzest nur in den allerseltensten Fällen eine persönliche Komplikation. Meist stellt er einen hochreligiösen Inhalt dar, weshalb er auch in fast allen Kosmogonien und zahlreichen Mythen eine entscheidende Rolle spielt.« Aber Freud, fügt er hinzu, »hielt an der wortwörtlichen Auffassung fest und konnte die geistige Bedeutung des Inzestes als eines Symbols nicht fassen« (Jung, 1962, S. 171; zitiert nach Köhler, 2014b, S. 161). Freud hatte bei der Abfassung von *Totem und Tabu* zu Recht vermutet, dass sich nun die schon lange bestehende Dissonanz mit Jung erheblich vertiefen würde.

völkerkundliches Material eine Bestätigung psychoanalytischer Thesen liefert. Die als zentrale Konfliktsituation der Kindheit (bei Neurotikern auch noch im späteren Leben) herausgearbeiteten inzestuösen Sexualwünsche zeigten sich deutlich bei den »Wilden« darin, dass sie mit strengsten Vorschriften solche Kontakte schon im Vorfeld zu unterbinden versuchten: So würde bei den Battas auf Sumatra ein junger Mann sich in Gesellschaft seiner Schwester »unbehaglich fühlen, selbst wenn noch andere Personen mit anwesend« seien. Ein Vater werde »auch nicht allein im Hause mit seiner Tochter bleiben, ebenso wenig wie eine Mutter mit ihrem Sohne«. Freud zitiert einen holländischen Missionar, der »diese Sitten leider für sehr wohlbegründet« hält:

> »Es wird bei diesem Volke ohne weiters angenommen, dass ein Alleinsein eines Mannes mit einer Frau zu ungehöriger Intimität führen werde, und da sie vom Verkehr naher Blutsverwandter alle möglichen Strafen und üblen Folgen erwarten, tun sie recht daran, allen Versuchungen durch solche Verbote auszuweichen« (ebd., S. 17).

Der Autor resümiert:

> »Es ist uns darum nicht unwichtig, an den wilden Völkern zeigen zu können, dass sie die zur späteren Unbewusstheit bestimmten Inzestwünsche des Menschen noch als bedrohlich empfinden und der schärfsten Abwehrmaßnahmen für würdig halten« (ebd., S. 25).

Der zweite der Aufsätze, »Das Tabu und die Ambivalenz der Gefühlsregungen« greift auf den Ansatz in »Zwangshandlungen und Religionsübungen« zurück (siehe 4.1), bestimmte Verhaltensweisen (hier Tabugebräuche) mit neurotischen Symptomen zu vergleichen und sie damit einem besseren Verständnis zuzuführen. Die Tabubeschränkungen, welche beispielsweise Genuss bestimmter Speisen, Kontakt mit bestimmten Personen, Anwesenheit an bestimmten Orten betreffen, seien »etwas anderes als die religiösen oder moralischen Verbote«. Sie werden, erläutert der Autor, »nicht auf das Gebot eines Gottes zurückgeführt, sondern verbieten sich eigentlich von selbst«. Und: »Die Tabuverbote entbehren jeder Begründung; sie sind unbekannter Herkunft; für uns unverständlich, erscheinen sie jenen selbstverständlich, die unter ihrer Herrschaft stehen« (ebd., S. 26f.).

Diesem rätselhaften Phänomen nähert sich Freud nun unter einem neuen Blickwinkel: Die Zwangskranken hätten sich solche Tabuverbote individuell geschaffen und befolgten sie ebenso streng »wie die Wilden die ihrem Stamme oder ihrer Gesellschaft gemeinsamen«. Von dieser Zwangskrankheit habe er »aber durch die psychoanalytische Untersuchung so viel erfahren, die klinische Ätiologie und das Wesentliche des psychischen Mechanismus«, dass er es sich »nicht versagen« könne, »das hier Gelernte zur Aufklärung der entsprechenden völkerpsychologischen Erscheinung zu verwenden«. Er weist zunächst auf die gemeinsamen Wesenszüge der unklaren Herkunft einerseits und der scheinbar fehlenden Motivierung andererseits hin: Zwangsverbote wie Tabuvorschriften seien »irgend einmal aufgetreten« und müssten »nun infolge einer unbezwingbaren Angst gehalten werden«. Und weiter: »Eine äußere Strafandrohung ist überflüssig, weil eine innere Sicherheit (ein Gewissen) besteht, die Übertretung werde zu einem unerträglichen Unheil führen.« Das Äußerste, was die Zwangskranken mitteilen könnten, sei »die unbestimmte Ahnung, es werde eine gewisse Person ihrer Umgebung durch die Übertretung zu Schaden kommen« (ebd., S. 35ff.).

Deutlich weist Freud auf die »großartige Verschiebbarkeit« bei den Tabubeschränkungen hin: Sie dehnten sich »auf irgend welchen Wegen des Zusammenhanges von einem Objekt auf das andere aus« und machten auch dieses neue Objekt »unmöglich« (ebd., S. 38). Ähnlich bei den Zwangsneurotikern: »Die Zwangskranken benehmen sich so, als wären die ›unmöglichen‹ Personen und Dinge Träger einer gefährlichen Ansteckung, die bereit ist, sich auf alles Benachbarte durch Kontakt zu übertragen« (ebd.). Zum Beleg bringt er »zwei Beispiele von Übertragung (besser Verschiebung) des Verbotes«, das eine aus dem Leben der Maori, das andere aus Beobachtungen an einer »zwangskranken Frau«:

> »›Ein **Maori**häuptling wird kein Feuer mit seinem Hauch anfachen, denn sein geheiligter Atem würde seine Kraft dem Feuer mitteilen, dieses dem Topf, der im Feuer steht, der Topf der Speise, die in ihm gekocht wird, die Speise der Person, die von ihr isst, und so müsste die Person sterben, die gegessen von der Speise, die gekocht in dem Topf, der gestanden im Feuer, in das geblasen der Häuptling mit seinem heiligen und gefährlichen Hauch.‹
>
> Die Patientin verlangt, dass ein Gebrauchsgegenstand, den ihr Mann vom Einkauf nach Hause gebracht, entfernt werde, er würde ihr sonst den Raum, in dem sie wohnt, unmöglich machen. Denn sie hat gehört, dass dieser Gegenstand in einem Laden gekauft wurde, welcher in der, sagen wir, Hirschengasse liegt. Aber Hirsch ist heute der Name einer Freundin, die in einer ferneren Stadt lebt, und die sie in ihrer Jugend unter ihrem Mädchennamen gekannt hat. Diese Freundin ist

> ihr heute ›unmöglich‹, tabu, und der hier in Wien gekaufte Gegenstand ist ebenso tabu wie die Freundin selbst, mit der sie nicht in Berührung kommen will« (ebd.).

Nachdem Zwangs- wie Tabuverbote durch Zwangshandlungen bzw. Zeremonielle aufgehoben werden können oder deren Übertretung »gutgemacht« werden könne (etwa durch Abwaschen mit Wasser), gebe es also folgende Punkte der Übereinstimmung zwischen Tabugebräuchen und zwangsneurotischen Symptomen: »1. In der Unmotiviertheit der Gebote, 2. in ihrer Befestigung durch eine innere Nötigung, 3. in ihrer Verschiebbarkeit und in der Ansteckungsgefahr durch das Verbotene, 4. in der Verursachung von zeremoniösen Handlungen, Geboten, die von den Verboten ausgehen« (*GW XI*, S. 38f.).

Nach der psychoanalytischen Theorie entspringen Zwangssymptome einer ambivalenten Einstellung gegenüber Triebregungen (einer bewussten Ablehnung einerseits, einem unbewussten Wunsch zur Ausführung andererseits) und stellen in einer komplizierten Kompromissbildung sowohl eine Erfüllung wie gleichzeitig eine Abwehr des Triebwunsches dar. Dies wendet Freud nun auf die Erklärung der Taburegeln an, beispielsweise jener, welche das Verhältnis zu den Herrschern beträfen:

> »Auf die Behandlung der privilegierten Personen angewendet, ergäbe sich die Einsicht, dass der Verehrung, ja der Vergötterung derselben im Unbewussten eine intensive feindselige Strömung entgegensteht, dass also hier, wie wir es erwartet haben, die Situation der ambivalenten Gefühlseinstellung verwirklicht ist« (ebd.).

Das Tabuzeremoniell selbst liefere die stärkste Legitimation für den Vergleich von Tabuverboten mit neurotischen Symptomen. Es trage »seinen Doppelsinn und seine Herkunft von ambivalenten Tendenzen unverkennbar zur Schau«; es zeichne »nicht nur die Könige aus« und erhebe sie »über alle gewöhnlichen Sterblichen«, es mache »ihnen auch das Leben zur Qual und zur unerträglichen Bürde« und zwinge »sie in eine Knechtschaft«, die »weit ärger« sei als die ihrer Untertanen (ebd., S. 63ff.).

Ausführlicher kommen auch die rätselhaften Tabuvorschriften zur Sprache, die sich um einen jüngst Verstorbenen drehen, etwa das Verbot, seinen Namen auszusprechen oder die diversen Zeremonien zur Fernhaltung des Dämons. Für Freud existieren natürlich Dämonen nicht, und der Glaube an diese stellt daher für ihn selbst wiederum etwas Erklärungsbedürftiges dar, wobei die Betrachtung üblicher Trauerreaktionen die Aufklärung liefert: Auch hier finde sich häufig Gefühlsambivalenz gegenüber dem Verstorbenen, wobei die Feindseligkeit, der unbewusste Todeswunsch, in Form der quälenden »Zwangsvorwürfe« zum Vorschein komme. Bei prinzipiell ähnlicher Ausgangssituation sehe die Bewältigung bei den »Wilden« anders aus:

> »Wir kennen nun das Moment, welche uns das vermeintliche Dämonentum der frisch verstorbenen Seelen und die Notwendigkeit, sich durch die Tabuvorschriften gegen ihre Feindschaft zu schützen, erklären kann. Wenn wir annehmen, dass dem Gefühlsleben der Primitiven ein ähnlich hohes Maß von Ambivalenz zukomme, wie wir es nach den Ergebnissen der Psychoanalyse den Zwangskranken zuschreiben, so wird es verständlich, dass nach dem schmerzlichen Verlust eine ähnliche Reaktion gegen die im Unbewussten latente Feindseligkeit notwendig wird, wie sie dort durch die Zwangsvorwürfe erwiesen wurde. Diese im Unbewussten als Befriedigung über den Todesfall peinlich verspürte Feindseligkeit hat aber beim Primitiven ein anderes Schicksal; sie wird abgewehrt, indem sie auf das Objekt der Feindseligkeit, auf den Toten, verschoben wird. Wir heißen diesen im normalen wie im krankhaften Seelenleben häufigen Abwehrvorgang eine **Projektion**. Der Überlebende leugnet nun, dass er je feindselige Regungen gegen den geliebten Verstorbenen gehegt hat; aber die Seele des Verstorbenen hegt sie jetzt und wird sie über die ganze Zeit der Trauer zu bestätigen bemüht sein« (ebd., S. 77).

Wie die neurotischen Symptome sind die die Toten betreffenden Tabuvorschriften zweideutig: »Sie bringen einerseits durch ihren Charakter als Einschränkungen die Trauer zum Ausdruck, anderseits aber verraten sie sehr deutlich, was sie verbergen wollen, die Feindseligkeit gegen den Toten, die jetzt als Notwehr motiviert ist« (ebd.).

Unter Auslassung des weniger inhaltsreichen dritten Aufsatzes »Animismus, Magie und Allmacht der Gedanken« (für eine knappe Darstellung siehe Köhler, 2014b, S. 142ff.) sei nun der vierte mit dem Titel »Die infantile Wiederkehr des Totemismus« etwas genauer referiert, da dort – wie bereits erwähnt – Freud zum ersten Male systematischer religionspsychologische Überlegungen anstellt. Ausgangspunkt ist das bereits im Aufsatz über die Inzestscheu beschriebene totemistische System, wie es sich in besonderer Deutlichkeit an den Ureinwohnern Australiens zeige: Alle Personen gehörten einem bestimmten Clan an, der üblicherweise nach einem Tier benannt sei (z. B. Emu); in der Regel werde die Totemzugehörigkeit in mütterlicher Linie vererbt, sodass alle ihre Kinder (männliche wie weibliche) demselben Clan wie die Mutter angehörten. Das Totemtier werde verehrt, biete den Clanmitgliedern Schutz und dürfe nicht getötet werden. Als besonders bemerkenswert hebt Freud das Exogamiegebot[18] hervor: Angehörige desselben Totemclans dürften nicht heiraten und auch sonst keine sexuellen Beziehungen eingehen, womit insbesondere der Inzest zwischen Geschwistern oder zwischen Mutter und Sohn ausgeschlossen sei.

Diese Regeln erklären sich nach Freud nun keineswegs mit einer natürlichen Inzestscheu – gerade das Gegenteil sei anzunehmen, nämlich eine natürliche Neigung zu inzestuösen Beziehungen, welche durch das Exogamiegebot unmöglich gemacht werden müsse; vielmehr präsentiert er seinen eigenen Ansatz. Dieser nimmt von Beobachtungen an Kindern seinen Ausgang, speziell der Pferdphobie des »kleinen Hans« (1909b), und basiert auf der Feststellung, dass in der kindlichen Seele oft das Tier mit dem Vater gleichgesetzt werde; das Kind identifiziere sich voll mit ihm, bringe ihm gleichzeitig aber eine ausgeprägt ambivalente Gefühlsregung entgegen.[19]

Danach ergebe sich die Berechtigung, »in die Formel des Totemismus [...] den Vater an Stelle des Totemtieres einzusetzen«. Der Autor folgert:

> »Wenn das Totemtier der Vater ist, dann fallen die beiden Hauptgebote des Totemismus, die beiden Tabuvorschriften, die seinen Kern ausmachen, den Totem nicht zu töten und kein Weib, das dem Totem angehört, sexuell zu missbrauchen, inhaltlich zusammen mit den beiden Verbrechen des Ödipus, der seinen Vater tötete und seine Mutter zum Weibe nahm, und mit den beiden Urwünschen des Kindes, deren

18 Strittig ist allerdings, ob Freud die komplexen und teilweise sehr unterschiedlichen völkerkundlichen Befunde korrekt zusammenfasst bzw. ob er nicht jene Beobachtungen als typisch heraushebt, die zu seinen theoretischen Erwartungen passen. So dürften weder die mütterliche Vererbung noch das Exogamiegebot zwangsläufig zu einem totemistischen System gehören.

19 Der »kleine Hans« beispielsweise führt – während er gleichzeitig aus Angst vor Pferden nicht auf die Straße will – ein seltsames Spiel auf: »Hans spielt seit einiger Zeit im Zimmer Pferd, rennt herum, fällt nieder, zappelt mit den Füßen, wiehert. Einmal bindet er sich ein Sackerl wie einen Futtersack um. Wiederholt läuft er auf mich zu und beißt mich« (1909b; *GW VII*, S. 287). Auch entwickelt er Fantasien, in denen er Pferde necken und peitschen möchte (ebd., S. 314ff.).

Der kleine Arpad »wurde selbst zum Huhn«, »gab seine menschliche Sprache gegen Gackern und Krähen auf«, spielte mit Begeisterung Hühnerschlachten, um das dann geschlachtete Tier zu liebkosen; und: »›Mein Vater ist der Hahn‹, sagte er einmal. ›[...] wenn ich noch größer werde, werde ich ein Hahn‹« (1912–13a; *GW IX*, S. 158f.).

> ungenügende Verdrängung oder deren Wiedererweckung den Kern vielleicht aller Psychoneurosen bildet« (*GW IX*, S. 160).

Nachdem Freud das totemistische System so mit einer familiären Grundkonstellation in Verbindung gebracht hat, versucht er nun eine historische Herleitung: Dazu zieht er ein Totemritual heran, das von ihm bis jetzt noch nicht erwähnt wurde – welches auch nicht nachgewiesener Bestandteil noch existierender Totemgebräuche ist, sondern eine Rekonstruktion möglicher früherer Gegebenheiten darstellt[20] –, nämlich die Totemmahlzeit: Zu gewissen Anlässen soll sich der Totemclan gemeinsam über das strenge Verbot des Tötung des Totemtieres hinweg gesetzt und es in einer feierlichen Zeremonie unter Wehklagen und Entschuldigungen verzehrt haben.

Die zweite grundlegende Annahme Freuds ist, hierbei Darwin folgend, dass die Frühmenschen – ähnlich wie die Menschenaffen – in Urhorden gelebt hätten; dabei habe sich der »Urhordenvater« allein den sexuellen Verkehr mit den weiblichen Hordenmitgliedern vorbehalten und im Falle der Zuwiderhandlung andere Männchen getötet oder vertrieben, sodass sich diese eventuell selbst durch Raub von Weibchen eine eigene Urhorde schaffen oder gewaltsam an die Spitze einer anderen setzen mussten. Die beiden Annahmen bringt der Autor nun in jener faszinierenden These zusammen, dass die »Urhordensöhne« diesen Zustand durch Tötung des gehassten (gleichzeitig aber geliebten) Vaters beseitigt hätten[21] und die Totemmahlzeit eine Art Gedächtnisfeier darstelle:

> »Eines Tages taten sich die ausgetriebenen Brüder zusammen, erschlugen und verzehrten den Vater und machten so der Vaterhorde ein Ende. Vereint wagten sie und

---

20 Überzeugende Belege für die Existenz solcher Totemmahlzeiten bringt Freud allerdings nicht vor; geradezu trotzig klingt es daher, wenn er sich auf seinen Gewährsmann beruft: »Wir aber wollen Robertson Smith in der Annahme folgen, dass die sakramentale Tötung und gemeinsame Aufzehrung des sonst verbotenen Totemtieres ein bedeutungsvoller Zug der Totemreligion gewesen sei.« Bereits in einer Fußnote spricht er von den »gegen diese Theorie des Opfers vorgebrachten Einwendungen« (*GW IX*, S. 169; siehe auch 1939a; *GW XVI*, S. 240).

21 Das geschilderte Ereignis, erläutert Freud in *Der Mann Moses und die monotheistische Religion*, sei natürlich nicht ein einmaliges historisches Faktum gewesen, sondern charakterisiere eine Entwicklungsperiode der Menschheit: »Die Geschichte wird in großartiger Verdichtung erzählt, als ob sich ein einziges Mal zugetragen hätte, was sich in Wirklichkeit über Jahrtausende erstreckt hat und in dieser langen Zeit ungezählt oft wiederholt worden ist« (1939a; *GW XVI*; S. 186).

brachten zustande, was dem einzelnen unmöglich geblieben wäre. [...] Dass sie den Getöteten auch verzehrten, ist für den kannibalen Wilden selbstverständlich. Der gewalttätige Urvater war gewiss das beneidete und gefürchtete eines jeden aus der Brüderschar gewesen. Nun setzten sie im Akte des Verzehrens die Identifizierung mit ihm durch, eigneten sich jeder ein Stück seiner Stärke an. Die Totemmahlzeit, vielleicht das erste Fest der Menschheit, wäre die Wiederholung und die Gedenkfeier dieser denkwürdigen, verbrecherischen Tat, mit welcher so vieles seinen Anfang nahm, die sozialen Organisationen, die sittlichen Einschränkungen und die Religion« (ebd., S. 171f.).

Um ähnliche familiäre Konstitutionen nicht wieder entstehen zu lassen, hätten sich die Brüder gegenseitig verpflichtet, auf die Weibchen der Horde als Sexualpartner zu verzichten (Exogamiegebot); der getötete Vater sei aus dem entstehenden Schuldgefühl heraus überhöht worden: »Sie widerriefen die Tat, indem sie die Tötung des Vaterersatzes, des Totem, für unerlaubt erklärten, und verzichteten auf deren Früchte, indem sie sich die freigewordenen Frauen versagten.« So schufen sie, ergänzt Freud, »aus dem **Schuldbewusstsein des Sohnes** die beiden fundamentalen Tabu des Totemismus, die eben darum mit den beiden fundamentalen Wünschen des Ödipus-Komplexes übereinstimmen mussten. Wer dawiderhandelte, machte sich der beiden einzigen Verbrechen schuldig, welche die primitive Gesellschaft bekümmerten« (ebd., S. 173).

Dass mit dem totemistischen System eine erste Form von Religion vorliegt – wie erinnerlich beschützt der Totem den Clan, hat somit im weitesten Sinne eine gottähnliche Funktion – realisiert Freud natürlich; allen geäußerten Bedenken zum Trotz, macht er sich deswegen hier bereits daran, die weitere Entwicklung zu den heutigen Religionen zu verfolgen und speziell die Wurzeln des christlichen Glaubens zu beleuchten, Gedankengänge, die er später ausführen wird (siehe 4.4).

4.4 Freuds Thesen zur Entstehung der Religion

Es sind im Wesentlichen jene zur Erklärung des totemistischen Systems herangezogenen Annahmen vom gemeinschaftlich verübten Mord am Urhordenvater und der Einsetzung des Totemtieres als dessen Ersatz, dem zur Bewältigung des Schuldgefühls große Verehrung zukomme und mit welchem selbst auferlegte Einschränkungen in Verbindung gebracht würden (also erste Schritte hin zu einer geregelten, nicht auf Gewalt basierenden Gesellschaftsordnung). Rasch skizziert

Freud bereits in *Totem und Tabu* die Weiterentwicklung: Der erste Vaterersatz, das Totemtier sei – über diverse Schritte, so Verehrung von Tiergöttern – durch dem Vater direkt nachgebildete Götter, also solche in menschlicher Gestalt, abgelöst worden: In »Anlehnung an die Verehrung einzelner Menschen« sei »das alte Vaterbild in der Schöpfung von Göttern« neu belebt worden. Die Totemmahlzeit sei zum Opfer an den Gott geworden, sodass gleichzeitig *der* Vater und *dem* Vater geopfert werde.[22] Schließlich verliere das Tier den Charakter der Heiligkeit, es sei nur mehr eine von vielen möglichen Opfergaben für einen rein menschlich konzipierten Gott – womit die Untat des Vatermordes mittlerweile eine extreme Verleugnung erfahren habe. Die eigenartige Rückkehr, welche die Totemmahlzeit in der christlichen Religion in Form des Sohnesopfers finden wird (die Abkehr von der geschilderten Verleugnung), deutet Freud hier bereits an, nämlich bei der psychoanalytischen Beleuchtung der Erbsünde: Sie sei das nie verschwundene Schuldbewusstsein angesichts der Tötung des Urhordenvaters, welches nur durch den Tod eines der Söhne habe beschwichtigt werden können: »So bekennt sich denn in der christlichen Lehre die Menschheit am unverhülltesten zu der schuldvollen Tat der Urzeit, weil sie nun im Opfertod des einen Sohnes die ausgiebigste Sühne für sie gefunden hat« (1912–13a; *GW IX*, S. 185).

Erst mehr als drei Jahrzehnte[23] später wird Freud diesen Gedankengang aufgreifen, und zwar in jener gedanklich brillanten, jedoch von der Darstellung her nur sehr bedingt gelungenen Schrift *Der Mann Moses und die monotheistische Religion* (1939a).

Die ersten beiden Kapitel haben vorwiegend historischen Inhalt und sehen weitgehend vom Bezug zur Psychoanalyse ab. Im ersten, betitelt »Moses ein Ägypter«, stellt Freud – in aller Zurückhaltung – die These auf, dass Moses nicht,

---

22 Die Ähnlichkeit mit dem Abendmahl drängt sich auf: »Die christliche Kommunion ist aber im Grunde eine neuerliche Beseitigung des Vaters, eine Wiederholung der zu sühnenden Tat« (*GW IX*, S. 186). In der *Selbstdarstellung*, wo Freud seine Theorien zu Vatermord, Totemmahlzeit und Entstehung der Religion prägnant wiederholt, konstatiert er, dass bereits frühere Autoren diese Entsprechung angemerkt hätten: »Ein besonders helles Licht wirft diese Auffassung der Religion auf die psychologische Fundierung des Christentums, in dem ja die Zeremonie der Totemmahlzeit noch wenig entstellt als **Kommunion** fortlebt« (1925d; *GW XIV*, S. 94).

23 Die zwischenzeitlich verfasste bekannteste religionspsychologische Schrift Freuds, *Die Zukunft einer Illusion* (1927c), ist vom psychoanalytischen Gehalt eher unergiebig. Es handelt sich um eine konventionelle, wenngleich scharfsinnig formulierte Religionskritik (für eine knappe Wiedergabe der Thesen siehe Köhler, 2014b, S. 174ff.).

wie bekanntlich im biblischen Bericht gesagt, Israelit war, sondern ein vornehmer Ägypter[24]. Das nächste Kapitel »Wenn Moses ein Ägypter war ...« setzt den Gedankengang fort: Wenn Moses den Israeliten eine neue Religion vermittelt habe, dann sei es zweifellos seine eigene, also eine ägyptische gewesen. Allerdings war dies dann sicher nicht die über Jahrhunderte herrschende polytheistische Religion mit Amun als Hauptgott und jenem ausufernden Jenseitskult, sondern der für kurze Zeit von Pharao Echnaton in Ägypten eingeführte monotheistische Aton-Glaube, welcher weitgehend auf magische Rituale verzichtete und keine spezifischen Jenseitsvorstellungen hatte. Freud arbeitet heraus, wie sehr die Aton-Religion und der jüdische Glaube hier Parallelen aufweisen und präsentiert eine kühne Hypothese: Moses sei als vornehmer Ägypter Anhänger des Aton gewesen und habe angesichts des Wiedererstarkens der alten Amun-Religion unter Echnatons Nachfolgern sich entschlossen, die in Ägypten angesiedelten Israeliten in ihre Heimat Kanaan zurück zu führen und ihnen dabei den monotheistischen Aton-Glauben zu vermitteln.

Nun macht Freud eine weitere interessante Annahme: Anders als im Alten Testament beschrieben sei Moses (genauer: derjenige Moses genannte Mann, welcher das Volk aus Ägypten geführt hatte) nicht vierzig Jahre später im Anblick des Gelobten Landes friedlich gestorben, sondern bereits auf dem Sinai von meuternden Israeliten erschlagen worden.[25] Diese Spekulation ist insofern nicht völlig illegitim, als der biblische Bericht mit Sicherheit nicht einen historischen Sachverhalt korrekt wiedergibt. Vielmehr wurden die Geschehnisse des Auszugs zunächst mündlich überliefert, um erst mehrere Jahrhunderte später niedergeschrieben zu werden, wonach sie weitere Veränderungen erfuhren. Die uns erhaltene Version der fünf Bücher Moses ist aus verschiedenen Quellen

---

24 Wesentliches Argument ist, dass der Name Moses (Kind) sehr wahrscheinlich ägyptisch ist – man denke an Königsnamen wie Thutmoses –, während die im biblischen Bericht gegebene hebräische Namensherleitung in der Tat sehr gezwungen wirkt; zudem sind es Eigenheiten des Aussetzungsberichts, die eher den umgekehrten Fall vermuten lassen: Dass Moses eigentlich ein Ägypter war (vielleicht Kind jener Prinzessin, die ihn angeblich im Schilfkörbchen gefunden hatte) und durch den Bericht zum Israeliten gemacht werden sollte. Der ägyptische Ursprung des Namens Moses ist allerdings wenig umstritten – auch bei Theologen, die deswegen aber keineswegs an seiner israelitischen Herkunft zweifeln.

25 Freud beruft sich hier auf einen Autor, der in der mündlichen jüdischen Überlieferung die Erinnerung an den Mord aufzufinden glaubt. Tatsächlich wird auch in der Bibel wiederholt von Todesdrohungen gegen Moses berichtet – die dann durch Intervention Gottes nicht zur Ausführung kommen, etwa 2 Mose 14.

entstanden, was an den teilweise auffälligen Redundanzen mit gering variierten Wiederholungen und inneren Widersprüchen zu erkennen ist. So wird einerseits die Stiftung der Jahve-Religion mit dem Erlass der Zehn Gebote auf den Berg Sinai verlegt, andererseits findet sich fast wörtlich eine ähnliche Gesetzgebung beschrieben, welche in einer Örtlichkeit nahe des Gelobten Landes (Qades im Land der Midianiter) geschieht, als die aus Ägypten ausgewanderten Scharen mit der dort ansässigen Bevölkerung Kontakt aufnahmen. Freud rekonstruiert den Sachverhalt so, dass die Annahme des Jahve-Glaubens durch die Neuankömmlinge erst in Midian stattfand (lange nach der Ermordung des Moses), dass aber in die Verehrung jener Lokalgottheit auch Gedankengut aus der monotheistischen Aton-Religion einfloss[26]; dieser Einfluss sei immer stärker geworden und habe schließlich zu jener Geschichtsklitterung geführt, den ägyptischen Moses mit dem Vermittler der Jahve-Religion zu einer Person werden zu lassen und die eigentliche Religionsstiftung lange zurück auf den Sinai zu verlegen.

Im dritten Aufsatz »Moses, sein Volk und die monotheistische Religion«, mit dessen Veröffentlichung Freud aus guten Gründen – nämlich um in diesen politisch schwierigen Zeiten nicht noch einen Konflikt mit der römisch-katholischen Kirche zu provozieren – so lange gezögert hatte, greift er auf die Gedanken in *Totem und Tabu* zur Genese religiöser Systeme zurück. Er wiederholt die rekonstruierten Stadien: die Phase des Totemismus mit Einsetzung des Totemtieres als Ersatz für den ermordeten Vater, den Übergang zu Tiergöttern, die Vermenschlichung der Götter (welche damit immer deutlicher die Vaterzüge annehmen), das Hervortreten eines höchsten und im Extremfall einzigen Gottes. Die von Moses vorgenommene Religionsstiftung habe diesen historischen Prozess bei den Juden extrem abgekürzt, wobei seine Person selbst einen wesentlichen Anteil gehabt habe:

> »Unzweifelhaft war es ein gewaltiges Vatervorbild, das sich in der Person des Moses zu den armen jüdischen Fronarbeitern herabließ, um ihnen zu versichern, dass sie seine lieben Kinder seien. Und nicht minder überwältigend muss die Vorstellung eines

---

26 Diese aus dem Aton-Glauben resultierenden Anteile seien im Sinne einer Wiederkehr des Verdrängten immer mehr zum Vorschein gekommen, hätten zu einer Erhöhung des (ägyptischen) Moses geführt und jenen bemerkenswerten »Fortschritt in der Geistigkeit« bewirkt, welcher sich in der Abkehr von der (alle umgebenden Völker kennzeichnenden) Vielgötterei sowie im Verzicht auf Zeremoniell und Opferdienst bemerkbar machte.

> einzigen, ewigen, allmächtigen Gottes auf sie gewirkt haben, dem sie nicht zu gering waren, um einen Bund mit ihnen zu schließen, und der für sie zu sorgen versprach, wenn sie seiner Verehrung treu blieben. Wahrscheinlich wurde es ihnen nicht leicht, das Bild des Mannes Moses von dem seines Gottes zu scheiden, und sie ahnten recht darin, denn Moses mag Züge seiner eigenen Person in den Charakter seines Gottes eingetragen haben wie die Zornmütigkeit und Unerbittlichkeit« (*GW XVI*, S. 217).

Um Freuds an dieser entscheidenden Stelle bedauerlicherweise nicht hinreichend klar formulierten Gedankengang interpretativ zu ergänzen: Der tiefe Eindruck, den die mosaische Religionsstiftung auf die Juden gemacht habe, welcher sich trotz der umgebenden Vielgötterei nicht verwischen konnte und sich sogar im Laufe der Jahre verstärkt habe, sei darauf zurückzuführen, dass sich im Schicksal des Moses die erste Untat, der Ausgangspunkt aller religiösen Systeme, nämlich der Mord am Urhordenvater, wiederholt habe. Es habe sich ein Schuldgefühl entwickelt, gespeist einerseits aus diesem prähistorischen Geschehen, andererseits aus der Ermordung des Moses, und in diesem Schuldgefühl sieht Freud auch die Wurzeln des Christentums. Er fasst letzteres sehr dezidiert als die geistige Schöpfung des Apostels Paulus auf, da dieser das Konzept der Erbsünde entwickelt habe, welche nur durch einen weiteren Tod zu sühnen gewesen sei:

> »Paulus, ein römischer Bürger aus Tarsus, griff dieses Schuldbewusstsein auf und führte es richtig auf seine urgeschichtliche Quelle zurück. Er nannte diese die ›Erbsünde‹, es war ein Verbrechen gegen Gott, das nur durch den Tod gesühnt werden konnte. [...] In Wirklichkeit war dies todwürdige Verbrechen der Mord am später vergötterten Urvater gewesen« (ebd., S. 192).

Freuds Theorie zu Folge gibt die Hinrichtung eines sonst eigentlich belanglosen oder wenigstens geschichtlich dunklen Mannes, nämlich Jesus von Nazareth, Stoff zu einer neuen Glaubensvariante. Der Vorgang passte insofern ins Schema, als sich der Getötete als Sohn Gottes bezeichnete, also zum großen Kreis jener gehörte, aus denen der Mörder des Urvaters einst hervorgegangen war: »Ein Sohn Gottes hatte sich als Unschuldiger töten lassen und damit die Schuld aller auf sich genommen. Es musste ein Sohn sein, denn es war ja ein Mord am Vater gewesen« (ebd., S. 194). Diese Sühnung wird als Erlösung gefeiert, jener, der sich für alle anderen geopfert hat, seitdem verehrt und zwar in solchem Maß, dass er die alte Vatergottheit ablöste; die angeblich zur Versöhnung des Vatergottes bestimmte religiöse Neuerung stellte in Wirklichkeit dessen Entthronung und Beseitigung dar:

> »Das Judentum war eine Vaterreligion gewesen, das Christentum wurde eine Sohnesreligion. Der alte Gottvater trat hinter Christus zurück, Christus, der Sohn, kam an seine Stelle, ganz so, wie es in jener Urzeit jeder Sohn ersehnt hatte. Paulus, der Fortsetzer des Judentums, wurde auch sein Zerstörer« (ebd.).

Diese, nun auch für Nichtjuden offene, neue Religion stellte nach Freud im Vergleich zur mosaischen Glaubenslehre einen wesentlichen Rückschritt dar:

> »In manchen Hinsichten bedeutete die neue Religion eine kulturelle Regression gegen die ältere, jüdische, wie es ja beim Einbruch oder bei der Zulassung neuer Menschenmassen von niedrigerem Niveau regelmäßig der Fall ist. Die christliche Religion hielt die Höhe der Vergeistigung nicht ein, zu der sich das Judentum aufgeschwungen hatte. Sie war nicht mehr streng monotheistisch, übernahm von den umgebenden Völkern zahlreiche symbolische Riten, stellte die große Muttergottheit wieder her und fand Platz zur Unterbringung vieler Göttergestalten des Polytheismus in durchsichtiger Verhüllung, obzwar in untergeordneten Stellungen. Vor allem verschloss sie sich nicht wie die Aton-Religion und die ihr nachfolgende mosaische dem Eindringen abergläubischer, magischer und mystischer Elemente, die für die geistige Entwicklung der nächsten zwei Jahrtausende eine schwere Hemmung bedeuten sollten« (ebd.).

5 Klinische Theorie und Psychotherapie

5.1 Historisches; Überblick

Wie bereits mehrfach betont, nahm die Psychoanalyse ihren Ausgang von klinischen Fragestellungen; die ersten psychologischen Schriften Freuds befassen sich ausschließlich mit der Entstehung neurotischer Störungen und Verfahren zu ihrer Behandlung. Erst mit Einsicht in die Unhaltbarkeit gewisser ätiologischer Annahmen (Aufgabe der sogenannten Verführungstheorie) wendet sich sein Interesse in stärkerem Maße normalpsychologischen Phänomenen zu (Fehlleistungen, Traum und infantiler Sexualität), welche Erkenntnisse dann die Basis für eine zweite, sehr viel stärker allgemein-psychologisch begründete Neurosenlehre liefern. Gewisse Annahmen aus dem ersten Entstehungsmodell lassen sich jedoch übernehmen, insbesondere die von der zentralen Bedeutung der Verdrängung in der Pathogenese; jene hingegen von der ätiologischen Unverzichtbarkeit des infantilen Sexualtraumas, der Kern der frühen Verführungstheorie, wird mehr oder weniger völlig fallengelassen oder auf seltene Sonderfälle bezogen. Nach der neuen Konzeption liegen den *(Psycho-)Neurosen regressive Sexualwünsche* zugrunde, die wiederum aus dispositionell-körperlichen Gegebenheiten und infantilen sowie postinfantilen Erlebnissen (realer oder fantasierter Natur) resultieren. Es ergibt sich insofern eine *grundlegende Parallele* zwischen *Neurose* und *Perversion*, als bei letzterer nach Freuds Auffassung die regressiven Wünsche im Handeln oder wenigstens in bewussten Fantasien ausgelebt werden, bei ersterer hingegen eine Verdrängung erfahren und sich dann in entstellter Form als Symptome durchsetzen.

Mit dem Wechsel des Neurosenparadigmas ändert sich zunächst wenig an der therapeutischen Praxis und an der Auffassung der ihr zugrunde liegenden Wirkmechanismen. Nach wie vor wird der Effekt der psychoanalytischen Behandlung in der *Beseitigung pathogener Verdrängungen* gesehen, wobei diese Aufhebung der

Amnesien allerdings nicht mehr allein auf konkrete, die Symptome determinierende Umstände, sondern allgemeiner auf pathogene infantile und postinfantile Eindrücke abzielt. Erst nachdem Freud in Zusammenhang mit der Entwicklung seines Narzissmuskonzepts psychische Erkrankungen mehr und mehr auch als Resultat gestörten Libidohaushalts auffasst, wird der therapeutische Wert der *Übertragung* bei der Libidoumverteilung thematisiert; die Ausbildung dieser Übertragung erscheint nun als eine unverzichtbare Voraussetzung wirksamen psychoanalytischen Eingreifens. In diesem Zusammenhang entwickelt Freud eine regelrechte *Neurosensystematik*, welche die Übertragungsneurosen, die psychoanalytisch behandelbar sind, von den narzisstischen Neurosen unterscheidet; letztere lassen sich zwar mit den Methoden und Konzepten der Psychoanalyse bis zu einem gewissen Grade aufklären; eine Beeinflussung der auf das eigene Ich konzentrierten Libido gelingt jedoch mit psychoanalytischen Mitteln nicht.

Im Folgenden findet sich zunächst eine kurze Darstellung der frühen Neurosenkonzeption einschließlich der »Verführungstheorie«, eine kurze Darstellung der vermuteten Gründe für Freuds Abkehr von diesem ätiologischen Modell und eine Diskussion der damit verbundenen Implikationen (5.2). Im Abschnitt 5.3 werden, in Rückgriff auf frühere Ausführungen zu Freuds Theorie der infantilen Sexualität, die Begriffe Fixierung und Regression erläutert und auf dieser Basis das spätere Modell der Entstehung von Neurosen und Perversionen geschildert; in diesem Zusammenhang kommt auch die erwähnte Neurosensystematik zur Darstellung, und es folgt eine kurze Ergänzung zu den sogenannten Aktualneurosen. Der letzte Teil des Kapitels (5.4) befasst sich mit den Freud'schen Schriften zur Psychotherapie und dem Wandel der dort entwickelten grundlegenden Konzepte.

5.2 Die frühe Neurosenlehre und die Verführungstheorie

Freuds frühe psychologische Schriften befassen sich in wesentlichen Teilen mit der *Therapie der Hysterie*, eines damals – anders als heute – ausgesprochen häufigen Krankheitsbildes, welches vorwiegend durch sensorische oder motorische Störungen ohne begründenden organischen Befund gekennzeichnet ist (etwa hysterische Sprachstörungen, Blindheit, Lähmungen). Auf die Rolle psychischer Faktoren bei der Entstehung dieser Symptome hatten bereits früher zahlreiche Nervenärzte hingewiesen, speziell auch Charcot, an dessen Klinik Freud sich zwischen Ende 1885 und Anfang 1886 aufgehalten hatte. Unter anderem hatte Charcot erkannt, dass hysterische Symptome oft im Anschluss an psychische Traumen auftreten, zudem durch hypnotische Suggestion hervorgerufen werden können. Zwei andere französische Psychiater, Bernheim und Liébault in Nancy, hatten mit gewissem Erfolg versucht, hysterische Symptome durch Suggestivmaßnahmen in Hypnose zum Verschwinden zu bringen, und diese Technik wurde auch von Freud zu Beginn seiner Praxistätigkeit eingesetzt; seine erste psychologische Arbeit trägt den Titel »Ein Fall von hypnotischer Heilung nebst Bemerkungen über die Entstehung hysterischer Symptome durch den ›Gegenwillen‹« (1892–93a). Von der therapeutischen Effizienz her offenbar sehr ungenügend, zudem so gut wie gar nicht in einem Entstehungsmodell der Symptome begründet, schien das Verfahren Freud wenig zu befriedigen und wurde bald von ihm verlassen zugunsten der sogenannten *kathartischen Methode*. Diese war von Josef Breuer, einem bekannten Wiener Internisten und Physiologen, lange Zeit enger Freund des 14 Jahre jüngeren Sigmund Freud, entwickelt worden, mehr oder weniger fast zufällig im Rahmen der Behandlung einer hysterischen Patientin (Anna O., eigentlich Bertha Pappenheim, einer später bekannten Menschenrechtlerin). Die erst weit mehr als ein Jahrzehnt später, nämlich in den *Studien über Hysterie* (Breuer & Freud, 1895) veröffentlichte Fallgeschichte schildert den Verlauf der schweren Hysterie, welche die Patientin – damals knapp zwanzigjährig – im Rahmen der Pflege ihres kranken Vaters entwickelte, und deren Behandlung Breuer über fast zwei Jahre, nämlich von Ende 1880 bis Mitte 1882, zeitweise oft täglich durchführte. Neben multiplen körperlichen Symptomen war bei Anna O. das Vorkommen sogenannter hypnoider Zustände zu beobachten, Phasen veränderten Bewusstseins, welche neben dem normalen Wachbewusstsein existierten und in letzterem nicht mehr erinnert werden konnten; in diesen Zuständen war die Patientin – was ihr im Wachbewusstsein niemals gelang – in der Lage, die ersten Anlässe für die Entstehung der einzelnen Symptome zu erinnern. Breuer stellte nun fest, dass die Erinnerung dieser Situationen und die Äußerung der seinerzeit unterdrückten Affekte die Symptome verschwinden ließ. Beispielsweise war es der Kranken lange nicht möglich zu trinken, sodass sie ihren Flüssigkeitsbedarf ausschließlich mittels Obst deckte. In einem dieser autohypnotischen Zustände kam sie auf ihre Gesellschafterin zu sprechen, welche – wie die Patientin beobachten musste – ihrem Hund aus einem Wasserglas zu trinken gegeben hatte. Die ausführliche Schilderung dieser Szene und die Äußerung der seinerzeit aus Höflichkeit unterdrückten Ekelgefühle führten zum Verschwinden des Symptoms. Breuer erforschte nun in mühevollem Vorgehen nach und nach die Entstehungsbedingungen der einzelnen Symptome und brachte sie durch die erwähnte »Abreaktion« zum Verschwinden; in Analogie zur Katharsis, der induzierten

Gefühlsreinigung bei der Aufführung griechischer Tragödien, nannte er das Verfahren »kathartisch«.

Obwohl die Krankengeschichte der Anna O. – worauf bereits Freud (1914d; *GW X*, S. 49), ebenso Jones (1984, Bd. 1, S. 267), später Ellenberger (1973, S. 662ff.) und insbesondere Hirschmüller (1978) hinwiesen – gewisse Ungereimtheiten enthält, zumindest in wichtigen Punkten unvollständig ist und eine restlose Heilung mittels der kathartischen Kur nahe legt, welche definitiv nicht eingetreten war, hat dieser Fall doch wesentliche Bedeutung für die Entstehung der Psychoanalyse. Freud hatte, wohl bald nach Abschluss der Behandlung, von Breuer dazu einen ausführlichen Bericht erhalten[27] und wandte, nach Aufgabe der hypnotischen Suggestion, das kathartische Verfahren bei seinen Patientinnen an, wobei er die sich bei Anna O. spontan einstellenden veränderten Bewusstseinszustände in Hypnose zu erzeugen versuchte. Allerdings war der Erfolg äußerst begrenzt, denn Freud änderte sehr rasch seine Vorgehensweise, indem er die hypnotische Ausforschung durch die nachdrückliche Aufforderung an die Patientinnen im Wachbewusstsein ersetzte, alle Erinnerungen zu reproduzieren, die sich in Zusammenhang mit den Symptomen einstellten; dieses Verfahren (welches Freud wiederum an Beobachtungen entwickelte, die Bernheim in Nancy zum nur scheinbaren Vergessen in Hypnose angestellt hatte) hatte ihn nach seiner Darstellung kaum je im Stich gelassen und gestattet, jede Analyse auch ohne Anwendung von Hypnose zu Ende zu führen:

> »Ich wurde allmählich so kühn, dass ich den Patienten, die zur Antwort gaben: [...] ›Mir ist nichts eingefallen‹, erklärte: das sei nicht möglich. Sie hätten gewiss das Richtige erfahren, nur glaubten sie nicht daran, dass es das sei, und hätten es verworfen [...]. Ich behielt in der Tat jedesmal recht, die Kranken hatten noch nicht gelernt, ihre Kritik ruhen zu lassen, hatten die auftauchende Erinnerung oder den Einfall verworfen, weil sie ihn für unbrauchbar, für eine dazwischenkommende Störung hielten, und nachdem sie ihn mitgeteilt hatten, ergab sich jedesmal, dass es der richtige war« (1895d; *GW I*, S. 168).

---

27 Diese wichtige Vorleistung Breuers hat Freud nie verschwiegen, sogar letztlich mehr oder weniger überbetont, etwa gleich zu Beginn seiner in den USA gehaltenen Vorlesungen: »Wenn es ein Verdienst ist, die Psychoanalyse ins Leben gerufen zu haben, so ist es nicht mein Verdienst.« Er stellt klar: »Ich bin an den ersten Anfängen derselben nicht beteiligt gewesen. Ich war Student und mit der Ablegung meiner letzten Prüfungen beschäftigt, als ein anderer Wiener Arzt, Dr. Josef Breuer, dieses Verfahren zuerst an einem hysterisch erkrankten Mädchen anwendete (1880 bis 1882)« (1910a; *GW VIII*, S. 3).

Mehr oder weniger naturgemäß ergab sich dann der häufige Fall, dass die Erinnerungen an die ersten Symptomanlässe sich nicht direkt, sondern erst als Reaktion auf gerade zuvor produzierte Einfälle einstellten, die Aufforderung also dahingehend zu modifizieren war, unter Ruhen der Kritik die nacheinander zu den Symptomen auftauchenden Vorstellungen zu äußern; die *freie Assoziation unter Einhaltung der psychoanalytischen Grundregel*, die genuine Methode der Erforschung in der Psychoanalyse, war damit entwickelt. Dieses Verfahren der Ausforschung im Wachbewusstsein hatte zudem – neben dem der verlässlicheren Anwendung – den entscheidenden Vorteil, die wechselnden Widerstände gegen das Auftauchen einzelner Assoziationen beobachten zu können; dies veranlasste Freud zur Erstellung der Abwehr- oder Verdrängungstheorie hysterischer und anderer psychischer Störungen, damit zur Entwicklung einer eigenständigen Krankheitslehre und führte in weiterer Folge zu einer allgemeinen psychoanalytischen Theorie des Seelenlebens. Die Bedeutung der zunächst rein technischer Natur erscheinenden Modifikation in der Explorationsmethodik betont der Autor mehrfach, so in »Zur Geschichte der psychoanalytischen Bewegung«:

> »Die Verdrängungslehre ist nun der Grundpfeiler, auf dem das Gebäude der Psychoanalyse ruht, so recht das wesentlichste Stück derselben, und selbst nichts anderes als der theoretische Ausdruck einer Erfahrung, die sich beliebig oft wiederholen lässt, wenn man ohne Zuhilfenahme der Hypnose an die Analyse eines Neurotikers geht. Man bekommt dann einen Widerstand zu spüren, welcher sich der analytischen Arbeit widersetzt und einen Erinnerungsausfall vorschiebt, um sie zu vereiteln. Diesen Widerstand muss die Anwendung der Hypnose verdecken; darum setzt die Geschichte der eigentlichen Psychoanalyse erst mit der technischen Neuerung des Verzichts auf die Hypnose ein. Die theoretische Würdigung des Umstandes, dass dieser Widerstand mit einer Amnesie zusammentrifft, führt dann unvermeidlich zu jener Auffassung der unbewussten Seelentätigkeit, welche der Psychoanalyse eigentümlich ist und sich von der philosophischen Spekulation über das Unbewusste immerhin merklich unterscheidet« (1914d; *GW X*, S. 54).

Während Breuer in den *Studien über Hysterie* eine letztlich physiologische, mehr beschreibende als erklärende und zudem allein auf den nicht hysterietypischen Beobachtungen im Fall Anna O. basierende Theorie der Hysterie vertrat – in autohypnotischen Zuständen auftretende assoziative Verknüpfungen führen zu Symptomen, die nur in diesen Zuständen aufgelöst werden können (»Hypnoidtheorie«) –, entwickelte Freud schon früh ein Genesekonzept, welches psychologische mit physiologischen Überlegungen verknüpft, die *Abwehrtheorie:*

Grundlage der Symptomentstehung ist der Ausschluss unangenehmer Vorstellungen aus dem Bewusstsein, speziell traumatischer Erlebnisse (Abwehr, später als Verdrängung bezeichnet); das gelinge jedoch nur, wenn dieser Vorstellung zuvor die ihr anhaftende *Affektenergie entzogen* werde. Im Falle der Hysterie werde dieser Affektbetrag dazu verwendet, eine in Zusammenhang mit der zu verdrängenden Vorstellung auftretende körperliche Empfindung oder Reaktion zu verstärken *(Konversion)*. Diese Theorie präsentiert Freud zum ersten Mal in der 1894 erschienenen Arbeit »Die Abwehr-Neuropsychosen«. Ausgangspunkt ist die Beobachtung, dass Symptombildung und bestimmte Erinnerungslücken gleichzeitig auftreten: Bei den von ihm analysierten Patienten, sagt er, habe »psychische Gesundheit« bestanden bis zu dem Augenblick,

> »in dem **ein Fall von Unverträglichkeit in ihrem Vorstellungsleben vorfiel**, d.h. bis ein Erlebnis, eine Vorstellung, Empfindung an ihr Ich herantrat, welches einen so peinlichen Affekt erweckte, dass die Person beschloss, daran zu vergessen, weil sie sich nicht die Kraft zutraute, den Widerspruch dieser unverträglichen Vorstellung mit ihrem Ich durch Denkarbeit zu lösen« (1894a; *GW I*, S. 61f.).

Für ein solches Vergessen ist die erwähnte Abtrennung des Affekts von der mit ihm verbundenen Vorstellung eine unabdingbare Voraussetzung:

> »Die Aufgabe, welche sich das abwehrende Ich stellt, die unverträgliche Vorstellung als ›*non arrivée*‹ zu behandeln, ist für dasselbe direkt unlösbar; sowohl die Gedächtnisspur als auch der der Vorstellung anhaftende Affekt sind einmal da und nicht mehr auszutilgen. Es kommt aber einer ungefähren Lösung dieser Aufgabe gleich, wenn es gelingt, **aus dieser starken Vorstellung eine schwache zu machen**, ihr den Affekt, die Erregungssumme, mit der sie behaftet ist, zu entreißen. Die schwache Vorstellung wird dann so gut wie keine Ansprüche an die Assoziationsarbeit zu stellen haben; **die von ihr abgetrennte Erregungssumme muss aber einer anderen Verwendung zugeführt werden**« (ebd., S. 63).

Im Falle der Hysterie werde die unverträgliche Vorstellung dadurch geschwächt, dass »deren Erregungssumme ins Körperliche umgesetzt« werde. Diese Konversion erfolge – hier drückt sich Freud eher unbestimmt aus – »auf jene motorische oder sensorische Intervention hin, die in einem innigen oder mehr lockeren Zusammenhang mit dem traumatischen Erlebnis steht« (1894a; *GW I*, S. 63). So verstärkten sich etwa, um ein Beispiel aus den *Studien über Hysterie* anzuführen, die bereits vorhandenen Beinschmerzen der Elisabeth v. R. genau in dem Augenblick, als sie die Zuneigung zu dem Mann ihrer Schwester realisierte und aus dem Bewusstsein abdrängen musste (siehe 1895d; *GW I*, S. 216).

Dieses plausible, höchst rationale und wenig spekulative Modell der Symptombildung, welches psychologische Einsichten geschickt mit energetisch-physiologischen Modellen verknüpft, erklärt die Persistenz des Symptoms, welches nämlich eine wichtige psychohygienische Aufgabe zu erfüllen hat:

> »Das Ich hat damit erreicht, dass es widerspruchsfrei geworden ist, es hat sich aber dafür mit einem Erinnerungssymbol belastet, welches als unlösbare motorische Innervation oder als stets wiederkehrende halluzinatorische Sensation nach Art eines Parasiten im Bewusstsein haust, und welches bestehen bleibt, bis eine Konversion in umgekehrter Richtung stattfindet« (1894a; *GW I*, S. 63f.).

Auch die therapeutische Wirkung der kathartischen Methode lässt sich an dem Entstehungsmodell verständlich machen: Durch diese werde zielbewusst eine Zurückleitung der Erregung aus dem Körperlichen ins Psychische erzeugt, »um dann den Ausgleich des Widerspruches durch Denkarbeit und die Abfuhr der Erregung durch Sprechen zu erzwingen« (ebd., S. 64). Warum bei bestimmten Personen die Abwehr unverträglicher Vorstellungen gerade zur Ausbildung körperlicher neurotischer Symptome führt, versucht Freud – anders als wenig später im Rahmen der Verführungstheorie – über einen nicht näher bestimmten dispositionellen Faktor zu erklären:

> »Wir erkennen demnach das für die Hysterie charakteristische Moment [...] in der Fähigkeit zur Konversion und dürfen als ein wichtiges Stück der sonst noch unbekannten Disposition zur Hysterie die psychophysische Eignung zur Verlegung so großer Erregungssummen in die Körperinnervation anführen« (ebd., S. 65).

Dieses Modell der Erregungsbindung zum Zwecke der Abwehr kann nach Freud ebenso die Entstehung psychischer Symptome, speziell von Zwangsvorstellungen (aber auch »vieler Phobien« und »gewisser halluzinatorischer Psychosen«), erklären:

> »Wenn bei einer disponierten Person die Eignung zur Konversion nicht vorhanden ist und doch zur Abwehr einer unerträglichen Vorstellung die Trennung derselben von ihrem Affekt vorgenommen wird, dann **muss dieser Affekt auf psychischem Gebiet verbleiben**. Die nun geschwächte Vorstellung bleibt abseits von aller Assoziation im Bewusstsein übrig, ihr **frei gewordener Affekt aber hängt sich an**

> **andere, an sich nicht unverträgliche Vorstellungen an, die durch diese falsche Verknüpfung zu Zwangsvorstellungen werden**« (ebd., S. 65f.).

Es scheint wenig sinnvoll, diese erste Abwehrtheorie der neurotischen Symptome, die im Wesentlichen nur mehr historische Bedeutung besitzt, in alle Einzelheiten zu verfolgen. Hervorzuheben ist jedoch, dass hier, wie auch in der späteren eigentlichen psychoanalytischen Neurosenlehre, der *Verdrängung (Abwehr)* eine zentrale pathogenetische Bedeutung zugeschrieben wird und demnach eine wirksame Therapie nur an deren Aufhebung und einer rationalen Bearbeitung des Verdrängten ansetzen kann. Auch die Vorstellung, dass ein neurotisches Symptom eine wichtige Rolle im psychischen Haushalt ausfüllen kann, mit dem das Leiden zugleich eine Entlastung bringt, kehrt in der zweiten Neurosenlehre als Konzept des *primären Krankheitsgewinnes* wieder. Unterschiede zur späteren Auffassung vom Wesen der Neurose sind jedoch insofern gegeben, als in der frühen Konzeption das Symptom allein der Bindung psychischer Energien und damit der leichteren Verdrängung unangenehmer, meist traumatisch bedingter Vorstellungen dient, später – nach Freuds zunehmender Einsicht in die Bedeutung der Sexualität und des Fantasielebens – aber als entstellte Befriedigung sexueller Wünsche angesehen wird. Damit hängt auch zusammen, dass gemäß dem ersten Neurosenmodell die Frage nach der Symptomwahl wenig Beachtung und Klärung erfährt: Die spezifische Neurosenform (ob körperliche oder psychische Symptomatik) wird aus einer nicht näher betrachteten Fähigkeit oder Unfähigkeit zur Konversion erklärt, der Inhalt der einzelnen Symptome ergibt sich aus der zufälligen zeitlichen Verknüpfung des Verdrängungsvorganges mit körperlichen Zuständen oder psychischen Inhalten.

Einige Unklarheiten, welche diese Abwehrtheorie der Neurosen hinterlassen hatte, versucht Freud bald darauf, mittels der Annahme des ätiologisch unverzichtbaren infantilen Sexualtraumas zu klären. Dies trifft zum einen die wichtige Frage, warum eine solche zu manifester Symptomatik führende pathogene Verdrängung nur bei wenigen Personen auftritt, was also das die neurotische Symptombildung determinierende Moment ist, weiter wie die Disposition zu bestimmten Neuroseformen genauer zu beschreiben ist. Ein dritter offener Punkt ergibt sich aus der bemerkenswerten Beobachtung, die Freud an seinen zumeist weiblichen Kranken machte, nämlich dass das der Verdrängung unterworfene und damit der Symptombildung zugrunde liegende Erlebnis offenbar ausschließlich *sexueller Natur* ist. Die Theorie, welche die oben skizzierten Lücken im Neurosenverständnis füllen sollte, formulierte Freud in zwei Arbeiten des Jahres 1896, nämlich in »Weitere Bemerkungen über die Abwehr-Neuropsychosen«

(1896b) und, als Niederschrift eines vor der Psychiatrischen und Neurologischen Gesellschaft in Wien gehaltenen Vortrags, in »Zur Ätiologie der Hysterie« (1896c).

Diese Verführungstheorie – von Freud selbst nie so genannt, sondern erst später irgendwie mit diesem Namen belegt – ist das Resultat einer Anzahl von Analysen, welche Freud gründlicher als die früheren, etwa die in den *Studien über Hysterie* vorgestellten, betrieben hatte. Nicht allein damit zufrieden, ein verdrängtes Erlebnis aufzufinden, welches in irgendeinem Zusammenhang mit der Symptombildung stand, stellte er zusätzlich noch die Anforderung einer gewissen traumatischen Kraft an das psychoanalytisch eruierte Vorkommnis, also einer hinreichenden Bedeutsamkeit, um eine solch schwere Symptombildung in Gang zu setzen, sowie einer determinierenden Eigenschaft, das heißt einer genügend engen inhaltlichen Beziehung zur konkreten Symptomatik. Seine erste Entdeckung war, wie erwähnt, gewesen, dass die Assoziationen, ausgehend von den Symptomen, relativ einförmig auf sexuelle Erlebnisse der Pubertäts- und Erwachsenenjahre führten, dass diese sich aber sehr in ihrem (objektiv) traumatischen Charakter unterschieden. Dieses Ergebnis bedarf nun weiterer Erklärung:

> »Wenn es ebensowohl schwere wie geringfügige Erlebnisse, ebensowohl Erfahrungen am eigenen Leib wie visuelle Eindrücke und durch das Gehör empfangene Mitteilungen sind, die sich als die letzten Traumen der Hysterie erkennen lassen, so kann man etwa die Deutung versuchen, die Hysterischen seien besonders geartete Menschenkinder – wahrscheinlich infolge erblicher Veranlagung oder degenerativer Verkümmerung – bei denen die Scheu vor der Sexualität, die im Pubertätsalter normalerweise eine gewisse Rolle spielt, ins Pathologische gesteigert und dauernd festgehalten wird; gewissermaßen Personen, die den Anforderungen der Sexualität psychisch nicht Genüge leisten können. Man vernachlässigt bei dieser Aufstellung allerdings die Hysterie der Männer; aber auch, wenn es derartige grobe Einwände nicht gäbe, wäre die Versuchung kaum sehr groß, bei dieser Lösung stehen zu bleiben. Man verspürt hier nur zu deutlich die intellektuelle Empfindung des Halbverstandenen, Unklaren und Unzureichenden« (1896c; *GW I*, S. 436f.).

Weiter entbehrten die so gefundenen Erlebnisse der Pubertätsjahre häufig der determinierenden Eignung; die genaue Ausgestaltung des späteren Symptoms könne aus ihnen nur unzureichend erklärt werden. Es liege nun nahe, den eingeschlagenen Weg noch einmal zu gehen: nicht bei der Findung dieses einen Ereignisses stehen zu bleiben, sondern von dessen Vorstellung ausgehend, auf assoziativem Wege nach noch weiter zurückreichenden Vorkommnissen zu suchen, welche ein besseres Verständnis der Symptombildung ermöglichen könnten: »Vielleicht liegen der abnormen Reaktion gegen sexuelle Eindrücke, durch welche uns die Hysterischen in der Pubertätszeit überraschen, ganz allgemein solche sexuelle Erlebnisse der Kindheit zugrunde, die dann von gleichförmiger und bedeutsamer Art sein müssten?« (ebd., S. 438f.). Die psychoanalytische Methode führt nun tatsächlich zu diesem Ergebnis:

> »Wenn wir die Ausdauer haben, mit der Analyse bis in die frühe Kindheit vorzudringen, so weit zurück nur das Erinnerungsvermögen eines Menschen reichen kann, so veranlassen wir in allen Fällen den Kranken zur Reproduktion von Erlebnissen, die infolge ihrer Besonderheiten sowie ihrer Beziehungen zu den späteren Krankheitssymptomen als die gesuchte Ätiologie der Neurose betrachtet werden müssen. Diese **infantilen** Erlebnisse sind wiederum **sexuellen** Inhalts, aber weit gleichförmigerer Art als die letztgefundenen Pubertätsszenen; es handelt sich bei ihnen nicht mehr um die Erweckung des sexuellen Themas durch einen beliebigen Sinneseindruck, sondern um sexuelle Erfahrungen am eigenen Leib, um **geschlechtlichen** Verkehr (im weiteren Sinne). Sie gestehen mir zu, dass die **Bedeutsamkeit** solcher Szenen keiner weiteren Begründung bedarf; fügen sie nun noch hinzu, dass Sie in den Details derselben jedesmal die **determinierenden** Momente auffinden können, die Sie etwa in den anderen, später erfolgten und früher reproduzierten Szenen noch vermisst hätten« (ebd.).

Freud zieht die weitreichende Folgerung: »Ich stelle also die Behauptung auf, zugrunde jedes Falles von Hysterie befinden sich – durch die analytische Arbeit reproduzierbar, trotz des Dezennien umfassenden Zeitintervalles – **ein oder mehrere Erlebnisse von vorzeitiger sexueller Erfahrung**, die der frühesten Jugend angehören« (ebd., S. 439). Oder an anderer Stelle: »Es reicht für die Verursachung der Hysterie nicht hin, dass zu irgend einer Zeit des Lebens ein Erlebnis auftrete, welches das Sexualleben irgendwie streift und durch die Entbindung und Unterdrückung eines peinlichen Affekts pathogen wird.« Es müssen vielmehr – so Freud – »**diese sexuellen Traumen der frühen Kindheit (der Lebenszeit vor der Pubertät) angehören, und ihr Inhalt muss in wirklicher Irritation der Genitalien (koitusähnlichen Vorgängen) bestehen**« (ebd., S. 380).

Als Verursacher dieser infantilen Sexualtraumen nennt der Autor »Kinderfrauen, Gouvernanten und andere Dienstboten«, häufig auch »lehrende Personen«; in einer Reihe anderer Fälle habe es sich um »schuldlose kindliche Attentäter« gehandelt, »meist Brüder, die mit ihren um wenig jüngeren Schwestern Jahre hindurch sexuelle Beziehungen unterhalten hatten« (ebd., S. 382). Der Hergang, so Freud,

> »war wohl jedesmal ähnlich, wie man ihn in einzelnen Fällen mit Sicherheit verfolgen konnte, dass nämlich der Knabe von einer Person weiblichen Geschlechts missbraucht worden war, dass dadurch in ihm vorzeitig die Libido geweckt wurde, und dass er dann einige Jahre später in sexueller Aggression gegen seine Schwester genau die nämlichen Prozeduren wiederholte, denen man ihn selbst unterzogen hatte« (ebd.).

Etwas befremdend allerdings ist der Umstand, dass Freud in der wenig später erschienenen Arbeit »Zur Ätiologie der Hysterie« eine neue, vorher unerwähnte Klasse von Verursachern nennt, nämlich erklärt, dass »leider auch allzuhäufig ein naher Verwandter« das Kind in den »sexuellen Verkehr« eingeführt hätte (ebd., S. 444).

Die Annahme des infantilen Sexualtraumas löst einige der bei der ersten Formulierung der Abwehrtheorie offen gebliebenen Fragen. Zunächst wird die neurotische Disposition, also jener Komplex von Bedingungen, unter denen ein Sexualerlebnis der Pubertäts- oder Erwachsenenzeit eine Verdrängung mit Symptombildung nach sich zieht, weitgehend auf den äußeren Faktor des kindlichen Missbrauchs reduziert: »Die ›Verdrängung‹ der Erinnerung an ein peinliches sexuelles Erlebnis reiferer Jahre gelingt nur solchen Personen, bei denen dies Erlebnis die Erinnerungsspur eines Kindertraumas zur Wirkung bringen kann« (ebd., S. 384). Und sehr pointiert an anderer Stelle:

> »Die Abwehr erreicht dann ihre Absicht, die unverträgliche Vorstellung aus dem Bewusstsein zu drängen, wenn bei der betreffenden, bis dahin gesunden Person infantile Sexualszenen als unbewusste Erinnerungen vorhanden sind, und wenn die zu verdrängende Vorstellung in logischen oder assoziativen Zusammenhang mit einem solchen infantilen Erlebnis gebracht werden kann« (ebd., S. 447f.).

Hiermit ist zwar eine notwendige, jedoch nicht hinreichende Bedingung gefunden; das Trauma allein führt keineswegs zwangsläufig zur Symptombildung: »Es stört nicht, wenn viele Menschen infantile Sexualszenen erleben ohne hysterisch zu werden; wenn nur alle, die hysterisch werden, solche Szenen erlebt haben.« Der »Kreis des Vorkommens eines ätiologischen Faktors« dürfe »gerne ausgedehnter sein als der seines Effekts, nur nicht enger«. Denn: »Es erkranken nicht alle an Blattern, die einen Blatternkranken berühren oder ihm nahe kommen, und doch ist die Übertragung von einem Blatternkranken fast die einzige uns bekannte Ätiologie der Erkrankung« (ebd., S. 446).

Gleichzeitig wird nun die – empirisch immer aufs Neue konstatierte, aber zunächst nicht erklärliche – Tatsache verständlich, dass es ausschließlich sexuelle Erlebnisse sind, welche zu solch massiver Verdrängung mit Symptombildung Anlass geben. Ihr pathogener Effekt beruht wesentlich auf ihrer Eigenschaft, die Erinnerung an das infantile Sexualtrauma wecken zu können, welches seinerzeit angesichts der unvollständigen sexuellen Entwicklung lediglich eine geringe Wirkung hatte entfalten können; anders liegt der Fall beim erneuten Auftauchen der Vorstellung in einem späteren Entwicklungsstadium:

> »Wenn aber das sexuelle Erlebnis in die Zeit sexueller Unreife fällt, die Erinnerung daran während oder nach der Reife erweckt wird, dann wirkt die Erinnerung ungleich stärker erregend als seinerzeit das Erlebnis, denn inzwischen hat die Pubertät die Reaktionsfähigkeit des Sexualapparats in unvergleichbarem Maße gesteigert. Ein solches umgekehrtes Verhältnis zwischen realem Erlebnis und Erinnerung scheint aber die psychologische Bedingung einer Verdrängung zu enthalten. Das Sexualleben bietet – durch die Verspätung der Pubertätsreife gegen die psychischen Funktionen – die einzig vorkommende Möglichkeit für jene Umkehrung der relativen Wirksamkeit. **Die Kindertraumen wirken nachträglich wie frische Erlebnisse, dann aber unbewusst**« (ebd., S. 384, Fußnote 2).

Auch die Frage der Neurosenwahl glaubt Freud im Rahmen dieser Traumatheorie gelöst zu haben: Werde die Sexualszene passiv erlebt, entstehe eine Hysterie, führe das Kind die Handlungen aktiv oder mit Lustempfindung aus, manifestierten sich die daraus resultierenden Selbstvorwürfe in Zwangssymptomen (ebd., S. 385ff.).

Bekanntermaßen gab Freud diese intellektuell zweifellos befriedigende Verführungstheorie sehr bald nach ihrer Erstellung wieder auf, wobei die Gründe dafür nicht restlos klar sind[28], sich am besten noch aus einem Brief ableiten las-

28 Dieser zweifellos dunkle Punkt in der Geschichte der Psychoanalyse hat dazu veranlasst, Spekulationen über Freuds eigentliche Motive für diesen Schritt anzustellen, die man in eher persönlichen Faktoren zu finden glaubte: M. Krüll (1979) vertritt die Ansicht, Freud, der an sich selbst neurotische Symptome entdeckte und daher gemäß der Verführungstheorie einen Missbrauch durch den Vater auch bei sich hätte annehmen müssen, habe aus diesem Grund von seiner Theorie Abstand genommen; hingegen meint Masson (1984), Freud habe nicht den Mut besessen, diese gesellschaftskritische Auffassung gegen den Widerstand aus Wissenschaftlerkreisen aufrecht zu erhalten. Auf beide Arbeiten kann hier nicht eingegangen werden (siehe dazu Köhler, 2016, S. 149ff.); angemerkt sei nur, dass insbesondere Masson dem Irrtum unterliegt, mit Aufgabe der Verführungstheorie habe Freud das Vorkommen sexuellen Missbrauches an Kindern überhaupt zu leugnen begonnen.

sen, der an Wilhelm Fließ im September des Jahres 1897 geschickt wurde und mit den Worten beginnt: »Und nun will ich Dir sofort das große Geheimnis anvertrauen, das mir in den letzten Monaten langsam gedämmert hat. Ich glaube an meine Neurotica nicht mehr« (1985c, S. 283; Neurotica bezeichnet offenbar Freuds Neurosentheorie). Der Autor führt mehrere, teilweise recht dunkle Argumente dafür an; nur drei davon seien herausgegriffen, zum einen die – angesichts Freuds bisheriger Aussagen über die Urheberschaft der Verführung überraschende – Feststellung,

> »dass in sämtlichen Fällen der **Vater** als pervers beschuldigt werden musste, mein eigener nicht ausgeschlossen [, weiter] die Einsicht in die nicht erwartete Häufigkeit der Hysterie, [...] während doch solche Verbreitung der Perversion gegen Kinder wenig wahrscheinlich ist. (Die Perversion muss unermesslich häufiger sein als die Hysterie, da ja Erkrankung nur eintritt, wo sich Ereignisse gehäuft haben und ein die Abwehr schwächender Faktor hinzugetreten ist.)« (1985c, S. 283f.; das Wort »Vater« ist im Brief von Freud unterstrichen).

Zum dritten führt der Autor die »sichere Einsicht« an, »dass es im Unbewussten ein Realitätszeichen nicht gibt, sodass man die Wahrheit und die mit Affekt besetzte Fiktion nicht unterscheiden kann. (Demnach blieb die Lösung übrig, dass die sexuelle Phantasie sich regelmäßig des Themas der Eltern bemächtigt.)« (1985c, S. 284). Freud zieht den Schluss:

> »Soweit beeinflusst wurde ich bereit, auf zweierlei zu verzichten, auf die völlige Lösung einer Neurose und auf die sichere Kenntnis ihrer Ätiologie in der Kindheit. Nun weiß ich überhaupt nicht, woran ich bin, denn das theoretische Verständnis der Verdrängung und ihres Kräftespieles ist mir nicht gelungen. Es erscheint wieder diskutierbar, dass erst spätere Erlebnisse den Anstoß zu Phantasien geben, die auf die Kindheit zurückgreifen, und damit gewinnt der Faktor einer hereditären Disposition einen Machtbereich zurück, aus dem [ihn] zu verdrängen ich mir zur Aufgabe gestellt hatte – im Interesse der Durchleuchtung der Neurose« (1985c, S. 187).

Das hier beigebrachte Argument, bei den in der Analyse eruierten Szenen könnte es sich ebenso um Fantasieprodukte handeln, wird als wesentliches Motiv für die Theorierevision angesehen, so etwa bei Jones (1984; Bd. 1, S. 313); Freud selbst weist in einem 1924 geschriebenen Zusatz zu »Weitere Bemerkungen über die Abwehr-Neuropsychosen« auf diesen grundlegenden Irrtum hin: »Ich verstand es damals noch nicht, die Phantasien der Analysierten über ihre Kinderjahre von realen Erinnerungen zu unterscheiden. Infolgedessen schrieb ich dem ätiologischen Moment der Verführung eine Bedeutsamkeit und Allgemeingültigkeit zu, die ihm nicht zukommen« (ebd., S. 385, Fußnote 1). Und als er 1906 in »Meine Ansichten über die Rolle der Sexualität in der Ätiologie der Neurosen« offiziell die Verführungstheorie widerruft, führt er – neben dem einer nicht repräsentativen Auswahl von Patienten – eben dieses Argument an:

> »Ein Zufall des damals noch spärlichen Materials hatte mir eine unverhältnismäßig große Anzahl von Fällen zugeführt, in deren Kindergeschichte die sexuelle Verführung durch Erwachsene oder andere ältere Kinder die Hauptrolle spielte. Ich überschätzte die Häufigkeit dieser (sonst nicht anzuzweifelnden) Vorkommnisse, da ich überdies zu jener Zeit nicht imstande war, die Erinnerungstäuschungen der Hysterischen über ihre Kindheit von den Spuren der wirklichen Vorgänge sicher zu unterscheiden, während ich seitdem gelernt habe, so manche Verführungsphantasie als Abwehrversuch gegen die Erinnerung der eigenen sexuellen Betätigung (Kindermasturbation) aufzulösen« (1906a; *GW V*, S. 153).

Offenbar haben auch biografische Nachforschungen die Unmöglichkeit einiger in der Analyse produzierter Szenen ergeben, denn in diesem Sinne dürfte Freuds Feststellung zu verstehen sein, dass »diese Ätiologie an ihrer eigenen Unwahrscheinlichkeit und an dem Widerspruche gegen sicher festzustellende Verhältnisse zusammenbrach« (1914d; *GW X*, S. 55).

Angesichts der zahlreichen Missverständnisse, welche sich um die Aufgabe der Verführungstheorie ranken, ist es sinnvoll zu betonen, dass Freud damit keineswegs das Vorkommen sexuellen Missbrauches bei Kindern abstreiten wollte oder für vernachlässigbar gering hielt. Unmissverständlich heißt es 1905 in den *Drei Abhandlungen zur Sexualtheorie*: Er könne »nicht zugestehen«, dass er in seiner Abhandlung 1896 »Über die Ätiologie der Hysterie«

> »die Häufigkeit oder Bedeutung der Verführung überschätzt habe, wenngleich [er] damals noch nicht wußte, daß normal gebliebene Individuen in ihren Kinderjahren die nämlichen Erlebnisse gehabt haben können, und darum die Verführung höher wertete als die in der sexuellen Konstitution und Entwicklung gegebenen Faktoren« (1905d; *GW V*, S. 91).

Es sei »selbstverständlich«, dass es der Verführung nicht bedürfe, »um das Sexualleben des Kindes zu wecken« (ebd.). In der *Selbstdarstellung* verweist er auf gut dokumentierte Vorkommnisse dieser Art: »Einige Fälle, in denen sich solche Beziehungen zum Vater, Oheim oder älteren Bruder bis in die Jahre sicherer Erinnerung fortgesetzt hatten, bestärkten mich in meinem Zutrauen« (1925d; *GW XIV*, S. 59).[29]

Auch schreibt der Autor nach wie vor der Verführung eine Rolle bei der Ausbildung von Neurosen zu, etwa in 1925d (*GW XIV*, S. 60) oder im schon erwähnten späteren Zusatz zu 1896b: »Doch ist nicht alles im obigen Text Enthaltene zu verwerfen; der Verführung bleibt eine gewisse Bedeutung für die Ätiologie gewahrt und manche psychologische Ausführungen halte ich auch heute noch für zutreffend« (*GW I*, S. 385, Fußnote 1). Die Aufgabe der Verführungstheorie stellt somit zunächst einmal nicht mehr als die Einschränkung der All-Aussage dar: »zugrunde jedes Falles von Hysterie befinden sich [...] **ein oder mehrere Erlebnisse von vorzeitiger sexueller Erfahrung**«; das Erleben der infantilen Sexualszenen wird nicht mehr als notwendige, sondern nur als bestenfalls begünstigende Bedingung angesehen. Wie die genaue ätiologische Rolle der Infantilszenen zu denken ist, geht aus Freuds Schriften nicht klar hervor. Sicher wirkt dieser Faktor über eine Modifikation im Ablauf des infantilen Sexuallebens, sei es – wie oben bereits angedeutet – im Sinne einer vorzeitigen Erweckung zu besonderer Intensität, sei es in Form einer speziellen inhaltlichen Ausgestaltung.

Die Bedeutung der Infantilszenen im Rahmen der zweiten Neurosenkonzeption (vgl. 5.3) ist aber noch eine andere: in die zur Symptombildung führende Gedankentätigkeit eingebunden zu werden und so gewissermaßen die Fantasietätigkeit zu entlasten: Man empfange keinen anderen Eindruck, heißt es in der 23. Vorlesung, »als dass solche Kinderbegebenheiten [scil. unter anderem die Verführung] irgendwie notwendig verlangt werden, zum eisernen Bestand der Neurose gehören. Sind sie in der Realität enthalten, dann ist es gut; hat sie die Realität verweigert, so werden sie aus Andeutungen hergestellt und durch die Phantasie ergänzt.« Das Ergebnis – fährt der Autor fort – »ist das gleiche, und es ist bis heute nicht gelungen, einen Unterschied in den Folgen nachzuweisen,

29 Auch der Zusatz, den Freud 1924 zu der in den *Studien über Hysterie* erschienenen Fallgeschichte der »Katharina« (1895d; *GW I*, S. 195, Fußnote 1) machte, dass die »sexuellen Versuchungen« nicht vom Onkel, sondern vom eigenen Vater ausgingen, zeigt, dass der Autor dergleichen berichtete Ereignisse keineswegs von vornherein als Fantasieprodukte ansah. Ebenso betont Freud in der Fallstudie vom »Wolfsmann« (»Aus der Geschichte einer infantilen Neurose«, 1918b), dass die vom Patienten berichtete Verführung durch die Schwester »gewiss keine Phantasie war« (*GW XII*, S. 44).

wenn die Phantasie oder die Realität den größeren Anteil an diesen Kinderbegebenheiten hat« (1916–17a; *GW XI*, S. 385). Damit ergibt sich aber auch, dass der traumatische Charakter der Szenen, der nach dem ersten Neurosenmodell der eigentliche Anlass für die Verdrängung war, in der späteren Konzeption zurücktritt gegenüber ihrer Bedeutung zur Anregung sexualbezogener Fantasietätigkeit. Neben der Abkehr von einem milieutheoretischen, streng deterministischen Neurosenmodell ist dies die zweite, nicht weniger wichtige Implikation, welche die Aufgabe der Verführungstheorie in sich birgt.

5.3 Die spätere Neurosenkonzeption

Anders als die Abwehr- und Verführungstheorie, welche binnen weniger Jahre erstellt wurde, nahm die Entwicklung der späteren Neurosenlehre – basierend auf Vorerkenntnissen, deren Erwerb Freud allein fast ein Jahrzehnt gekostet hatte – einen langen Zeitraum ein und beinhaltete immer wieder neue Ergänzungen und Modifikationen. Schon dies macht ihre Darstellung wesentlich schwieriger; hinzu kommt, dass diese neue Konzeption der – man kann es nur wiederholen – intellektuell äußerst befriedigenden Verführungstheorie an Präzision weit nachsteht und eine ganze Anzahl von Fragen offen lässt oder in eher unbestimmter Weise beantwortet. Die gleichzeitige Befassung Freuds mit diversen anderen Problemstellungen, die sich aus der Ausweitung der Psychoanalyse zu einer allgemeinen Tiefenpsychologie ergaben, dürfte nicht zuletzt Ursache dieses unbefriedigenden Sachverhalts sein.

Zwei Begriffe oder Konzepte, die bereits im Rahmen der Sexualtheorie hätten eingeführt werden können, aber besser an dieser Stelle erläutert werden, weil sich ihre Bedeutung erst im Rahmen einer klinischen Theorie erschließt, sind die der *Fixierung* und *Regression*. Fixierung ist im Rahmen der zweiten Neurosenlehre eine mehr oder weniger unerlässliche Voraussetzung für die Entstehung psychoneurotischer Symptome überhaupt und bestimmt in ihrer *spezifischen Form* auch die *Art der sich entwickelnden Symptome*. Es handelt sich um ein hartnäckiges Festhalten an einem Stadium der Libidoentwicklung, welches ab einem gewissen Zeitpunkt zu wesentlichen Teilen überwunden sein sollte. Eine wichtige Form von Fixierung ist die Vorherrschaft einer erogenen Zone und des mit ihr verbundenen Partialtriebes (etwa des oralen). Regression im Sinne von Libidoregression stellt einen entscheidenden pathogenetischen Schritt bei der Ausbildung von Neurosen und Perversionen dar; Freud versteht darunter die Rückkehr auf ganz oder teilweise überwundene Stufen der Sexualentwicklung, entweder in

Form eines Wiederauftretens zwischenzeitlich weitgehend inaktiver Partialtriebe oder der erneuten Besetzung bereits verlassener Liebesobjekte. In der 22. Vorlesung, betitelt »Gesichtspunkte der Entwicklung und Regression. Ätiologie«, der ausführlichsten Behandlung des Themas, definiert der Autor die Begriffe und erörtert ihr gegenseitiges Verhältnis. Er konstatiert zunächst die prinzipielle Möglichkeit, dass »einzelne Anteile« von »jeder einzelnen Sexualstrebung« auf »früheren Stufen der Entwicklung zurückgeblieben sind, wenngleich andere Anteile das Endziel erreicht haben mögen« und definiert: »Lassen Sie uns noch feststellen, dass ein solches Verbleiben einer Partialstrebung auf einer früheren Stufe eine **Fixierung** (des Triebes nämlich) heißen soll« (1916–17a; *GW XI*, S. 352f.). Anschließend führt er den Begriff der Regression ein und spezifiziert deren Entstehungsbedingungen:

> »Die zweite Gefahr einer so stufenweisen Entwicklung liegt darin, dass auch die Anteile, die es weiter gebracht haben, leicht in rückläufiger Bewegung auf eine dieser früheren Stufen zurückkehren können, was wir eine **Regression** nennen. Zu einer solchen Regression wird sich die Strebung veranlasst finden, wenn die Ausübung ihrer Funktion, also die Erreichung ihres Befriedigungszieles, in der späteren oder höher entwickelten Form auf starke äußere Hindernisse stößt. Es liegt uns nahe anzunehmen, dass Fixierung und Regression nicht unabhängig voneinander sind. Je stärker die Fixierungen auf dem Entwicklungsweg, desto eher wird die Funktion den äußeren Schwierigkeiten durch Regression bis zu jenen Fixierungen ausweichen, desto widerstandsunfähiger erweist sich also die ausgebildete Funktion gegen äußere Hindernisse ihres Ablaufes. [...] Nach dem, was Ihnen von der Entwicklung der Libidofunktion bekannt geworden ist, dürfen Sie Regressionen von zweierlei Art erwarten, Rückkehr zu den ersten von der Libido besetzten Objekten, die bekanntlich inzestuöser Natur sind, und Rückkehr der gesamten Sexualorganisation zu früheren Stufen« (ebd., S. 353f.).

Anhand dieser Begriffe lässt sich vergleichsweise rasch das zweite Freud'sche Modell der Neurosenentstehung darstellen, wie er es – beginnend mit der Fallgeschichte Dora (»Bruchstück einer Hysterie-Analyse«, 1905e) und dem Aufsatz »Meine Ansichten über die Rolle der Sexualität in der Ätiologie der Neurosen« (1906a) – im Laufe vieler Jahre entwickelt und am ausführlichsten in der 23. der *Vorlesungen zur Einführung in die Psychoanalyse* »Die Wege der Symptombildung« beschrieben hat. Gegenüber der weitgehend monokausalen ersten Neurosenkonzeption, wo allein das infantile Sexualtrauma das unverzichtbare ätiologische Moment darstellte, dessen Wirkung lediglich durch die anderer Faktoren geschwächt oder verstärkt werden konnte, ist Freuds spätere Auffassung von der Entstehung der Neurosen betont multifaktoriell: Eine ganze Reihe von Einflussgrößen wie Sexualkonstitution, infantile Erlebnisse, Eindrücke des Pubertäts- oder Erwachsenenalters, das Ausmaß der Sublimierungsfähigkeit, schließlich die Stärke der Verdrängungsneigung entscheiden darüber, ob sich überhaupt neurotische Symptome ausbilden und welcher Art sie sind. Nach wie vor bestehen bleibt jedoch die Annahme, dass die Wurzeln der Neurose in der Kindheit liegen und mit dem Sexualleben zusammenhängen: »Ich halte es der Hervorhebung wert, dass meine Anschauungen über die Ätiologie der Psychoneurosen bei allen Wandlungen doch zwei Gesichtspunkte nie verleugnet oder verlassen haben, die Schätzung der **Sexualität** und des **Infantilismus**« (1906a; *GW V*, S. 157).

Anders als im frühen milieutheoretischen Genesemodell, in dem sich Freud dezidiert von der Betonung der hereditären Momente durch die herrschende französische Psychiatrie absetzt, hebt er nun durchaus die Bedeutung erblicher Komponenten hervor (besonders nachdrücklich beispielsweise in 1905e; *GW V*, S. 178, Fußnote 1). Diese *konstitutionelle Neurosenbereitschaft* lässt sich von ihm jetzt allerdings genauer als *Besonderheiten der Sexualfunktionen* fassen:

> »Mit dem Rücktritt der akzidentellen Einflüsse des Erlebens mussten die Momente der Konstitution und Heredität wieder die Oberhand behaupten, aber mit dem Unterschiede gegen die sonst herrschende Anschauung, dass bei mir die ›sexuelle Konstitution‹ an die Stelle der allgemeinen neuropathischen Disposition trat« (1906a; *GW V*, S. 154f.).

Sie lässt sich mittlerweile präziser über die *Eigenschaften der diversen Partialtriebe* konzipieren: »Die hereditäre Sexualkonstitution bietet uns eine große Mannigfaltigkeit von Anlagen, je nachdem dieser oder jener Partialtrieb für sich allein oder im Verein mit anderen in besonderer Stärke angelegt ist« (1916–17a; *GW XI*, S. 376).

Diese *vererbte Sexualkonstitution* ist die eine Bedingung für die Libidofixierung, die andere sind *Eindrücke der Infantilzeit:* »Gerade die psychoanalytische Forschung hat uns ermöglicht, die neurotische Disposition in der Entwicklungsgeschichte der Libido nachzuweisen und die in ihr wirksamen Faktoren auf mitgeborene Varietäten der sexuellen Konstitution und in der frühen Kindheit erlebte Einwirkungen der Außenwelt zurückzuführen« (1912c; *GW VIII*, S. 322). Letztere Aussage erscheint bei näherem Hinsehen nicht ganz korrekt; zumindest jedoch beschreibt sie den Sachverhalt unvollständig. Jene infantilen Erlebnisse, wie sie Freud als neurosendisponierend hinstellt und wie sie sich retrospektiv aus der Analyse von Erwachsenen ergeben, sind nämlich, beispielsweise eben die Verführungsszenen (vgl. 5.2), nicht immer tatsächlich auch vorgefallen:

> »Sie wissen, aus der Analyse von den Symptomen aus kommen wir zur Kenntnis der infantilen Erlebnisse, an welche die Libido fixiert ist, und aus denen die Symptome gemacht werden. Nun, die Überraschung liegt darin, dass diese Infantilszenen nicht immer wahr sind. Ja, sie sind in der Mehrzahl der Fälle nicht wahr, und in einzelnen Fällen in direktem Gegensatz zur historischen Wahrheit. [...] Außerdem ist aber noch etwas ungemein Verwirrendes dabei: Wenn die durch die Analyse zutage geförderten infantilen Erlebnisse jedesmal real wären, hätten wir das Gefühl, uns auf sicherem Boden zu bewegen, wenn sie regelmäßig gefälscht wären, sich als Erfindungen, als Phantasien der Kranken enthüllten, müssten wir diesen schwankenden Boden verlassen und uns auf einen anderen retten. Aber es ist weder so noch so, sondern der Sachverhalt ist nachweisbar der, dass die in der Analyse konstruierten oder erinnerten Kindererlebnisse einmal unstreitig falsch sind, das andere Mal aber ebenso sicher richtig und in den meisten Fällen aus Wahrem und Falschem gemengt. Die Symptome sind also dann bald die Darstellung von Erlebnissen, die wirklich stattgefunden haben, und denen man einen Einfluss auf die Fixierung der Libido zuschreiben darf, und bald die Darstellung von Phantasien des Kranken, die sich zu einer ätiologischen Rolle natürlich gar nicht eignen. Es ist schwer, sich darin zurechtzufinden« (1916–17a; *GW XI*, S. 381f.).

Dadurch werde nahe gelegt, »Phantasie und Wirklichkeit gleichzustellen und sich zunächst nicht darum zu kümmern, ob die zu klärenden Kindererlebnisse das eine oder das andere seien«. Auch sie, meint Freud, besäßen »eine Art von Realität«; es bleibe »eine Tatsache, dass der Kranke sich solche Phantasien geschaffen« habe, und diese Tatsache besitze

> »kaum geringere Bedeutung für seine Neurose, als wenn er den Inhalt dieser Phantasien wirklich erlebt hätte. Diese Phantasien besitzen **psychische** Realität im Gegensatz zur materiellen, und wir lernen allmählich verstehen, dass **in der Welt der Neurosen die psychische Realität die maßgebende ist**« (1916–17a; *GW XI*, S. 383).

Ein gewisses Verständnis dieses schwierigen Sachverhalts ergibt sich immerhin aus Freuds Annahme, dass die Sexualkonstitution einerseits und infantiles Erleben andererseits bei der Ausbildung der Libidofixierung *Ergänzungsreihen* bilden, d.h. das Fehlen eines Faktors zu einem gewissen Grade durch eine besondere Stärke des anderen ausgeglichen werden kann. Wenn übermäßig bedeutende Sexualkonstitution allein nicht zur Fixierung führt, müssten eben die fehlenden Erlebnisse in der Fantasie ergänzt werden:

> »Man empfängt keinen anderen Eindruck, als dass solche Kinderbegebenheiten irgendwie notwendig verlangt werden, zum eisernen Bestand der Neurose gehören. Sind sie in der Realität enthalten, dann ist es gut; hat sie die Realität verweigert, so werden sie aus Andeutungen hergestellt und durch die Phantasie ergänzt« (1916–17a; *GW XI*, S. 385).

Die erwähnte *sexuelle Konstitution* führt nun nach dem explizierten pathogenetischen Modell in Zusammenwirkung mit den (prinzipiell ätiologisch entbehrlichen) *infantilen Erlebnissen* zur *Libidofixierung*. Bei den – hier allein von Freud behandelten – Neurosen des Erwachsenenalters kommt nun ein weiterer determinierender Faktor exogener Natur hinzu, nämlich das Fehlen befriedigender Sexualbetätigung vor Ausbruch der Symptomatik: »dass die Menschen neurotisch erkranken, wenn Ihnen die Möglichkeit benommen ist, ihre Libido zu befriedigen, also an der ›Versagung‹« (ebd., S. 357). Diese wird als eine unerlässliche Bedingung in der Neurosenätiologie aufgefasst, als notwendig, wenn auch nicht als hinreichend: »Natürlich sollte das nicht heißen, dass jede Versagung der libidinösen Befriedigung jeden, den sie trifft, neurotisch macht, sondern bloß, dass in allen untersuchten Fällen von Neurose das Moment der Versagung nachweisbar war. Der Satz ist also nicht umkehrbar« (ebd.). Ausmaß der *Libidofixierung* einerseits, der *Versagung* andererseits sind somit die wesentlichen Momente für die Genese von Neurosen: »In schematischer Verkürzung können Sie es aussprechen, dass die Libidofixierung den disponierenden, internen, die Versagung den akzidentellen, externen Faktor der Neurosenätiologie repräsentiert« (ebd., S. 359). Anders als in der Verführungstheorie, nach der das reale Erleben der infantilen Sexualszenen die einzige unerlässliche Vorbedingung für die Ausbildung neurotischer Symptome angesehen wurde, wirken nach der späteren Freud'schen Auffassung die beiden zentralen Momente additiv zusammen, bilden eine Ergänzungsreihe.

So weit – und dies ist ein höchst origineller Aspekt in Freuds Theorie der Neurosenentstehung, worin diese sich wesentlich von anderen Genesemodellen und auch von seiner eigenen früheren Auffassung unterscheidet – sind die *Bedingungen* für die *Ausbildung von Neurose und Perversion exakt die gleichen*. Auch der erste Schritt der Pathogenese ist identisch, die Rückkehr auf ein überwundenes Stadium der Libidoorganisation.[30]

Über den Ausgang dieser Regression entscheidet nun ein weiteres, bis jetzt noch nicht in die Betrachtung einbezogenes Moment, nämlich die *inneren Widerstände* gegen das daraus resultierende »perverse« Sexualstreben:

> »Nun scheidet sich der Weg zur Perversion scharf von dem der Neurose. Erwecken diese Regressionen nicht den Widerspruch des Ichs, so kommt es auch nicht zur Neurose, und die Libido gelangt zu irgendeiner realen, wenn auch nicht mehr normalen Befriedigung. Wenn aber das Ich [...] mit diesen Regressionen nicht einverstanden ist, dann ist der Konflikt gegeben« (ebd., S. 373).

Oder in etwas anderer Formulierung: »[Z]ur **äußeren** Versagung muss, damit sie pathogen wirke, noch die **innere** Versagung hinzutreten« (ebd., S. 363). Perversionen und Neurosen liegen also prinzipiell die gleichen regressiven Wünsche zugrunde, die im ersten Fall in Taten oder bewusstseinsfähigen Fantasien ausgelebt werden, im zweiten Falle unbewusst bleiben: »Regression der Libido ohne Verdrängung würde nie eine Neurose ergeben, sondern in eine Perversion auslaufen« (ebd., S. 356). Es ergibt sich die überraschende, bereits in den *Drei Abhandlungen zur Sexualtheorie* herausgearbeitete Beziehung: »**[D]ie Neurose ist sozusagen das Negativ der Perversion**« (1905d; *GW V*, S. 65). Freud erläutert diesen Sachverhalt in einer Fußnote: »Die klar bewussten Phantasien

30 Die Rolle der Entwicklungshemmung und der Regression bei der Ausbildung von Perversionen wird besonders klar in der vierten der an der Clark University gehaltenen Vorlesungen herausgearbeitet: »Ein Satz der allgemeinen Pathologie sagt aus, dass jeder Entwicklungsvorgang die Keime der pathologischen Disposition mit sich bringt, insofern er gehemmt, verzögert werden oder unvollkommen ablaufen kann.« Freud folgert: »Dasselbe gilt für die so komplizierte Entwicklung der Sexualfunktion. Sie wird nicht bei allen Individuen glatt durchgemacht und hinterlässt dann entweder Abnormitäten oder Dispositionen zu späterer Erkrankung auf dem Wege der Rückbildung (Regression). Es kann geschehen, dass nicht alle Partialtriebe sich der Herrschaft der Genitalzone unterwerfen; ein solcher unabhängig gebliebener Trieb stellt dann das her, was wir eine Perversion nennen, und was das normale Sexualziel durch sein eigenes ersetzen kann« (1910a; *GW VIII*, S. 48). Auch die Rolle der äußeren Versagung entspricht bei den Perversionen der bei der Ausbildung von Neurosen: »Ein ähnlicher Einfluss ist übrigens auch für die manifesten Perversionen anzuerkennen. Sie werden in manchen Fällen dadurch provoziert oder aktiviert, dass einer normalen Befriedigung des Sexualtriebes allzu große Schwierigkeiten gemacht werden, infolge vorübergehender Umstände oder dauernder sozialer Einrichtungen« (1916–17a; *GW XI*, S. 320).

der Perversen, die unter günstigsten Umständen in Veranstaltungen umgesetzt werden, [...] und die unbewussten Phantasien der Hysteriker, die man durch Psychoanalyse hinter ihren Symptomen aufdeckt, fallen inhaltlich bis in einzelne Details zusammen« (ebd.). Das Wesen der Neurose beschränkt sich jedoch nicht auf das Vorliegen unbewusster regressiver Wünsche; diese versuchen sich nämlich nach Freuds Auffassung »auf Umwegen« doch durchzusetzen, und daraus resultierten die Symptome: »Die Umwege sind die Wege der Symptombildung, die Symptome sind die neue oder Ersatzbefriedigung, die durch die Tatsache der Versagung notwendig geworden ist« (1916–17a; *GW XI*, S. 362). Sehr pointiert drückt er es auch in der fünften der in den USA gehaltenen Vorlesungen aus: Die Menschen erkrankten, »wenn ihnen infolge äußerer Hindernisse oder inneren Mangels die Befriedigung ihrer erotischen Bedürfnisse in der **Realität** versagt ist. Wir sehen« – so Freud – »dass sie sich dann in die **Krankheit flüchten**, um mit ihrer Hilfe eine Ersatzbefriedigung für das Versagte zu finden. Wir erkennen, dass die krankhaften Symptome ein Stück der Sexualbetätigung der Person oder deren ganzes Sexualleben enthalten« (1910a; *GW VIII*, S. 52).

Diese Charakterisierung, welche schon für die Hysterie nicht ganz vollständig ist, muss insbesondere aufgrund der Beobachtungen an Zwangsneurosen dahingehend modifiziert werden, dass sich die Symptome zugleich als Abwehrmaßnahmen gegen die aus der Regression resultierenden Wünsche erkennen lassen[31]. Die allgemeinere Darstellung, welche Freud im *Abriss der Psychoanalyse* gibt, ist deshalb zutreffender: »Die Symptome der Neurosen sind durchwegs, man möchte sagen, entweder Ersatzbefriedigung irgendeines sexuellen Strebens oder Maßnahmen zu ihrer Verhinderung, in der Regel Kompromisse von beiden, wie sie nach den für das Unbewusste geltenden Gesetzen zwischen Gegensätzen zustande kommen« (1940a; *GW XVII*, S. 112).

Die Mechanismen der Symptombildung, welche Freud zumeist am Beispiel der Hysterie expliziert – insofern ist der einstige Ausgangspunkt der psychoanalytischen Theoriebildung noch deutlich zu erkennen – erklären sich aus folgender Tatsache: Die aus der äußeren Versagung resultierenden regressiven Wünsche sind

31 »Zum Charakter der Zwangsneurose wie aller ähnlichen Affektionen gehört noch, dass ihre Äußerungen (Symptome, darunter auch die Zwangshandlungen) die Bedingung eines Kompromisses zwischen den streitenden seelischen Mächten erfüllen. Sie bringen also auch immer etwas von der Lust wieder, die sie zu verhüten bestimmt sind, dienen dem verdrängten Triebe nicht minder als den ihn verdrängenden Instanzen. Ja, mit dem Fortschritte der Krankheit nähern sich die ursprünglich eher die Abwehr besorgenden Handlungen immer mehr den verpönten Aktionen an, durch welche sich der Trieb in der Kindheit äußern durfte« (1907b; *GW VII*, S. 137).

aufgrund der inneren Versagung der vorbewussten Bearbeitung nicht zugänglich und haben so sich den im Ich geltenden psychischen Gesetzen entzogen, sind statt dessen den Primärvorgängen unterworfen. Wie die Traumwünsche können sie in der Realität nicht erfüllt werden, wohl aber in entstellter Form ihren Ausdruck und Erfüllung finden. Es ergibt sich so die bemerkenswerte Übereinstimmung von Traumarbeit und den Mechanismen der Neurosenbildung (siehe auch 2.2 und 2.7):

> »Die Vorstellungen, denen jetzt die Libido ihre Energie als Besetzung überträgt, gehören dem System des Unbewussten an und unterliegen den Vorgängen, die daselbst möglich sind, insbesondere der Verdichtung und Verschiebung. Hiermit sind nun Verhältnisse hergestellt, die vollkommen denen der Traumbildung gleichen. Wie dem im Unbewussten fertig gewordenen eigentlichen Traum, der die Erfüllung einer unbewussten Wunschphantasie ist, ein Stück (vor)bewusster Tätigkeit entgegenkommt, welches die Zensurtätigkeit ausübt und nach deren Abfindung die Bildung eines manifesten Traumes als Kompromiss gestattet, so hat auch noch die Libidovertretung im Unbewussten mit der Macht des vorbewussten Ichs zu rechnen. Der Widerspruch, der sich gegen sie im Ich erhoben hatte, geht ihr als ›Gegenbesetzung‹ nach und nötigt sie, jenen Ausdruck zu wählen, der gleichzeitig sein eigener Ausdruck werden kann. So entsteht denn das Symptom als vielfach entstellter Abkömmling der unbewussten libidinösen Wunscherfüllung, eine kunstvoll ausgewählte Zweideutigkeit mit zwei einander voll widersprechenden Bedeutungen« (1916–17a; *GW XI*, S. 374).

Diese Entstellungsvorgänge, analog zu denen der Traumarbeit, haben zur Folge, dass die der Neurose zugrunde liegenden Wunschregungen im Allgemeinen ebenso wenig direkt aus der Betrachtung der Symptome erschlossen werden können wie der Traumwunsch aus dem manifesten Trauminhalt:

> »Das Symptom stellt wie der Traum etwas als erfüllt dar, eine Befriedigung nach Art der infantilen, aber durch äußerste Verdichtung kann diese Befriedigung in eine einzige Sensation oder Innervation gedrängt, durch extreme Verschiebung auf eine kleine Einzelheit des ganzen libidinösen Komplexes eingeschränkt sein« (ebd., S. 381).

Es sei »kein Wunder, wenn auch wir häufig Schwierigkeiten« hätten, »in dem Symptom die vermutete und jedesmal bestätigte libidinöse Befriedigung zu erkennen« (ebd.).

Bevor auf Freuds Einteilung der neurotischen Erkrankungen und die von ihm dabei angenommenen Bildungsmechanismen eingegangen wird, kurz noch einige Ausführungen zur seiner Theorie der *Neurosenwahl.* Im ersten Modell war sie über die Annahme erklärt worden, Passivität angesichts des infantilen Sexualerlebnisses führe zur Hysterie, aktiv-lustvolles Empfinden dabei zur Zwangssymptomatik (siehe 5.2). In seiner späteren Konzeption nach Aufgabe der Verführungstheorie versucht Freud, die Art der Neurose durch spezifische Regressionen und damit über disponierende infantile Fixierungen zu erklären. Dies wird zuerst explizit für die Zwangssymptomatik ausgeführt und zwar in der kleinen, jedoch ausgesprochen inhaltsreichen Schrift »Die Disposition zur Zwangsneurose« (1913i). Ausgangspunkt ist der Fall einer Patientin, die nach Enttäuschung im Rahmen eines befriedigenden genitalen Sexuallebens Zwangssymptome entwickelte; diese ließen sich nach Freud als Mobilisierung von Gegenkräften (Reaktionsbildungen) gegen anal-sadistische Triebimpulse interpretieren: »Der Inhalt ihrer Zwangsneurose bestand in einem peinlichen Wasch- und Reinlichkeitszwang und in höchst energischen Schutzmaßregeln gegen böse Schädigungen, welche andere von ihr zu befürchten hätten, also in Reaktionsbildungen gegen **anal-erotische** und **sadistische** Regungen.« Die lebensgeschichtlich begründete Rückkehr auf eine ältere Form der Libidoorganisation soll den Vorgang verständlich machen: Hier füge »sich nun das bisher zurückgehaltene Stück aus der Krankengeschichte unseres Falles ein«. Das Sexualleben der Patientin habe »im zartesten Kindesalter« mit »sadistischen Schlagephantasien« begonnen. Nach »deren Unterdrückung«, so Freud,

> »setzte eine ungewöhnlich lange Latenzzeit ein, in welcher das Mädchen eine hochreichende moralische Entwicklung durchmachte, ohne zum weiblichen Sexualempfinden zu erwachen. Mit der in jungen Jahren geschlossenen Ehe begann eine Periode normaler Sexualbetätigung als glückliche Frau [...]. Mit der darauf folgenden Entwertung des Genitallebens sank ihr Sexualleben, wie erwähnt, auf die infantile Stufe des Sadismus zurück« (1913i; *GW VIII*, S. 446f.).

Dieser hier am Einzelfall festgestellte Zusammenhang wird später als allgemeine Gesetzmäßigkeit formuliert: »Bei der Zwangsneurose ist [...] die Regression der Libido auf die Vorstufe der anal-sadistischen Organisation das auffälligste und für die Äußerung in Symptomen maßgebende Faktum« (1916–17a; *GW XI*, S. 356). Weniger klar drückt sich Freud hinsichtlich der zur Hysterie führenden Regression aus. Sie geht jedoch – dessen ist sich Autor gewiss – weniger weit; bei dieser Krankheit gebe es »zwar eine Regression zu den primären inzestuösen Sexualobjekten, und diese ganz regelmäßig, aber so gut wie keine Regression auf eine frühere Stufe der Sexualorganisation« (ebd., S. 355). Die Fixierungen hingegen, welche der Schizophrenie und Paranoia zugrunde liegen, sind sehr früh in der Entwicklung zu datieren: Die den beiden Erkrankungen »eigentümlichen Charaktere des Größenwahns, der Abwendung von der Welt der Objekte und der Erschwerung der Übertragung haben uns zu dem Schlusse genötigt«, schreibt Freud in »Die Disposition zur Zwangsneurose«, »dass deren disponierende Fixierung in einem Stadium der Libidoentwicklung vor der Herstellung der Objektwahl, also in der Phase des Autoerotismus und des Narzissmus zu suchen ist. Diese [...] Erkrankungsformen gehen also auf sehr frühzeitige Hemmungen und Fixierungen zurück« (1913i; *GW VIII*, S. 444).

Schon zu Beginn seiner klinischen Theoriebildung präsentiert Freud eine erste Systematik psychischer Störungen, die im Wesentlichen auf Überlegungen zur Genese basiert. Den ätiologisch stets auf die frühe Kinderzeit zurückführbaren *Abwehr-Neuropsychosen* stellt er die *Aktualneurosen* mit den Unterformen Angstneurose und Neurasthenie gegenüber; diese resultieren nach seiner Auffassung aus Störungen im aktuellen Sexualleben. Während die frühe Theorie der Abwehr-Neuropsychosen, zu denen Freud Hysterie, Zwangsneurosen und in etwas unbestimmter Weise »viele Phobien« sowie »gewisse halluzinatorische Psychosen« rechnet, bereits oben dargestellt worden war, ist nun kurz einiges zur Konzeption der Aktualneurosen nachzutragen.

Diese wird in zwei Schriften des Jahres 1895 entwickelt (»Über die Berechtigung, von der Neurasthenie einen bestimmten Symptomenkomplex als ›Angst-Neurose‹ abzutrennen«, 1895b sowie »Zur Kritik der ›Angstneurose‹«, 1895f) und stellt einen weitgehend biologischen Erklärungsansatz dar. Zunächst trennt der Autor aus dem weiten Feld der Neurasthenien – worunter damals eine Vielzahl von teils körperlichen, teils psychischen Symptomen subsumiert wurden – die »Angstneurose« ab; sie ist gekennzeichnet entweder durch frei flottierende Angst, eine chronisch ängstliche Erwartung, die sich an alle möglichen Vorstellungen wechselnd anheften und so hypochondrische Ängste oder diverse Phobien nach sich ziehen kann oder sie manifestiert sich in regelrechten objektlosen Angstanfällen mit stark ausgeprägten körperlichen Reaktionen – heute würde man von »Panikattacken« sprechen. Dieser stellt Freud die (eigentliche) Neurasthenie gegenüber mit eher chronischer, wenig spektakulärer Symptomatik wie Ermüdbarkeit, Kopfdruck, Verdauungsbeschwerden. Für beide Störungen wird eine *sexualchemische Genese* angenommen: Die angstneurotischen Symptome entstehen danach aus der Zurückhaltung sexueller Erregung: »**Die neurotische Angst ist umgesetzte sexuelle Libido**« (*GW I*, S. 484); sie entwickelten sich unter Bedingungen, welche einen »Libidostau« begünstigen, beispielsweise bei Brautpaaren, die körperlichen Kontakt ohne Koitus pflegten oder bei Frauen, die aufgrund der Impotenz des Mannes nicht zur Befriedigung kämen. Den genauen Mechanismus lässt Freud hingegen ausgesprochen unbestimmt: »Die Erscheinungen der Angstneurose kommen zustande, indem die von der Psyche abgelenkte somatische Sexualerregung sich subkortikal, in ganz und gar nicht adäquaten Reaktionen ausgibt« (1895b; *GW I*, S. 336). Die neurasthenischen Symptome entstehen umgekehrt durch Erschöpfung des Libidoreservoirs: »Die Neurasthenie lässt sich jedesmal auf einen Zustand des Nervensystems zurückführen, wie er durch exzessive Masturbation erworben wird oder durch gehäufte Pollutionen spontan entsteht« (1898a; *GW I*, S. 497).

Freud kommt später wiederholt auf diese Störungen zurück, besonders im Rahmen einer Theorie der Angst, welche er noch bis 1926 als Resultat aufgestauter Libido auffasst. Eine genauere Durchdringung ihres Genesemechanismus versucht er allerdings nicht mehr: »Ich habe später keine Gelegenheit mehr gehabt, auf die Untersuchungen über die Aktualneurosen zurückzukommen. [...] Aber sie scheinen mir im ganzen heute noch richtig zu sein« (1925d; *GW XIV*, S. 50).

Bei der Einschätzung der Freud'schen klinischen Theorie ist die Betrachtung dieser Störungen und ihrer Erklärungsansätze jedoch insofern lehrreich, als sie zeigen, dass der Autor keineswegs einem generellen Zwang zur Psychologisierung psychiatrischer Krankheitsbilder erliegt, sondern durchaus deren biologische Basis zu reflektieren in der Lage ist. Nachdrücklich weist er in der 24. Vorlesung »Die gemeine Nervosität« darauf hin, dass die aktualneurotischen Symptome, »ein Kopfdruck, eine Schmerzempfindung, ein Reizzustand in einem Organ, die Schwächung oder Hemmung einer Funktion« keinen »Sinn«, keine »psychische Bedeutung« hätten: »Sie äußern sich nicht nur vorwiegend am Körper, wie auch z. B. die hysterischen Symptome, sondern sie sind auch selbst durchaus körperliche Vorgänge, bei deren Entstehung alle die komplizierten seelischen Mechanismen, die wir kennengelernt haben, entfallen« (1916–17a; *GW XI*, S. 402). Und in der *Selbstdarstellung* betont er noch einmal, dass die aktualneurotischen Symptome »nicht psychisch determiniert und analytisch auflösbar« seien, »sondern als direkte toxische Folgen des gestörten Sexualchemismus aufgefasst werden« müssten (1925d; *GW XIV*, S. 51).

Die Psychoneurosen, wie später Freud statt Abwehr-Neuropsychosen sagt, werden ab etwa 1915 noch einmal unterteilt, nämlich in *Übertragungs-* und *narzisstische Neurosen*. Der Begriff Übertragungsneurose wurde ursprünglich gebraucht, um die in der therapeutischen Sitzung mittels der Übertragung auf den Analytiker sich ausbildende und dabei infantile Konflikte wiederholende künstliche Neurose zu benennen (siehe 5.4); später dient er vornehmlich zur Bezeichnung einer bestimmten Gruppe neurotischer Erkrankungen. Dazu zählen die Hysterie (genauer: Konversionshysterie), die Angsthysterie (in etwas unscharfer Bezeichnung: Phobie)[32] und die Zwangsneurose. Die Zusammenfassung und Wahl des Oberbegriffes rechtfertigen sich durch das *regelhafte Auftreten des Übertragungsphänomens* bei Personen mit diesen Krankheitsbildern: »Diese außerordentliche, für die Kur geradezu zentrale Bedeutung hat die Übertragung bei den Hysterien, Angsthysterien und Zwangsneurosen, die darum mit Recht als ›**Übertragungsneurosen**‹ zusammengefasst werden« (1916–17a; *GW XI*, S. 462).

Patienten mit narzisstischen Neurosen sind hingegen gerade dadurch gekennzeichnet, dass sich bei ihnen in der analytischen Sitzung keine Übertragung einstellt. Die Unfähigkeit zur libidinösen Besetzung fremder Objekte setzt den therapeutischen Erfolgen deutliche Grenzen:

> »Der Mensch ist also im allgemeinen auch von der intellektuellen Seite her nur insoweit zugänglich, als er der libidinösen Objektbesetzung fähig ist, und wir haben guten Grund, in dem Ausmaß seines Narzissmus eine Schranke für seine Beeinflussbarkeit auch für die beste analytische Technik zu erkennen und zu fürchten« (ebd., S. 463).

---

32 Phobien werden von Freud generell als Syndrome betrachtet, welche im Rahmen diverser Erkrankungen, etwa Zwangsneurosen, beobachtet werden (1909b; *GW VII*, S. 349; 1926d; *GW XIV*, S. 114 und S. 140). Mit »Angsthysterie« bezeichnet er jenes Krankheitsbild, welches mehr oder weniger ausschließlich durch ein phobisches Syndrom gekennzeichnet ist. Letzteres wird entwickelt, um Angst zu binden und durch ein System von Maßnahmen zu beherrschen, dient also der Bewältigung der Angsthysterie: »Ein wesentlicher Charakter der Angsthysterie lässt sich leicht hervorheben. Die Angsthysterie entwickelt sich immer mehr zur ›Phobie‹; am Ende kann der Kranke angstfrei geworden sein, aber nur auf Kosten von Hemmungen und Einschränkungen, denen er sich unterwerfen musste.« Er fügt hinzu: »Es gibt bei der Angsthysterie eine von Anfang an fortgesetzte psychische Arbeit, um die freigewordene Angst wieder psychisch zu binden, aber diese Arbeit kann weder die Rückwandlung der Angst in Libido herbeiführen noch an dieselben Komplexe anknüpfen, von denen die Libido herrührt.« Der Autor folgert: »Es bleibt ihr nichts anderes übrig, als jeden der möglichen Anlässe zur Angstentwicklung durch einen psychischen Vorbau von der Art einer Vorsicht, einer Hemmung, eines Verbots zu sperren, und diese Schutzbauten sind es, die uns als Phobien erscheinen und für unsere Wahrnehmung das Wesen der Krankheit ausmachen« (1909b; *GW VII*, S. 350).

In die Gruppe der narzisstischen Neurosen gehören in etwa jene Krankheiten, welche die ältere Psychiatrie mit der Bezeichnung »endogene Psychosen« versah, nämlich Paranoia, Schizophrenie (in älterer Terminologie: Dementia praecox) und Melancholie – über die Manie äußert sich Freud in diesem Zusammenhang nicht. Eine prägnante Darstellung von der Systematik der Psychoneurosen und der Begründung dieser Einteilung findet sich in »›Psychoanalyse‹ und ›Libidotheorie‹«:

> »Ihr [scil. der Psychoanalyse] wichtigster theoretischer Fortschritt war wohl die Anwendung der Libidolehre auf das verdrängende Ich. Man kam dazu, sich das Ich selbst als ein Reservoir von – narzisstisch genannter – Libido vorzustellen, aus welchem die Libidobesetzungen der Objekte erfließen und in welches diese wieder eingezogen werden können. Mit Hilfe dieser Vorstellung wurde es möglich, an die Analyse des Ichs heranzutreten und die klinische Scheidung der Psychoneurosen in **Übertragungsneurosen** und **narzisstische Affektionen** vorzunehmen. Bei den ersteren (Hysterie und Zwangsneurose) ist ein nach Übertragung auf fremde Objekte strebendes Maß von Libido verfügbar, welches zur Durchführung in Anspruch genommen wird; die narzisstischen Störungen (Dementia praecox, Paranoia, Melancholie) sind im Gegenteil durch die Abziehung der Libido von den Objekten charakterisiert und darum der analytischen Therapie kaum zugänglich. Diese therapeutische Unzulänglichkeit hat aber die Analyse nicht behindert, die reichhaltigsten Ansätze zum tieferen Verständnis dieser den Psychosen zugerechneten Leiden zu machen« (1923a; *GW XIII*, S. 224f.).[33]

5.4 Die Schriften zur Psychotherapie

Die erste und zugleich eine der wichtigsten psychotherapeutischen Schriften Freuds ist das Kapitel »Zur Psychotherapie der Hysterie« in den zusammen

33 Unklar ist in diesem System die Stellung der sogenannten »traumatischen Neurose«, welche nach schweren Unfällen oder anderen traumatischen Erlebnissen (auch ohne manifeste körperliche Schädigung) beobachtet wurde und in Form der »Kriegsneurose« Gegenstand heftigerer Diskussion war (siehe Freud, 1919d). Letztere rechnet der Autor offenbar zu den Übertragungsneurosen. Die eigentliche traumatische Neurose der Friedenszeiten sieht er hingegen eher als narzisstische Neurose an (1919d; *GW XII*, S. 324). Später, in *Hemmung, Symptom und Angst* (1926d; *GW XIV*, S. 160ff.) rückt Freud dann beide Formen in die Nähe der Aktualneurosen (eine Darstellung seiner verschiedenen diesbezüglichen Ansichten findet sich in Köhler, 2014a, S. 548ff.).

mit Breuer verfassten *Studien über Hysterie* (1895d; *GW I*, S. 252ff.). In dieser Abhandlung werden, wie auch in anderen Kapiteln der *Studien*, bereits wesentliche Elemente und Konzepte der psychoanalytischen Behandlung dargestellt, so die Technik der Bewusstseinserforschung im Wachzustand unter dem Gebot, auftauchende Einfälle kritiklos mitzuteilen – woraus sich unmittelbar die assoziative Rückverfolgung von Gedankenreihen entwickelt (ebd., S. 269f.); auch der mit diesem Verfahren zu beobachtende Widerstand wird beschrieben sowie das Therapieziel in Überwindung von Widerständen und der Bewusstmachung pathogenen Materials definiert (ebd., S. 267ff.). Zwei kleinere Arbeiten der Jahre 1904 und 1905, »Die Freudsche psychoanalytische Methode« (1904a) und »Über Psychotherapie« (1905a), spiegeln zwar im Wesentlichen noch den therapeutischen Erkenntnisstand der *Studien* wider, behandeln jedoch erstmals systematischer Ziele, Indikationen und Bedingungen der analytischen Behandlungsmethode. Die wesentlichen therapeutischen Schriften fallen allerdings in die Jahre zwischen 1910 und 1920, als Freud angesichts der rasch wachsenden Anhängerschaft und des zunehmenden Einsatzes der analytischen Therapie klare Hinweise zur Behandlungsmethodik zu geben versuchte; laut Jones (1984; Bd. 2, S. 278) schien es dem Begründer der Psychoanalyse sicher, »dass die gerade damals entstandenen Dissidenzen weitgehend darum entstanden waren, weil nicht die richtige Technik befolgt worden war«. Als schriftliche Version eines auf dem zweiten Psychoanalytikerkongress 1910 in Nürnberg gehaltenen Vortrages erschien »Die zukünftigen Chancen der psychoanalytischen Therapie« (1910d) sowie im selben Jahr der Aufsatz »Über ›wilde‹ Psychoanalyse« (1910k), in dem sich der Autor gegen den Wildwuchs von therapeutischen Vorgehensweisen wandte, welche, in scheinbarer Anlehnung an die Psychoanalyse, deren wesentliche Regeln nicht beachteten. In rascher Folge werden dann weitere therapeutische Schriften publiziert wie »Zur Dynamik der Übertragung« (1912b), »Ratschläge für den Arzt bei der psychoanalytischen Behandlung« (1912e), »Zur Einleitung der Behandlung« (1913c), »Erinnern, Wiederholen und Durcharbeiten« (1914g), »Bemerkungen über die Übertragungsliebe« (1915a); die letzten beiden der *Vorlesungen zur Einführung in die Psychoanalyse* »Die Übertragung« und »Die analytische Therapie« geben den Erkenntnisstand in systematischer und – im Gegensatz zu den oft sehr technisch ausgerichteten zuvor erwähnten Schriften – in eher grundlegender Weise wieder. Die letzte der einschlägigen Arbeiten aus dieser Zeitspanne stellt »Wege der psychoanalytischen Therapie« (1919a) dar. Erst sehr viel später erscheinen noch zwei weitere Schriften zur Behandlung, nämlich »Die endliche und die unendliche Analyse« (1937c) und »Konstruktionen in der Analyse« (1937d); eine letzte Zusammenfassung seiner Auffassungen gibt Freud schließlich im 6. Kapitel im unvollendeten *Abriss der Psychoanalyse*, überschrieben »Die psychoanalytische Technik« (1940a; *GW XVII*, S. 97ff.).

Ein Verständnis der Vorgehensweise und der angenommenen Wirkmechanismen der psychoanalytischen Therapie gelingt besser, wenn man sich erinnert, dass sie aus dem Breuer'schen *kathartischen Verfahren* hervorgegangen ist. Wie in 5.2 ausgeführt, zielt dieses auf Bewusstmachung bis dato nicht reproduktionsfähiger Erlebnisse in Hypnose (beziehungsweise autohypnotischen Zuständen) und die Abreaktion seinerzeit zurückgehaltener Affekte. Während im Rahmen der von Breuer vorgeschlagenen Hypnoidtheorie der Hysterie der Effekt dieses Vorgehens gar nicht oder bestenfalls schlecht theoretisch begründet werden konnte, leistet dies nun Freuds Abwehrtheorie: Die im Symptom gebundene Affektmenge, die zur Abwehr der unerträglichen Vorstellung von dieser abgetrennt und anderweitig verwendet werden musste, wird im Abreagieren gewissermaßen verbraucht. Dieser angenommene energetische Effekt der analytischen Psychotherapie, die Umverteilung und Elimination inadäquat untergebrachter Energiemengen, bleibt auch später – wenngleich in geringerem Maße – ein vermuteter Wirkmechanismus und findet im Konzept des »Durcharbeitens« pathogener Widerstände seinen Niederschlag (siehe unten). Neben der rein ökonomisch-energetischen Wirkung der psychoanalytischen Behandlung hatte Freud jedoch schon früh einen weiteren, kognitiven Aspekt betont, nämlich den des Aufhebens von Widersprüchen innerhalb einer Person. So schreibt er bereits 1894 in »Die Abwehr-Neuropsychosen«, die Wirkung von Breuers kathartischer Methode bestehe darin, »dass sie eine solche Zurückleitung der Erregung aus dem Körperlichen ins Psychische zielbewusst« erzeuge, »um dann den Ausgleich des Widerspruches durch Denkarbeit und die Abfuhr der Erregung durch Sprechen zu erzwingen« (1894a; *GW I*, S. 64).

Im Rahmen der späteren Neurosenkonzeption, welche das Symptom als entstellten Ausdruck unbewusster Inhalte auffasst und als das Resultat einer misslungenen Auseinandersetzung sieht, rückt der kognitive Aspekt der Bewusstmachung und aktiven intellektuellen Auseinandersetzung gegenüber dem vornehmlich mechanischen Abreagieren zunehmend in den Vordergrund. In diesem Sinne heißt es etwa in der zweiten der in den USA gehaltenen Vorlesungen: »Ist das Verdrängte wieder der bewussten Seelentätigkeit zugeführt [...], so kann der so entstandene psychische Konflikt, den der Kranke vermeiden wollte, unter der Leitung des Arztes einen besseren Ausgang finden, als ihn die Verdrängung bot« (1910a; *GW VIII*, S. 25). Eine ähnliche Formulierung findet sich mehrere Jahrzehnte später in »Konstruktionen in der Analyse«:

> »Es ist bekanntlich die Absicht der analytischen Arbeit, den Patienten dahin zu bringen, dass er die Verdrängungen – im weitesten Sinne verstanden – seiner Frühentwicklung wieder aufhebe, um sie durch Reaktionen zu ersetzen, wie sie einem Zustand von psychischer Gereiftheit entsprechen würden« (1937d; *GW XVI*, S. 44).

Als erstes und unmittelbares Therapieziel ergibt sich somit die Aufhebung der Verdrängungen, die Bewusstmachung unbewusster Inhalte. Diese Definition findet sich bereits 1904:

> »Die Aufgabe, welche die psychoanalytische Methode zu lösen bestrebt ist, lässt sich in verschiedenen Formeln ausdrücken, die aber ihrem Wesen nach äquivalent sind. Man kann sagen: Aufgabe der Kur sei es, die Amnesien aufzuheben. Wenn alle Erinnerungslücken ausgefüllt, alle rätselhaften Effekte des psychischen Lebens aufgeklärt sind, ist der Fortbestand, ja eine Neubildung des Leidens unmöglich gemacht. Man kann die Bedingung anders fassen: es seien alle Verdrängungen rückgängig zu machen; der psychische Zustand ist dann derselbe, in dem alle Amnesien ausgefüllt sind« (1904a; *GW V*, S. 8).

Bei genauerem Hinsehen jedoch erweist sich diese Beschreibung jedoch als ungenügend, zumindest aber missverständlich, und Freud selbst stellt ihr bereits in der erwähnten Schrift eine andere als sehr vorteilhaft gegenüber: »Weittragender ist eine andere Fassung: es handle sich darum, das Unbewusste dem Bewusstsein zugänglich zu machen, was durch Überwindung der Widerstände geschieht.« Nach Freuds Erfahrung genügt es nämlich nicht, den Patienten allein über das Verdrängte in Kenntnis zu setzen, etwa ihm das während der Behandlung und Exploration Erschlossene mitzuteilen. Die Diskussion dieses wichtigen Sachverhaltes findet sich in der kleinen Schrift »Zur Einleitung der Behandlung« (1913c). Ausgangspunkt ist die rhetorische Frage: »Leidet der Kranke nicht infolge seines Nichtwissens und Nichtverstehens und ist es nicht Pflicht, ihn so bald als möglich wissend zu machen, also sobald der Arzt selbst wissend geworden ist?« (1913c; *GW VIII*, S. 475). Die Beantwortung dieser Frage fordere zu einem »kleinen Exkurs« über »die Bedeutung des Wissens und über den Mechanismus der Heilung in der Psychoanalyse« auf:

> »In den frühesten Zeiten der analytischen Technik haben wir allerdings in intellektualistischer Denkeinstellung das Wissen des Kranken um das von ihm Vergessene hoch eingeschätzt und dabei kaum zwischen unserem Wissen und dem seinigen unterschieden. Wir hielten es für einen besonderen Glücksfall, wenn es gelang, Kunde von dem vergessenen Kindheitstrauma von anderer Seite her zu bekommen, zum Beispiel von Eltern, Pflegepersonen oder dem Verführer selbst, wie es in einzelnen Fällen möglich wurde, und beeilten uns, dem Kranken die Nachricht und die Beweise für ihre Richtigkeit zur Kenntnis zu bringen in der sicheren Erwartung, so Neurose und Behandlung zu einem schnellen Ende zu führen. Es war eine schwere Enttäuschung, als der erwartete Erfolg ausblieb. Wie konnte es nur zugehen, dass der Kranke, der jetzt von seinem traumatischen Erlebnis wusste, sich doch benahm, als wisse er nicht mehr davon als früher? Nicht einmal die Erinnerung an das verdrängte Trauma wollte infolge der Mitteilung und Beschreibung desselben auftauchen« (ebd., S. 475f.).

Der Autor folgert: »So musste man sich denn entschließen, dem Wissen an sich die ihm vorgeschriebene Bedeutung zu entziehen und den Akzent auf die Widerstände zu legen, welche das Nichtwissen seinerzeit verursacht hatten und jetzt noch bereit waren, es zu verteidigen« (ebd., S. 476). Das Verdrängte findet sich eben dann, wenn diese Widerstände überwunden sind: »Sie wissen, in unserer Technik hat eine prinzipielle Wandlung stattgefunden«, heißt es in der Schrift »Die zukünftigen Chancen der psychoanalytischen Therapie«:

> »Zur Zeit der kathartischen Kur setzten wir uns die Aufklärung der Symptome zum Ziel, dann wandten wir uns von den Symptomen ab und setzten die Aufdeckung der ›Komplexe‹ […] als Ziel an die Stelle; jetzt richten wir aber die Arbeit direkt auf die Auffindung und Überwindung der ›Widerstände‹ und vertrauen mit Recht darauf, dass die Komplexe sich mühelos ergeben werden, sowie die Widerstände erkannt und beseitigt sind« (1910d; *GW VIII*, S. 107).

Mit diesem Wirkmodell des Überwindens von Widerständen, welches die rein intellektuelle Konzeption von Therapie als Bewusstmachung ablöst, kommt auch wieder der energetische Gesichtspunkt ins Spiel: »Man muss dem Kranken die Zeit lassen, sich in den ihm unbekannten Widerstand zu vertiefen, ihn **durchzuarbeiten**, ihn zu überwinden, indem er ihm zum Trotze die Arbeit nach der analytischen Grundregel fortsetzt.« Das Durcharbeiten der Widerstände sei »jenes Stück der Arbeit, welches die größte verändernde Einwirkung auf den Patienten« habe. Freud fügt hinzu: »Theoretisch kann man es dem ›Abreagieren‹ der durch die Verdrängung eingeklemmten Affektbeträge gleichstellen, ohne welches die hypnotische Behandlung einflusslos blieb« (1914g; *GW X*, S. 135f.).

Es stellt sich die Frage, wie die Bewusstmachung der unbewussten pathogenen Inhalte, die durch die analytische Therapie intendiert wird, sich – abgesehen vom angestrebten Verschwinden der neurotischen Symptome – auf das Verhalten der Behandelten auswirkt, insbesondere wie die Betreffenden mit ihren nun aus der Verdrängung gehobenen Triebwünschen verfahren sollten. Freud behandelt diese Frage am ausführlichsten in den in den USA gehaltenen Vorlesungen und nennt drei mögliche Schicksale für die »freigelegten unbewussten Wünsche«: Am häufigsten sei der Erfolg, dass »dieselben schon während der Arbeit durch die korrekte seelische Tätigkeit der ihnen entgegenstehenden besseren Regungen aufgezehrt« würden, die Verdrängung durch eine »Verurteilung« ersetzt werde: »Das Individuum brachte seinerzeit nur eine Verdrängung des unbrauchbaren Triebes zustande, weil es damals selbst noch unvollkommen organisiert und schwächlich war; in seiner heutigen Reife und Stärke kann es vielleicht das ihm Feindliche tadellos beherrschen« (1910a; *GW VIII*, S. 57f.). Eine zweite Möglichkeit stellt die *Sublimierung* der Triebregungen dar, die erst *nach ihrer Bewusstwerdung* möglich sei: »Eine frühzeitig vorgefallene Verdrängung schließt die Sublimierung des verdrängten Triebes aus; nach Aufhebung der Verdrängung ist der Weg zur Sublimierung wieder frei« (ebd., S. 58). Die dritte – durchaus naheliegende – Möglichkeit ist schließlich die Befriedigung der aufgedeckten Triebwünsche: »Wir dürfen es nicht versäumen, auch den dritten der möglichen Ausgänge der psychoanalytischen Arbeit ins Auge zu fassen. Ein gewisser Teil der verdrängten libidinösen Regungen hat ein Anrecht auf direkte Befriedigung und soll sie im Leben finden« (ebd.).

Die psychoanalytische Therapie führt somit nicht nur im Idealfall zur Bewusstwerdung bis dato unbewusster psychischer Inhalte, sondern darüber hinaus zu Verhaltensformen, wie sie einer besser entwickelten Persönlichkeit zukommen. Freud spricht deshalb von einer »Nacherziehung des Erwachsenen, einer Korrektur der Erziehung des Kindes« (1926f; *GW XIV*, S. 305). Das Ziel der Therapie im Weiteren wird dann auch sehr allgemein gefasst:

> »Wir wollen das Ich herstellen, es von seinen Einschränkungen befreien, ihm die Herrschaft über das Es wiedergeben, die es infolge seiner frühen Verdrängungen eingebüßt hat. Nur zu diesem Zweck [–erläutert der Autor –] machen wir die Analyse, unsere ganze Technik ist auf dieses Ziel gerichtet. Wir haben die vorgefallenen Verdrängungen aufzusuchen und das Ich zu bewegen, sie nun mit unserer Hilfe

> zu korrigieren, die Konflikte besser als durch einen Fluchtversuch zu erledigen« (1926e; *GW XIV*, S. 232).

Oder plakativ formuliert: »Wo Es war, soll Ich werden« (1933a; *GW XV*, S. 86).

Bei dieser allgemeinen Definition, die sich längst vom Bezug zu irgendwelcher Krankheit und ihrer Beseitigung gelöst hat, ist es nur konsequent, wenn die Indikation zur psychoanalytischen Therapie nicht vom Vorliegen auffälliger oder leidvoller Symptome abhängig gemacht wird. Auf die Notwendigkeit einer solchen Behandlung im Rahmen der psychoanalytischen Ausbildung und zwar zur Beherrschung sich ausbildender Gegenübertragungen weist Freud zum ersten Male 1910 unter der missverständlichen Bezeichnung »Selbstanalyse« hin:

> »Wir haben […] bemerkt, dass jeder Analytiker nur so weit kommt, als seine eigenen Komplexe und inneren Widerstände es gestatten, und verlangen daher, dass er seine Tätigkeit mit einer Selbstanalyse beginne, und diese, während er seine Erfahrungen an Kranken macht, fortlaufend vertiefe« (1910d; *GW VIII*, S. 108).

Expliziter geht der Autor auf den Sinn dieser »Eigenanalyse« in der Schrift »Die endliche und die unendliche Analyse« ein:

> »Dass der zukünftige Analytiker ein vollkommener Mensch sei, ehe er sich mit der Analyse beschäftigt hat, also dass nur Personen von so hoher und so seltener Vollendung sich diesem Beruf zuwenden, kann man offenbar nicht verlangen. Wo und wie soll aber der Ärmste sich jene ideale Eignung erwerben, die er in seinem Berufe brauchen wird? Die Antwort wird lauten: in der Eigenanalyse, mit der er seine Vorbereitung für seine zukünftige Tätigkeit beginnt« (1937c; *GW XVI*, S. 94).

Natürlich bleiben nach wie vor diverse seelische Störungen ein wichtiges Einsatzgebiet des Verfahrens, wobei Freud, etwa im Vergleich mit den ersten expliziten Formulierungen der Indikation in den kleinen Arbeiten »Die Sexualität in der Ätiologie der Neurosen« (1898a) und »Die Freudsche psychoanalytische Methode« (1904a), später den Kreis der Behandelbaren deutlich weiter zieht: Das Arbeitsgebiet der Psychoanalyse seien »vor allem die beiden Übertragungsneurosen, Hysterie und Zwangsneurose, bei denen sie zur Aufdeckung der inneren Struktur und der wirksamen Mechanismen beigetragen« habe, »außerdem alle Arten von Phobien, Hemmungen, Charakterverbildungen, sexuelle Perversionen und Schwierigkeiten des Liebeslebens« (1923a; *GW XIII*, S. 226).[34] Die *narzisstischen Neurosen* hingegen, speziell die Schizophrenie, die er über eine Regression auf einen Zustand ausschließlicher libidinöser Besetzung des eigenen Ichs erklärt hat (siehe 5.3), hält Freud *mittels Psychoanalyse nicht für wirkungsvoll therapierbar:* Diese Kranken »zeigen keine Übertragung und darum sind sie auch für unsere Bemühung unzugänglich, durch uns nicht heilbar« (1916–17a; *GW XI*, S. 465).

Es bleibt noch, den Ablauf der psychoanalytischen Therapie darzustellen und dabei einige Komponenten und angenommene Wirkfaktoren etwas genauer zu behandeln, insbesondere das Phänomen der Übertragung und ihre Handhabung zu erörtern. Anders als in den frühen Entwicklungsstadien der psychoanalytischen Therapiemethode, wie etwa in den *Studien über Hysterie*, nimmt die Analyse später in der Regel nicht mehr ihren Ausgang von den Symptomen – dies wäre ohnehin bei der Lehranalyse nicht möglich – sondern von anderen psychischen Inhalten, typischerweise von den Träumen des zu Analysierenden; dies wird unter anderem sehr deutlich im Rahmen der Fallgeschichte Dora (»Bruchstück einer Hysterie-Analyse«, 1905e) oder der des Wolfsmannes (»Aus der Geschichte einer infantilen Neurose«, 1918b). Auch Fehlleistungen oder sogenannte Symptomhandlungen (scheinbar zufällige, jedoch auffällig wiederholte Tätigkeiten) können sich als Ausgangspunkt anbieten (1905e; *GW V*, S. 239f.) Von diesen Elementen geht die freie Assoziation aus, indem das gerade in den Sinn Kommende – ohne Rücksicht auf einen eventuell fehlenden (bewussten) Zusammenhang – mitgeteilt werden soll. Freud

34 Anzumerken ist, dass Freud keineswegs die Forderung aufstellt, neurotische Symptome in jedem Fall analytisch zu behandeln, sondern durchaus hier gewisse Zurückhaltung empfiehlt: »Ja, es gibt Fälle, in denen selbst der Arzt zugestehen muss, dass der Ausgang eines Konflikts in Neurose die harmloseste und sozial erträglichste Lösung darstellt. Erstaunen Sie nicht, wenn Sie hören, dass also selbst der Arzt mitunter die Partei der von ihm bekämpften Krankheit nimmt« (1916–17a; *GW XI*, S. 396f.). Und in einer Bescheidenheit, welche manchem Psychotherapeuten unserer Tage gut täte, stellt er klar: »Es steht ihm ja nicht an, sich gegen alle Situationen des Lebens auf die Rolle des Gesundheitsfanatikers einzuengen, er weiß, dass es nicht nur neurotisches Elend in der Welt gibt, sondern auch reales, unabstellbares Leiden, dass die Notwendigkeit von einem Menschen auch fordern kann, dass er seine Gesundheit zum Opfer bringe, und er erfährt, dass durch ein solches Opfer eines einzelnen oft unübersehbares Unglück für viele andere hintangehalten wird« (ebd.). Er fügt hinzu: »Wenn man also sagen konnte, dass der Neurotiker jedesmal vor einem Konflikt die Flucht in die Krankheit nimmt, so muss man zugeben, in manchen Fällen sei diese Flucht vollberechtigt, und der Arzt, der diesen Sachverhalt erkannt hat, wird sich schweigend und schonungsvoll zurückziehen« (ebd.).

schlägt dem Analysanden vor, sich zu benehmen wie ein Reisender, der, am Fenster eines Eisenbahnwagens sitzend, einem im Inneren desselben Untergebrachten beschreibt, wie sich die Aussicht verändert. Diese Mitteilungen sollen unter Einhaltung der *psychoanalytischen Grundregel* geschehen, das heißt, sie müssen auch dann vorgebracht werden, wenn der Einfall für sinnlos, unwichtig oder peinlich erachtet wird: »Endlich vergessen Sie nie daran, dass sie volle Aufrichtigkeit versprochen haben, und gehen Sie nie über etwas hinweg, weil Ihnen dessen Mitteilung aus irgendeinem Grunde unangenehm ist« (1913c; *GW VIII*, S. 468).[35]

Das Gegenstück zu der vom Analysanden geforderten freien Assoziation unter Einhaltung der psychoanalytischen Grundregel ist die *gleichschwebende Aufmerksamkeit* des Analytikers; dank dieser sei er imstande, »alles ihm Mitgeteilte für die Zwecke der Deutung, der Erkennung des verborgenen Unbewussten zu verwerten, ohne die vom Kranken aufgegebene Auswahl durch eine eigene Zensur zu ersetzen«. Er solle nämlich »dem gebenden Unbewussten des Kranken sein eigenes Unbewusstes als empfangendes Organ zuwenden« (1912e; *GW VIII*, S. 381). Die Mitteilungen des Patienten, insbesondere seine freien Assoziationen, führen allerdings in der Regel noch nicht zum Verdrängten selbst, sondern lediglich in seine Nähe; es ist nun die Aufgabe des Analytikers, das Verdrängte zu erschließen, also das vom Patienten präsentierte Material zu deuten. Diese Deutung hat nach dem oben Gesagten nicht die Funktion, dem Analysanden rein intellektuell eine Kenntnis zu vermitteln, sondern ihm bei der Überwindung des Widerstandes zu helfen, welcher sich dieser Kenntnis bislang entgegengesetzt hatte. Insofern dient das Gedeutete vor allem als Zielvorgabe, nach der der Analysand sein Unbewusstes zu erforschen hat: »Es ist kein Zweifel, dass die Intelligenz des Kranken es leichter hat, den Widerstand zu erkennen und die dem Verdrängten entsprechende Übersetzung zu finden, wenn wir ihr die dazu passenden Erwartungsvorstellungen gegeben haben« (1916–17a; *GW XI*, S. 454).

---

35 Die Einhaltung der psychoanalytischen Grundregel ist unerlässliche Voraussetzung für eine erfolgreiche Psychoanalyse und gestattet keine Ausnahme: Man treffe »kaum auf einen Kranken, der nicht den Versuch machte, irgendein Gebiet für sich zu reservieren, um der Kur den Zutritt zu demselben zu verwehren«. Natürlich vertrage »die analytische Kur ein solches Asylrecht nicht«, kommentiert Freud und erläutert mittels eines Gleichnisses: »Man versuche es etwa in einer Stadt wie Wien für einen Platz wie der Hohe Markt oder für die Stephanskirche eine Ausnahme zuzulassen, dass dort keine Verhaftungen stattfinden dürfen, und mühe sich dann ab, einen bestimmten Missetäter einzufangen. Er wird an keiner anderen Stelle als an dem Asyl zu finden sein« (1916–17a; *GW XI*, S. 298).

Da die Deutungen (Konstruktionen) nur kognitive Hilfsmittel für den wesentlich emotionalen Vorgang der Überwindung von Widerständen darstellen, hat auch ihre rein intellektuelle Akzeptierung oder Ablehnung durch den Analysanden letztlich wenig Wert: Weder die Zustimmung noch das entsprechende – oft nur den Widerstand ausdrückende – »Nein« sagten in direkter Weise etwas über die Korrektheit der angebotenen Deutung aus, erläutert Freud in der wichtigen Schrift »Konstruktionen in der Analyse« (1937d): »Es ist richtig, dass wir ein ›Nein‹ des Analysierten nicht als vollwertig hinnehmen, aber ebensowenig lassen wir sein ›Ja‹ gelten; es ist ganz ungerechtfertigt, uns zu beschuldigen, dass wir seine Äußerung in allen Fällen in eine Bestätigung umdeuten« (*GW XVI*, S. 49). Erst der weitere Gang der Analyse – etwa wenn ein »Ja« von »indirekten Bestätigungen gefolgt« werde, wenn »der Patient in unmittelbarem Anschluss an sein Ja neue Erinnerungen« produziere, welche die Konstruktionen ergänzten und erweiterten – bestätige die Richtigkeit des Angebotenen (ebd.).[36]

Außer dieser intellektuellen Mithilfe, eben der Präsentation weiterführender Deutungen, erfüllt der Analytiker bei der Überwindung der Widerstände eine wichtige affektive Aufgabe: Er bietet die Möglichkeit zur Übertragung, und erst diese gestattet das Erreichen des definierten Zieles. Die Mitteilung einer Konstruktion, schreibt daher Freud in »Über ›wilde‹ Psychoanalyse«, dürfe nicht eher erfolgen, als bis zwei Bedingungen erfüllt seien: »Erstens bis der Kranke durch Vorbereitung selbst in die Nähe des von ihm Verdrängten gekommen ist, zweitens, bis er sich so weit an den Arzt attachiert hat (**Übertragung**), dass ihm die Gefühlsbeziehung zum Arzt die neuerliche Flucht unmöglich macht« (1910k; *GW VIII*, S. 123f.).

36 Der so oft vorgebrachte Einwand gegen die Psychoanalyse, dass sowohl »nein« wie »ja« des Analysanden im Sinne der Theorie ausgelegt werden könnten, wird von Freud selbst thematisiert. »Ein sehr verdienter Forscher«, bemerkt er, habe »einmal eine ebenso kränkende wie ungerechte Äußerung über unsere analytische Technik getan.« Nämlich: »Er sagte, wenn wir einem Patienten unsere Deutungen vortragen, verfahren wir gegen ihn nach dem berüchtigten Prinzip: Heads I win, tails you lose. Das heißt, wenn er uns zustimmt, dann ist es eben recht; wenn er aber widerspricht, dann ist es nur ein Zeichen seines Widerstandes, gibt uns also auch recht. Auf diese Weise behalten wir immer recht gegen die hilflose arme Person, die wir analysieren, gleichgiltig wie sie sich gegen unsere Zumutungen verhalten mag.« Folglich: »Da es nun richtig ist, dass ein Nein unseres Patienten uns im allgemeinen nicht bestimmt, unsere Deutung als unrichtig aufzugeben, ist eine solche Entlarvung unserer Technik den Gegnern der Analyse sehr willkommen gewesen« (1937d; *GW XVI*, S. 43f.). In »Konstruktionen in der Analyse« (1937d) wird dieser Einwand sehr ausführlich behandelt.

Es bleibt nun, das zentrale therapeutische Element der Übertragung zu charakterisieren, dabei ihre Wirkung in der Therapie sowohl beim Aufbau wie der Überwindung von Widerständen herauszuarbeiten, schließlich die Erfordernisse ihrer Handhabung durch den Analytiker zu diskutieren. Das Phänomen der Übertragung in der analytischen Behandlung, bereits erwähnt in den *Studien über Hysterie* (1895d; *GW I*, S. 308f.) und zum ersten Mal in der 1901 abgefassten Fallgeschichte Dora genauer erörtert (1905e; *GW V*, S. 279f.), wird so gut wie in allen Freud'schen Schriften zur Psychotherapie mehr oder weniger ausführlich behandelt. Explizit widmen sich dem Thema die beiden Aufsätze »Zur Dynamik der Übertragung« (1912b) und »Bemerkungen über die Übertragungsliebe« (1915a) sowie die 27. Vorlesung »Die Übertragung« (1916–17a; *GW XI*, S. 447ff.).

Übertragungen werden in der Fallgeschichte Dora bereits einprägsam charakterisiert als »Neuauflagen, Nachbildungen von den Regungen und Phantasien, die während des Vordringens der Analyse erweckt und bewusst gemacht werden sollen, mit einer für die Gattung charakteristischen Ersetzung einer früheren Person durch die Person des Arztes« (1905e; *GW V*, S. 279). Eine weitere prägnante Definition, die auch den psychogenetischen Aspekt und die eminente Bedeutung des Phänomens im Rahmen der Behandlung klar zum Ausdruck bringt, findet sich in dem kleinen Überblicksartikel »Psycho-Analysis«:

> »›Übertragung‹ nennt man die auffällige Eigentümlichkeit der Neurotiker, Gefühlsbeziehungen zärtlicher wie feindseliger Natur zu ihrem Arzt zu entwickeln, die nicht in der realen Situation begründet sind, sondern aus der Elternbeziehung (Ödipuskomplex) der Patienten stammen. Die Übertragung ist ein Beweis dafür, dass auch der Erwachsene seine einstige kindliche Abhängigkeit nicht überwunden hat […]; ihre Handhabung, die der Arzt erlernen soll, setzt ihn allein in den Stand, den Kranken zur Überwindung seiner inneren Widerstände und zur Aufhebung seiner Verdrängungen zu bewegen. Die psychoanalytische Therapie wird so zu einer Nacherziehung des Erwachsenen, einer Korrektur der Erziehung des Kindes« (1926f; *GW XIV*, S. 305).

In der 27. Vorlesung beschreibt der Autor die vielfachen Erscheinungsformen von Übertragungen: Im Falle von weiblichen Patienten – und männlichen Analytikern, die von Freud allein ins Auge gefasste Situation – könnten sie »als stürmische Liebesforderungen auftreten oder in gemäßigteren Formen«; »an Stelle des Wunsches, Geliebte zu sein«, könne »zwischen dem jungen Mädchen und dem alten Mann der Wunsch auftauchen, als bevorzugte Tochter angenommen zu werden«, »das libidinöse Streben« könne »sich zum Vorschlag einer unzertrennlichen, aber ideal unsinnlichen Freundschaft mildern«. Bei den männlichen Patienten sei es »nicht viel anders als bei weiblichen«, wobei allerdings hier die negative oder feindselige Form der Übertragung häufiger zu beobachten sei (1916–17a; *GW XI*, S. 459f.).

Die Übertragung kann sich nun in den Dienst des Widerstandes gegen die Heilung stellen, d. h. die Aufhebungen der Verdrängungen und die Überwindung der Verdrängungswiderstände verhindern. Dies gilt nicht nur für ihre feindselige, negative Form, sondern auch und gerade für die positive: »Die Patientin [...] hat plötzlich Verständnis und Interesse für die Behandlung verloren, will von nichts anderem sprechen und hören als von ihrer Liebe, für die sie Entgegnung fordert; sie hat ihre Symptome aufgegeben oder vernachlässigt sie, ja, sie erklärt sich für gesund« (1915a; *GW X*, S. 309f.). Als Analytiker, mahnt Freud, gedenke man des Verdachts, »dass alles, was die Fortsetzung der Kur« störe, »eine Widerstandsäußerung« sein könne. Diese besonders stürmisch-fordernde Phase der Verliebtheit trete regelmäßig zu einem Zeitpunkte auf, an dem man der Patientin zumuten müsse, »ein besonders peinliches und schwer verdrängtes Stück ihrer Lebensgeschichte zuzugestehen oder zu erinnern« (ebd.).

Noch in einer weiteren Weise kann sich laut Freud der Widerstand der Übertragung bedienen, wenn nämlich der Analysand das Verdrängte nicht allein erinnere, sondern es zusätzlich agiere: »Er reproduziert es nicht als Erinnerung, sondern als Tat, er **wiederholt** es, ohne natürlich zu wissen, dass er es wiederholt«, erläutert der Autor in der kleinen Schrift »Erinnern, Wiederholen und Durcharbeiten« und führt Beispiele an:

> »Der Analysierte erzählt nicht, er erinnere sich, dass er trotzig und ungläubig gegen die Autorität der Eltern gewesen sei, sondern er benimmt sich in solcher Weise gegen den Arzt. Er erinnert nicht, dass er in seiner infantilen Sexualforschung rat- und hilflos stecken geblieben ist, sondern er bringt einen Haufen verworrener Träume und Einfälle vor, jammert, dass ihm nichts gelinge, und stellt es als sein Schicksal hin, niemals eine Unternehmung zu Ende zu führen. Er erinnert nicht, dass er sich gewisser Sexualbetätigungen intensiv geschämt und ihre Entdeckung gefürchtet hat, sondern er zeigt, dass er sich der Behandlung schämt, der er sich jetzt unterzogen hat und sucht diese vor allen geheim zu halten usw.« (1914g; *GW X*, S. 129f.).

Dieser »Wiederholungszwang« hängt naturgemäß eng mit der Übertragung zusammen: »Wir merken bald, die Übertragung ist selbst nur ein Stück Wiederholung und die Wiederholung ist die Übertragung der vergessenen Vergangenheit nicht nur auf den Arzt, sondern auch auf alle anderen Gebiete der gegenwärtigen Situation.« Auch der »Anteil des Widerstandes« sei leicht zu erkennen: Je größer dieser sei, desto »ausgiebiger« werde »das Erinnern durch das Agieren (Wiederholen) ersetzt« sein (ebd., S. 130). Dieses Wiederholen des Verdrängten müsse der Analytiker jedoch verhindern, es durch Erinnern in der Therapie zu ersetzen versuchen:

> »Er [scil. der Arzt] richtet sich auf einen beständigen Kampf mit dem Patienten ein, um alle Impulse auf psychischem Gebiete zurückzuhalten, welche dieser aufs Motorische lenken möchte, und feiert es als einen Triumph der Kur, wenn es gelingt, etwas durch die Erinnerungsarbeit zu erledigen, was der Patient durch eine Aktion abführen möchte« (ebd., S. 133).

Es bleibt noch darzustellen, wie der Analytiker nach Freuds Auffassung mit der Erscheinung der Übertragung umzugehen habe, um sie zum größten Nutzen für den therapeutischen Erfolg zu machen. Dies wird am ausführlichsten in der Schrift »Bemerkungen über die Übertragungsliebe« (1915a) erörtert, die allein schon deswegen höchst lesenswert erscheint, weil der Autor Verhältnisse diskutiert, die in vielen psychotherapeutischen Beziehungen zum Tragen kommen, aber dort theoretisch meist ignoriert und praktisch bekanntermaßen oft gewissenlos missbraucht werden. Sowohl »wegen ihrer Häufigkeit und realen Bedeutsamkeit als auch wegen ihres theoretischen Interesses« greift Freud dabei eine »einzige, scharf umschriebene« Situation heraus: »Ich meine den Fall, dass eine weibliche Patientin durch unzweideutige Andeutungen erraten lässt oder es direkt ausspricht, dass sie sich wie ein anderes sterbliches Weib in den sie analysierenden Arzt verliebt hat« (1915a; *GW X*, S. 306). Abbruch der Kur und eine eventuelle Fortsetzung bei anderen Ärzten seien insofern sinnlos, als sich dort diese Verliebtheit zwangsläufig wiederholen werde. Freud kommentiert: »Diese mit Sicherheit eintreffende Tatsache, bekanntlich eine der Grundlagen der psychoanalytischen Theorie«, bedeute eine »kostbare Aufklärung« für den Arzt:

> »Er muss erkennen, dass das Verlieben der Patientin durch die analytische Situation erzwungen wird und nicht etwa den Vorzügen seiner Person zugeschrieben werden kann, dass er also gar keinen Grund hat, auf eine solche ›Eroberung‹, wie man sie außerhalb der Analyse heißen würde, stolz zu sein« (ebd., S. 308f.).

Auch in einer anderen als der analytischen Behandlung werde sich eine solche Verliebtheit einstellen. Der Unterschied werde vielmehr nur sein, »dass eine solche Verliebtheit, die dazu bestimmt ist, unausgesprochen und unanalysiert zu bleiben, niemals jenen Beitrag zur Herstellung der Kranken leisten wird, den ihr die Analyse abzwingen würde« (ebd.).

Die Patientin, nachdem sie ihre Liebesübertragung eingestanden habe, zur »Triebunterdrückung, zum Verzicht und zur Sublimierung« aufzufordern, hieße, »nicht analytisch, sondern sinnlos handeln«. Es wäre nicht anders, fügt der Autor hinzu, »als wollte man mit kunstvollen Beschwörungen einen Geist aus der Unterwelt zum Aufsteigen zwingen, um ihn dann ungefragt wieder hinunter zu schicken. Man hätte ja dann das Verdrängte nur zum Bewusstsein gerufen, um es erschreckt von neuem zu verdrängen« (ebd., S. 312). Auch von jenem Mittelwege, dass »man die zärtlichen Gefühle der Patientin zu erwidern« behaupte und »dabei allen körperlichen Betätigungen dieser Zärtlichkeit« ausweiche, »bis man das Verhältnis in ruhigere Bahnen lenken und auf eine höhere Stufe heben« könne, rät Freud entschieden ab: »Ich habe gegen dieses Auskunftsmittel einzuwenden, dass die psychoanalytische Behandlung auf Wahrhaftigkeit aufgebaut ist. Darin liegt ein gutes Stück ihrer erziehlichen Wirkung und ihres ethischen Wertes.« Es sei »gefährlich, dieses Fundament zu verlassen« (ebd.). Vielmehr sei die aufgetretene Übertragungsliebe explizit zum Thema der Analyse zu machen:

> »Man hält die Liebesübertragung fest, behandelt sie aber als etwas Unreales, als eine Situation, die in der Kur durchgemacht, auf ihre unbewussten Ursprünge zurückgeleitet werden soll und dazu verhelfen muss, das Verborgenste des Liebeslebens der Kranken dem Bewusstsein und damit der Beherrschung zuzuführen« (ebd., S. 314f.).

Ähnlich heißt es in *Die Frage der Laienanalyse:* »Der einzig mögliche Ausweg aus der Situation der Übertragung ist die Rückführung auf die Vergangenheit des Kranken, wie er sie wirklich erlebt oder durch die wunscherfüllende Tätigkeit seiner Phantasie gestaltet hat.« Der Autor fügt hinzu: »Und dies erfordert beim Analytiker viel Geschick, Geduld, Ruhe und Selbstverleugnung« (1926e; *GW XIV*, S. 259).

Nicht infrage kommt für den Therapeuten natürlich ein Eingehen auf die Liebesforderungen der Patientin. Bei der Begründung seiner Auffassung präsentiert Freud den wohl köstlichsten Vergleich überhaupt seiner diesbezüglich ohnehin reichen Schriften, und damit sei auch diese kurze Darstellung seines Werkes abgeschlossen:

> »Für den Arzt vereinigen sich nun ethische Motive mit den technischen, um ihn von der Liebesgewährung an die Kranke zurückzuhalten. Er muss das Ziel im Auge

behalten, dass das in seiner Liebesfähigkeit durch infantile Fixierungen behinderte Weib zur freien Verfügung über diese für sie unschätzbar wichtige Funktion gelange, aber sie nicht in der Kur verausgabe, sondern sie fürs reale Leben bereithalte, wenn dessen Forderungen nach der Behandlung an sie herantreten. Er darf nicht die Szene des Hundewettrennens mit ihr aufführen, bei dem ein Kranz von Würsten als Preis ausgesetzt ist, und das ein Spaßvogel verdirbt, indem er eine einzelne Wurst in die Rennbahn wirft. Über die fallen die Hunde her und vergessen ans Wettrennen und an den in der Ferne winkenden Kranz für den Sieger« (1915a; *GW X*, S. 318f.).

Literatur

Abraham, K. (1908). »Die psychosexuellen Differenzen der Hysterie und der Dementia praecox«. *Zentralblatt für Nervenheilkunde und Psychiatrie, 31*, 529–530.
Breuer, J. & Freud, S. (1895). *Studien über Hysterie*. Leipzig/Wien: Deuticke.
Clark, R. W. (1985 [engl. Originalausg. 1979]). *Sigmund Freud*. Frankfurt a. M.: S. Fischer.
Eissler, K. R. (2006). »Eine biographische Skizze«. In E. Freud, L. Freud. & I. Grubrich-Simitis (Hrsg.), *Sigmund Freud. Sein Leben in Bildern und Texten* (S. 10–39). Frankfurt a. M.: Suhrkamp.
Ellenberger, H. F. (1973 [amer. Originalausg. 1970]). *Die Entdeckung des Unbewussten*. Bern: Hans Huber.
Eschenröder, Ch.T. (1986). *Hier irrte Freud. Zur Kritik der psychoanalytischen Theorie und Praxis* (2. Aufl.). München/Weinheim: Deutscher Studienverlag/Beltz.
Eysenck, H. J. (1985 [engl. Originalausg. 1985]). *Sigmund Freud: Niedergang und Ende der Psychoanalyse*. München: List.
Fließ, W. (1897). *Die Beziehungen zwischen Nase und weiblichen Geschlechtsorganen. In ihrer biologischen Bedeutung dargestellt*. Leipzig/Wien: Deuticke.
Fließ, W. (1902). *Über den ursächlichen Zusammenhang von Nase und Geschlechtsorganen. Zugleich ein Beitrag zur Nervenphysiologie*. Halle: Carl Marhold.
Freud, E., Freud, L. & Grubrich-Simitis, I. (Hrsg.). (2006 [Erstausgabe 1976]). *Sigmund Freud. Sein Leben in Bildern und Texten*. Frankfurt a. M.: Suhrkamp.
Freud, S. (1888b). »›Aphasie‹; ›Gehirn. I. Anatomie des Gehirns‹; ›Hysterie‹; ›Hysteroepilepsie‹«. In *GW, Nachtragsband*, S. 69–92 (nur »Hysterie« und »Hysteroepilepsie«).
Freud, S. (1890a). »Psychische Behandlung (Seelenbehandlung)«. In *GW V*, S. 287–315.
Freud, S. (1891b). *Zur Auffassung der Aphasien. Eine kritische Studie*. Leipzig/Wien: Deuticke.
Freud, S. (1892–93a). »Ein Fall von hypnotischer Heilung nebst Bemerkungen über die Entstehung hysterischer Symptome durch den ›Gegenwillen‹«. In *GW I*, S. 1–17.
Freud, S. (1893a). »Über den psychischen Mechanismus hysterischer Phänomene. Vorläufige Mitteilung« (mit Breuer, J.). In *GW I*, S. 81–98.
Freud, S. (1894a). »Die Abwehr-Neuropsychosen«. In *GW I*, S. 57–74.
Freud, S. (1895b [1894]). »Über die Berechtigung, von der Neurasthenie einen bestimmten Symptomenkomplex als ›Angst-Neurose‹ abzutrennen«. In *GW I*, S. 313–342.

Freud, S. (1895d). *Studien über Hysterie* (mit Breuer, J.). Leipzig/Wien: Deuticke; ohne Breuers Beiträge: In *GW I*, S. 75–312.

Freud, S. (1895f). »Zur Kritik der ›Angstneurose‹«. In *GW I*, S. 355–376.

Freud, S. (1896b). »Weitere Bemerkungen über die Abwehr-Neuropsychosen«. In *GW I*, S. 377–403.

Freud, S. (1896c). »Zur Ätiologie der Hysterie«. In *GW I*, S. 423–459.

Freud, S. (1897a). »Die infantile Cerebrallähmung, Teil II, Abt. II«. In H. Nothnagel (Hrsg.), *Specielle Pathologie und Therapie* (Bd. 9). Wien.

Freud, S. (1898a). »Die Sexualität in der Ätiologie der Neurosen«. In *GW I*, S. 489–516.

Freud, S. (1900a). *Die Traumdeutung*. In *GW II/III*, S. 1–642.

Freud, S. (1901a.). *Über den Traum*. In *GW II/III*, S. 643–700.

Freud, S. (1901b). *Zur Psychopathologie des Alltagslebens*. In *GW IV*, S. 1–310.

Freud, S. (1904a [1903]). »Die Freudsche psychoanalytische Methode«. In *GW V*, S. 3–10.

Freud, S. (1905a [1904]). »Über Psychotherapie«. In *GW V*, S. 11–26.

Freud, S. (1905c). *Der Witz und seine Beziehung zum Unbewussten*. In *GW VI*, S. 1–269.

Freud, S. (1905d). *Drei Abhandlungen zur Sexualtheorie*. In *GW V*, S. 27–145.

Freud, S. (1905e [1901]). »Bruchstück einer Hysterie-Analyse«. In *GW V*, S. 161–286.

Freud, S. (1906a [1905]). »Meine Ansichten über die Rolle der Sexualität in der Ätiologie der Neurosen«. In *GW V*, S. 149–159.

Freud, S. (1907a [1906]). *Der Wahn und die Träume in W. Jensens »Gradiva«*. In *GW VII*, S. 29–122.

Freud, S. (1907b). »Zwangshandlungen und Religionsübungen«. In *GW VII*, S. 127–139.

Freud, S. (1908a). »Hysterische Phantasien und ihre Beziehung zur Bisexualität«. In *GW VII*, S. 191–199.

Freud, S. (1908b). »Charakter und Analerotik«. In *GW VII*, S. 203–209.

Freud, S. (1908c). »Über infantile Sexualtheorien«. In *GW VII*, S. 169–188.

Freud, S. (1908d). »Die ›kulturelle‹ Sexualmoral und die moderne Nervosität«. In *GW VII*, S. 141–167.

Freud, S. (1909a [1908]). »Allgemeines über den hysterischen Anfall«. In *GW VII*, S. 235–240.

Freud, S. (1909b). »Analyse der Phobie eines fünfjährigen Knaben«. In *GW VII*, S. 241–377.

Freud, S. (1909d). »Bemerkungen über einen Fall von Zwangsneurose«. In *GW VII*, S. 379–463.

Freud, S. (1910a [1909]). *Über Psychoanalyse*. In *GW VIII*, S. 1–60.

Freud, S. (1910c). *Eine Kindheitserinnerung des Leonardo da Vinci*. In *GW VIII*, S. 127–211.

Freud, S. (1910d). »Die zukünftigen Chancen der psychoanalytischen Therapie«. In *GW VIII*, S. 104–115.

Freud, S. (1910h). »Über einen besonderen Typus der Objektwahl beim Manne« (»Beiträge zur Psychologie des Liebeslebens« I). In *GW VIII*, S. 66–77.

Freud, S. (1910i). »Die psychogene Sehstörung in psychoanalytischer Auffassung«. In *GW VIII*, S. 94–102.

Freud, S. (1910k). »Über ›wilde‹ Psychoanalyse«. In *GW VIII*, S. 118–125.

Freud, S. (1911b). »Formulierungen über die zwei Prinzipien des psychischen Geschehens«. In *GW VIII*, S. 229–238.

Freud, S. (1911c [1910]). »Psychoanalytische Bemerkungen über einen autobiographisch beschriebenen Fall von Paranoia (Dementia paranoides)«. In *GW VIII*, S. 239–320.

Freud, S. (1911e). »Die Handhabung der Traumdeutung in der Psychoanalyse«. In *GW VIII*, S. 347–357.
Freud, S. (1912b). »Zur Dynamik der Übertragung«. In *GW VIII*, S. 364–373.
Freud, S. (1912c). »Über neurotische Erkrankungstypen«. In *GW VIII*, S. 322–330.
Freud, S. (1912d). »Über die allgemeinste Erniedrigung des Liebeslebens« (»Beiträge zur Psychologie des Liebeslebens« II). In *GW VIII*, S. 78–91.
Freud, S. (1912e). »Ratschläge für den Arzt bei der psychoanalytischen Behandlung«. In *GW VIII*, S. 375–387.
Freud, S. (1912g). »Einige Bemerkungen über den Begriff des Unbewussten in der Psychoanalyse«. In *GW VIII*, S. 429–439.
Freud, S. (1912–13a). *Totem und Tabu*. In *GW IX*, S. 1–194.
Freud, S. (1913c). »Zur Einleitung der Behandlung«. In *GW VIII*, S. 453–478.
Freud, S. (1913f). »Das Motiv der Kästchenwahl«. In *GW X*, S. 23–37.
Freud, S. (1913i). »Die Disposition zur Zwangsneurose«. In *GW VIII*, S. 442–452.
Freud, S. (1913j). »Das Interesse an der Psychoanalyse«. In *GW VIII*, S. 389–420.
Freud, S. (1914b). »Der Moses des Michelangelo«. In *GW X*, S. 171–201.
Freud, S. (1914c). »Zur Einführung des Narzissmus«. In *GW X*, S. 137–170.
Freud, S. (1914d). »Zur Geschichte der psychoanalytischen Bewegung«. In *GW X*, S. 43–113.
Freud, S. (1914g). »Erinnern, Wiederholen und Durcharbeiten«. In *GW X*, S. 125–136.
Freud, S. (1915a). »Bemerkungen über die Übertragungsliebe«. In *GW X*, S. 305–321.
Freud, S. (1915b). »Zeitgemäßes über Krieg und Tod«. In *GW X*, S. 323–355.
Freud, S. (1915c). »Triebe und Triebschicksale«. In *GW X*, S. 209–232.
Freud, S. (1915d). »Die Verdrängung«. In *GW X*, S. 247–261.
Freud, S. (1915e). »Das Unbewusste«. In *GW X*, S. 263–303.
Freud, S. (1915f). »Mitteilung eines der psychoanalytischen Theorie widersprechenden Falles von Paranoia«. In *GW X*, S. 233–246.
Freud, S. (1916–17a [1915–1917]). *Vorlesungen zur Einführung in die Psychoanalyse*. In *GW XI*, S. 1–482.
Freud, S.(1916–17e). »Über Triebumsetzungen, insbesondere der Analerotik«. In *GW X*, S. 402–410.
Freud, S. (1916–17f [1915]). »Metapsychologische Ergänzung zur Traumlehre«. In *GW X*, S. 411–426.
Freud, S. (1916–17g [1915]). »Trauer und Melancholie«. In *GW X*, S. 427–446.
Freud, S. (1917a). »Eine Schwierigkeit der Psychoanalyse«. In *GW XII*, S. 3–12.
Freud, S. (1917b). »Eine Kindheitserinnerung aus Dichtung und Wahrheit«. In *GW XII*, S. 13–26.
Freud, S. (1918b [1914]). »Aus der Geschichte einer infantilen Neurose«. In *GW XII*, S. 27–157.
Freud, S. (1919a [1918]). »Wege der psychoanalytischen Therapie«. In *GW XII*, S. 183–194.
Freud, S. (1919d). »Einleitung zu: Zur Psychoanalyse der Kriegsneurosen«. In *GW XII*, S. 321–324.
Freud, S. (1919e). »›Ein Kind wird geschlagen.‹ Beiträge zur Kenntnis der Entstehung sexueller Perversionen«. In *GW XII*, S. 197–226.
Freud, S. (1920a). »Über die Psychogenese eines Falles von weiblicher Homosexualität«. In *GW XII*, S. 269–302.
Freud, S. (1920g). *Jenseits des Lustprinzips*. In *GW XIII*, S. 1–69.
Freud, S. (1921c). *Massenpsychologie und Ich-Analyse*. In *GW XIII*, S. 71–161.

Freud, S. (1922b [1921]). »Über einige neurotische Mechanismen bei Eifersucht, Paranoia und Homosexualität«. In *GW XIII*, S. 195–207.

Freud, S. (1923a [1922]). »›Psychoanalyse‹ und ›Libidotheorie‹«. In *GW XIII*, S. 209–233.

Freud, S. (1923b). *Das Ich und das Es*. In *GW XIII*, S. 235–289.

Freud, S (1923c [1922]). »Bemerkungen zur Theorie und Praxis der Traumdeutung«. In *GW XIII*, S. 299–314.

Freud, S. (1923e). »Die infantile Genitalorganisation«. In *GW XIII*, S. 291–298.

Freud, S. (1924c). »Das ökonomische Problem des Masochismus«. In *GW XIII*, S. 393–402.

Freud, S. (1924d). »Der Untergang des Ödipuskomplexes«. In *GW XIII*, S. 393–402.

Freud, S. (1924f [1923]). »A Short Account of Psycho-Analysis«; deutsch: »Kurzer Abriss der Psychoanalyse«. In *GW XIII*, S. 403–427.

Freud, S. (1925d [1924]). *Selbstdarstellung*. In *GW XIV*, S. 31–96.

Freud, S. (1925e [1924]). »Die Widerstände gegen die Psychoanalyse«. In *GW XIV*, S. 97–110.

Freud, S. (1925i). »Einige Nachträge zum Ganzen der Traumdeutung«. In *GW I*, S. 561–573.

Freud, S. (1925j). »Einige psychische Folgen des anatomischen Geschlechtsunterschieds«. In *GW XIV*, S. 17–30.

Freud, S. (1926d [1925]). *Hemmung, Symptom und Angst*. In *GW XIV*, S. 111–205.

Freud, S. (1926e). *Die Frage der Laienanalyse*. In *GW XIV*, S. 207–286.

Freud, S. (1926f). »Psycho-Analysis: Freudian School« (deutsche Übers. v. 1934). In *GW XIV*, S. 299–307.

Freud, S. (1927c). *Die Zukunft einer Illusion*. In *GW XIV*, S. 323–380.

Freud, S. (1930a [1929]). *Das Unbehagen in der Kultur*. In *GW XIV*, S. 419–506.

Freud, S. (1931a). »Über libidinöse Typen«. In *GW XIV*, S. 509–513.

Freud, S. (1931b). »Über die weibliche Sexualität«. In *GW XIV*, S. 515–537.

Freud, S. (1933a [1932]). *Neue Folge der Vorlesungen zur Einführung in die Psychoanalyse*. In *GW XV*, S. 1–197.

Freud, S. (1933b [1932]). *Warum Krieg?* In *GW XVI*, S. 11–27.

Freud, S. (1937c). »Die endliche und die unendliche Analyse«. In *GW XVI*, S. 57–99.

Freud, S. (1937d). »Konstruktionen in der Analyse«. In *GW XVI*, S. 43–56.

Freud, S. (1939a [1934–38]). *Der Mann Moses und die monotheistische Religion*. In *GW XVI*, S. 101–246.

Freud, S. (1940a [1938]). *Abriss der Psychoanalyse*. In *GW XVII*, S. 63–138.

Freud, S. (1940b [1938]). »Some Elementary Lessons in Psycho-Analysis«. In *GW XVII*, S. 139–147.

Freud, S. (1940–1952). *Gesammelte Werke* (18 Bände); seit 1960 die gesamte Edition bei S. Fischer, Frankfurt a. M. (Nachtragsband 1987: Texte aus den Jahren 1885-1938).

Freud, S. (1950a [1887–1902]). *Aus den Anfängen der Psychoanalyse. Briefe an Wilhelm Fließ. Abhandlungen und Notizen aus den Jahren 1887–1902* (hrsg. v. M. Bonaparte, A. Freud & E. Kris). Frankfurt a. M.: S. Fischer.

Freud, S. (1950c [1895]). »Entwurf einer Psychologie«. In *GW, Nachtragsband*, S. 387–474.

Freud, S. (1960a [1873–1939]). *Briefe 1873–1939* (hrsg. v. E. Freud & L. Freud). Frankfurt a. M.: S. Fischer. 2., erw. Auflage 1968; 3., korr. Aufl. 1980.

Freud, S. (1985c [1887–1904]). *Briefe an Wilhelm Fließ 1887–1904*. (ungekürzte Ausg.; hrsg. v. J. M. Masson). Frankfurt a. M.: S. Fischer.

Freud, S. (1989a [1871–81, 1910]). *Jugendbriefe an Eduard Silberstein. 1871–1881* (hrsg. v. W. Boehlich). Frankfurt a. M.: S. Fischer.

Freud, S. & Breuer, J. (1970. [Erstausgabe 1895]). *Studien über Hysterie*. Frankfurt a. M.: Fischer Taschenbuch Verlag (siehe auch 1895d).

Gay, P. (1989 [amer. Originalausg. 1987]). *Freud – Eine Biographie für unsere Zeit*. Frankfurt a. M.: S. Fischer.

Grünbaum, A. (1988 [amer. Originalausg. 1984]). *Die Grundlagen der Psychoanalyse. Eine philosophische Kritik*. Stuttgart: Reclam.

Habermas, J. (1979). *Erkenntnis und Interesse* (5. Aufl.). Frankfurt a. M.: Suhrkamp.

Hirschmüller, A. (1978). *Physiologie und Psychoanalyse in Leben und Werk Josef Breuers*. Bern: Hans Huber.

Israëls, H. (1999). *Der Fall Freud: die Geburt der Psychoanalyse aus der Lüge*. Hamburg: Europäische Verlagsanstalt.

Janet, P. (1889). *L'automatisme psychologique*. Paris: Alcan.

Jones, E. (1984 [engl. Originalausg. 1953–1957]). *Sigmund Freud: Leben und Werk, Band 1, 2 und 3*. München: Deutscher Taschenbuch Verlag.

Jung, C. G. (1933). »Geleitwort«. *Zentralblatt für Psychotherapie, 6*, 139–140.

Jung, C. G. (1934). »Zur gegenwärtigen Lage der Psychotherapie«. *Zentralblatt für Psychotherapie, 7*, 1–16.

Jung, C. G. (1962 [1911–12]). *Wandlungen und Symbole der Libido*. Leipzig: Deuticke.

Köhler, Th. (2014a). *Das Werk Sigmund Freuds. Entstehung – Inhalt – Rezeption* (2. Aufl.). Lengerich: Pabst.

Köhler, Th. (2014b). *Freuds Schriften zu Kultur, Religion und Gesellschaft. Eine Darstellung und kritische Bewertung* (2. Aufl.). Gießen: Psychosozial-Verlag.

Köhler, Th. (2014c). *Freuds Schriften zu Literatur, Kunst und Ästhetik. Eine Darstellung und kritische Bewertung*. Gießen: Psychosozial-Verlag.

Köhler, Th. (2016). *Freud-Bashing*. Gießen: Psychosozial-Verlag.

Krüll, M. (1979). *Freud und sein Vater: Die Entstehung der Psychoanalyse und Freuds ungelöste Vaterbindung*. München: C. H.Beck.

Lohmann, H. M. (1998). *Sigmund Freud*. Reinbek b. H.: Rowohlt.

Mannoni, O. (1971 [franz. Originalausg. 1968]). *Sigmund Freud*. Reinbek b. H.: Rowohlt.

Masson, J. M. (1984 [amer. Originalausg. 1984]). *Was hat man dir, du armes Kind, getan? Sigmund Freuds Unterdrückung der Verführungstheorie*. Reinbek b. H.: Rowohlt.

Meyer-Palmedo, I. & Fichtner, G. (1999). *Freudbibliographie mit Werkkonkordanz* (2. Aufl.). Frankfurt a. M.: S. Fischer.

Nunberg, H. & Federn, E. (Hrsg.). (1976–1981). *Protokolle der Wiener Psychoanalytischen Vereinigung* (4 Bände). Frankfurt a. M.: S. Fischer.

Onfray, M. (2013 [franz. Originalausg. 2010]). *Anti-Freud. Die Psychoanalyse wird entzaubert*. München: Knaus.

Roazen, P. (2006 [amer. Originalausg. 1974]). *Sigmund Freud und sein Kreis. Eine biographische Geschichte der Psychoanalyse*. Gießen: Psychosozial-Verlag.

Robert, M. (1967 ([franz. Originalausg. 1964]). *Die Revolution der Psychoanalyse*. Frankfurt a. M.: Fischer Bücherei.

Schreber, D. P. (1903). *Denkwürdigkeiten eines Nervenkranken*. Leipzig: Oswald Mutze.

Selg, H. (2002). *Sigmund Freud – Genie oder Scharlatan? Eine kritische Einführung in Leben und Werk*. Stuttgart: Kohlhammer.

Sulloway, F. J. (1982 [amer. Originalausg. 1979]). *Freud – Biologe der Seele. Jenseits der psychoanalytischen Legende*. Köln: Hohenheim.

Thornton, E. M. (1983). *Freud and cocaine. The Freudian fallacy*. London: Blond & Briggs.

Zimmer, D. E. (1990 [Originalausg. 1996]). *Tiefenschwindel. Die endlose und die beendbare Psychoanalyse*. Reinbek b. H.: Rowohlt Taschenbuch Verlag.

Register

Psychosozial-Verlag

Thomas Köhler

Freuds Schriften zu Kultur, Religion und Gesellschaft

Eine Darstellung und kritische Bewertung

2014 · 247 Seiten · Broschur
ISBN 978-3-8379-2432-9

Thomas Köhler stellt die wichtigsten Schriften Sigmund Freuds zu Kultur, Gesellschaft und Religion in ihrer Entstehungsgeschichte und ihrem Inhalt dar und arbeitet die zentralen Thesen heraus.

Thomas Köhler stellt die wichtigsten Schriften Sigmund Freuds zu Kultur, Gesellschaft und Religion in ihrer Entstehungsgeschichte und ihrem Inhalt dar und arbeitet die zentralen Thesen heraus. Vor allem im Spätwerk Freuds haben diese Arbeiten einen zentralen Stellenwert. Sie belegen, dass psychoanalytische Konzepte nicht nur für klinische Befunde und allgemeinpsychologische Beobachtungen von Nutzen sind, sondern auch zum Verständnis gesellschaftlicher Prozesse beitragen. Der Autor betrachtet unter anderem *Massenpsychologie und Ich-Analyse*, *Das Unbehagen in der Kultur*, *Totem und Tabu*, *Die Zukunft einer Illusion* und *Der Mann Moses und die monotheistische Religion*.